职业教育·城市轨道交通类专业教材

Chengshi Guidao Jiaotong Chezhan Keyun Fuwu
城市轨道交通车站客运服务

潘 利　李培锁　**主　编**
轩宏伟　于丽颖　**副主编**
李　军[武汉地铁运营有限公司]　**主　审**

人民交通出版社股份有限公司
China Communications Press Co.,Ltd.

内 容 提 要

本书组织了具有丰富城市轨道交通岗前培训经验的教师和城市轨道交通运营企业专家共同编写,针对城市轨道交通运营企业客运服务人员的岗位需求,全面系统地阐述了城市轨道交通车站客运服务工作的主要内容。同时,本书穿插了大量的知识链接和案例解析,并对重要知识点配备了生动形象的动画或视频资源,以便于教师教学和学生学习。

本书可以作为高等职业院校城市轨道交通运营管理专业学生的教材或教学参考书,也可作为城市轨道交通客运服务岗位培训用书或自学用书,还可供城市轨道交通客运服务从业人员学习参考。

* 本书配多媒体教学课件和数字资源。教师可加入职教轨道教学交流群(群号:129327355)获取课件和样书。

图书在版编目(CIP)数据

城市轨道交通车站客运服务 / 潘利,李培锁主编. —北京:人民交通出版社股份有限公司, 2017.8
ISBN 978-7-114-13906-2

Ⅰ.①城… Ⅱ.①潘… ②李… Ⅲ.①城市铁路—客运服务—高等职业教育—教材 Ⅳ.①U239.5

中国版本图书馆 CIP 数据核字(2017)第 201202 号

职业教育·城市轨道交通类专业教材

书　　名:	城市轨道交通车站客运服务
著 作 者:	潘　利　李培锁
责任编辑:	司昌静
出版发行:	人民交通出版社股份有限公司
地　　址:	(100011)北京市朝阳区安定门外外馆斜街 3 号
网　　址:	http://www.ccpress.com.cn
销售电话:	(010)59757973
总 经 销:	人民交通出版社股份有限公司发行部
经　　销:	各地新华书店
印　　刷:	北京虎彩文化传播有限公司
开　　本:	787×1092　1/16
印　　张:	12.5
字　　数:	304 千
版　　次:	2017 年 8 月　第 1 版
印　　次:	2023 年 7 月　第 6 次印刷
书　　号:	ISBN 978-7-114-13906-2
定　　价:	38.00 元

(有印刷、装订质量问题的图书由本公司负责调换)

PREFACE 前言

当前,我国城市轨道交通处于快速发展时期,2016年8月,洛阳成为全国第43个获国务院批复的轨道交通建设城市,预计到2020年,符合国家建设地铁标准的城市将从43个增加到50个左右。届时,北京、上海、广州、深圳等城市将建成较为完善的轨道交通网络,南京、重庆、武汉、成都等城市将建成轨道交通基本网络,南通、石家庄、兰州等城市将建成轨道交通骨干线,其他城市轨道交通建设也将加快,从而使我国轨道交通的总体水平提升到一个新的层次。城市轨道交通的飞速发展,迫切需要大量高素质的专业技能型人才,尤其是城市轨道交通各车站一线的客运服务人员,他们的服务水平、技术水准、专业素养、职业道德等综合素质,将直接影响整个城市轨道交通运营企业的服务质量。

本书组织了具有丰富城市轨道交通岗前培训经验的教师和城市轨道交通运营企业专家共同编写,针对城市轨道交通运营企业客运服务人员的岗位需求,全面系统地阐述了城市轨道交通客运服务的主要内容。在编写本书之前,编者去过诸多城市轨道交通运营企业现场,做过大量现场调研工作,并且分析了大量国内外相关行业文献资料,以城市轨道交通客运服务人员岗位所需理论知识、操作技能及服务技巧为主线,确定编写大纲。在编写过程中,保持与企业的深度合作,以"工学结合"为主导,进行基于工作过程的课程开发与设计,充分体现职业性、实践性和开放性的要求;同时,根据城市轨道交通发展需要以及完成岗位实际工作任务所需要的知识、能力和素质要求,确定编写内容。

全书共分为5个项目,分别为:城市轨道交通客运服务概述、城市轨道交通客运服务基本要求、城市轨道交通客运心理服务、城市轨道交通车站客运服务、城市轨道交通投诉及客伤事件处理。在每个知识点的介绍中穿插大量城市轨道交通运营企业实际案例分析,有助于学习者深入了解具体事件的处理方法及技巧,提高学习者一线工作的素质和能力。本书可以作为高等职业院校城市轨道交通运营管理专业学生的教材或教学参考书,也可作为城市轨道交通客运服务岗位培训用书或自学用书,还可供城市轨道交通客运服务从业人员学习参考。

本书由武汉铁路职业技术学院的潘利担任主编并负责全书的统稿工作,武汉地铁运营有限公司李军对全书进行审阅。编写分工如下:项目一由武汉铁路职业技术学院潘利、湖南高速铁路职业技术学院李培锁编写;项目二由天津铁道职业技术学院于丽颖编写;项目三和项目五由天津铁道职业技术学院轩宏伟编写;项目四由武汉铁路职业技术学院潘利、武汉地铁运营有限公司李军编写。

在本书编写过程中,参考和引用了大量国内外文献资料,在此谨向作者表示衷心感谢。由于编者水平有限,书中难免存在不足和疏漏之处,敬请各位读者批评指正。

作 者
2017年6月

CONTENTS 目录

项目1 城市轨道交通客运服务概述 ··· 1
   任务1 城市轨道交通客运服务基本认知 ··· 1
   任务2 城市轨道交通企业文化建设 ·· 14
   任务3 城市轨道交通职业道德规范 ·· 26

项目2 城市轨道交通客运服务基本要求 ·· 33
   任务1 城市轨道交通客运服务工作通用标准 ·· 33
   任务2 对城市轨道交通客运服务人员的基本要求 ··································· 36
   任务3 城市轨道交通乘客失物处理要求 ··· 58

项目3 城市轨道交通客运心理服务 ·· 62
   任务1 城市轨道交通乘客心理特征分析 ··· 62
   任务2 提高车站客运服务人员心理分析能力 ·· 78

项目4 城市轨道交通车站客运服务 ·· 93
   任务1 城市轨道交通客运服务设施设备 ··· 93
   任务2 乘客进站服务 ··· 107
   任务3 乘客购票服务 ··· 118
   任务4 乘客进闸服务 ··· 128
   任务5 乘客候车服务 ··· 132
   任务6 乘客出闸服务 ··· 140
   任务7 乘客出站服务 ··· 144

项目5 城市轨道交通投诉及客伤事件处理 ·· 149
   任务1 城市轨道交通乘客投诉处理 ··· 149
   任务2 城市轨道交通客伤事件处理 ··· 163

参考文献 ·· 194

项目1　城市轨道交通客运服务概述

 教学目标

1. 了解城市轨道交通客运服务的概念。
2. 掌握城市轨道交通客运服务的基本内容。
3. 具备"全心全意为乘客服务""乘客至上、服务为本"的服务意识。
4. 了解城市轨道交通职业道德的特点及基本特征。
5. 掌握城市轨道交通职业道德的主要内容。
6. 了解城市轨道交通企业文化内涵。

 项目描述

客运服务是城市轨道交通客运工作的一项重要内容,是完成城市轨道交通运营服务的重要组成部分,也是反映城市轨道交通服务质量的一个重要因素。本项目主要介绍了城市轨道交通客运服务的概念、基本内容、服务意识的培养以及城市轨道交通企业文化建设和职业道德规范要求。作为一名城市轨道交通车站客运服务人员,在日常服务工作中要熟悉城市轨道交通客运服务的基本常识,具备良好的服务意识,树立正确的职业道德规范,了解并通晓本企业文化建设内涵,在保证乘客安全和自身安全的前提下才能更好地做好客运服务工作。

任务1　城市轨道交通客运服务基本认知

 任务描述

城市轨道交通是城市公共交通系统中非常重要的一种交通方式。城市轨道交通客运服务工作作为城市轨道交通运营管理的重要组成部分,不仅是反映城市轨道交通服务质量的一个重要因素,也是保证城市轨道交通运营企业竞争力的关键因素。

 任务单

1. 城市轨道交通客运服务的概念。
2. 城市轨道交通客运服务的分类。
3. 城市轨道交通客运服务的基本内容及要求。
4. 培养服务意识。

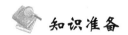

知识准备

一、城市轨道交通客运服务的概念及基本特征

商品是为交换而生产的产品。服务也是一种商品,同样产生"产品"并创造价值,具有使用价值,只不过这种产品是为他人提供的服务。服务是指为他人做事,并使他人从中受益的一种有偿或无偿的活动,不以实物的形式而以提供劳动的形式满足他人的某种特殊需要。英文"SERVICE"(服务)的每个字母代表的含义,实际上都是对服务人员行为的一种要求,可以理解为"微笑、出色、准备好、看待、邀请、创造、眼光"。

"S"——Smile(微笑):以微笑待客。

"E"——Excellent(出色):服务人员要将每项细微的服务工作都做到很出色。

"R"——Ready(准备好):服务人员要随时准备好为客人提供服务。

"V"——Viewing(看待):服务人员应该将每位客人看成是需要对其提供优质服务的贵宾。

"I"——Inviting(邀请):服务人员在每次服务结束时都要邀请客人再次光临。

"C"——Creating(创造):服务人员要精心创造出使客人能享受其热情服务的氛围。

"E"——Eye(眼光):服务人员要始终用热情友好的眼光关注客人,预测客人需求,及时提供服务,使客人时刻感受到服务人员在关心自己。

服务与实物产品相比,具有如下特征。

1. 服务的无形性

实物产品和服务之间最基本的也是最常被提到的区别是服务的无形性,因为服务是由一系列活动所组成的过程,而不是实物。如城市轨道交通乘客在购买服务之前,看不见、摸不着、闻不到,这就要求作为服务提供方的城市轨道交通运营企业必须增加服务的有形性,尽可能通过实物的方式来表现自身的服务水平,如整洁的车站环境、有序的客流组织、清晰明确的服务导向标志等。

2. 异质性

服务是由人表现出来的一系列行动,而且员工所提供的服务通常是顾客眼中的服务,由于没有两个完全一样的员工,也没有两个完全一样的顾客,那么就没有两种完全一致的服务。

服务的异质性主要是由于员工和顾客之间的相互作用以及伴随这一过程所有的变化因素所导致的,它也导致了服务质量取决于服务提供者不能完全控制的许多因素,如顾客对其需求清楚表达的能力、员工满足这些需求的能力和意愿、其他顾客的到来以及顾客对服务需求的程度。由于这些因素,服务提供者无法确知服务是否按照原来的计划和宣传的那样提供给顾客,有时候服务也可能会由中间商提供,这更加大了服务的异质性。因此,从顾客的角度来讲,这些中间商提供的服务仍代表服务提供者。

3. 生产和消费的同步性

大多数商品是先生产,然后存储、销售和消费。但大部分的服务却是先销售,然后同时进行生产和消费。这通常意味着服务生产的时候,顾客是在现场的,而且会观察甚至参加到生产过程中来。有些服务是很多顾客共同消费的,即同一个服务由大量消费者同时分享,比如一场音乐会。这也说明在服务的生产过程中,顾客之间往往会有相互作用,因此会影响彼此的体验。

服务生产和消费的同步性使得服务难以进行大规模生产,也不太可能通过集中化来获得显著的规模经济效应,问题顾客(扰乱服务流程的人)会在服务提供过程中给自己和他人造成麻烦,并降低自己或者其他顾客的感知满意度。另外,服务生产和消费的同步性要求顾客和服务人员都必须了解整个服务传递过程。

4. 易逝性

服务的易逝性是指服务具有不能被储存、转售或者退回的特性。比如有100个座位的航班,如果某天只有80名乘客,它不可能将剩余的20个座位储存起来留待下个航班销售。由于服务无法储存和运输,服务提供商为了充分利用生产能力,对需求进行预测并制订有创造性的计划,成为重要的和富有挑战性的决策问题,而且由于服务无法像有形产品那样退回,服务组织必须制定强有力的补救策略,以弥补服务失误。

城市轨道交通客运服务作为服务中的一种,除了具有服务的特点,还有以下特性。

(1)城市轨道交通客运服务是服务机构向乘客乘车提供的服务产品。

(2)乘客乘车过程既是提供服务的过程,又是乘客消费的过程。服务过程和服务质量一旦出现问题,常常无法制止和改正,只能补救。

(3)客运服务机构通常向乘客做出了某种承诺(如首末班车时间等),承诺是衡量服务质量的重要标准。

(4)客运服务既提供有形产品服务,如乘车设施、设备等,也提供迅速、准时、安全、礼仪、语言等无形产品服务。

(5)乘客乘车过程不可储存,具有一次性和不可逆性,服务不能超过其能力。

(6)乘客只能在事后凭感觉衡量服务的质量,衡量服务质量的最终决定权在乘客,这是制定服务质量标准的重要依据。

另外,城市轨道交通客运服务还具有如下行业特性。

(1)对所有人开放,无论是个人还是团体。

(2)经过公开宣传。

(3)有固定的运行时间、频率。

(4)固定的线路、经停站、起讫点和运行范围。

(5)提供了持续的运行基础。

(6)公开的票价。

综合考虑上述城市轨道交通客运服务基本特性,并结合我国城市轨道交通多年的研究和实践,可以这样定义城市轨道交通客运服务:在城市轨道交通系统内,轨道交通运营企业为乘客安全、准时、快捷、方便、经济、舒适、文明乘车而直接开展的服务工作。

二、城市轨道交通客运服务的分类

按照不同的标准,客运服务可以分为不同的种类。

1. 按服务时间和销售时间划分

按服务时间和销售时间可以将服务划分为售前服务、售中服务和售后服务。售前服务是指服务时间早于销售时间的服务。售中服务是指服务时间与销售时间同步的服务。售后服务是指服务时间晚于销售时间的服务。

对于城市轨道交通客运服务来说,既有售前服务,又有售中服务和售后服务。售前服务是指乘客购票之前接受的服务,主要包括乘客到达车站后的问询服务、自助查询服务、导向服务等。售中服务是指乘客在购票过程中享受的服务,主要包括乘客的购票服务、找零服务、兑换服务和问询服务等。售后服务是指乘客购票进入车站付费区后的全部服务,它占有的比重最大,主要包括检票服务、列车服务、站台服务等,一旦在该服务中出现疏忽,将会给运营企业带来更多的不良影响。

2. 按照提供服务的主体划分

按照提供服务的主体可以将服务划分为人工服务和自助服务。自助服务主要是通过自助设施设备向乘客提供所需要的服务,如自动售票机提供的售票、充值和查询服务。在该种服务下,服务人员必须保证设备设施的干净整洁和可操作。人工服务主要是依靠服务人员与乘客的交流、询问相关信息、利用相关设备提供乘客所需要的服务,如安检服务、人工售票服务、问询服务等,在该类服务中,服务人员的服务态度和工作效率起到至关重要的作用。

3. 按照是否需要和乘客直接接触划分

按照是否需要和乘客直接接触可以将服务划分为前台服务和后台服务。前台服务是指直接和乘客接触的服务,这类服务直接面向乘客,形成乘客对服务质量的感知,因此,前台服务是服务的核心。后台服务不直接面向乘客,而是为前台服务提供技术性和管理性工作,它是对前台服务的一种支持。

三、城市轨道交通客运服务的基本内容及要求

1. 客运服务的基本内容

客运服务可定义为具有无形特征的一种或一系列活动,通常发生在乘客同服务提供者及其有形的资源、商品或系统相互作用的过程中,以便解决消费者的有关问题。城市轨道交通的车站客运服务是为广大乘客提供安全、便利、舒适、快捷的乘车和候车环境。乘客从进入轨道交通车站开始就接受服务,一直到乘客在目的地下车出站,因此乘客乘坐轨道交通的过程就是车站服务的过程。一般来说,车站客运服务的基本内容包括以下几个方面。

1)引导乘客进站

在城市轨道交通各出入口设立明显的导向标志,方便乘客识别并根据导向指示进站乘车。在城市轨道交通比较发达的城市,几乎每隔500m就有一个明显的导向标志,便于乘客选择各出入口进站。

2)问询服务

车站的问询服务可分为有人式服务和无人式服务。车站的工作人员应向问询的乘客提供服务,但随着时代的发展,车站的问询服务向自助式服务方向发展,车站设置计算机查询平台,可为乘客提供出行线路、票价以及各类票卡的金额查询等功能。在一些城市,已经采用了用自动售票机实现售票和部分问询功能一体化的设备。

3)售检票服务

目前,提供售票服务的主要形式是自动售票机售票为主,人工售票为辅的方式,自动售票已经成为城市轨道交通售票服务的主流形式。采用自动售检票系统代替人工发售和检票,可以提供更为准确和快捷的服务,提高服务效率和水平,从长远来看,也可以提高企业的经济效益。

4)组织乘降

站台应设有明显的候车安全线,提示乘客在列车未进站停稳、车门未完全打开前,不要

越过安全线,以防发生意外事件。部分城市轨道交通系统已经采用屏蔽门技术,既可为乘客提供一个舒适的候车环境,又能保证乘客的候车安全。另外,车站还应提供广播服务,为乘客预报本次列车及下次列车进站的时间。目前,已经有两种新的方法投入应用,一种是自动广播系统,即当后续列车驶入接近区段时,广播系统自动工作;另一种是在站台设置同位显示器,向乘客预告列车运行情况及还需几分钟到站。

5)出站验票

乘客到达目的站后,持票卡通过自动检票机(AGM)验票出站,车站应有各类导向标志,引导乘客从所需的出入口出站。对所购票卡票款不足的乘客,车站应提供补票服务。

2. 基本要求

车站客运服务工作是完成轨道交通运输任务的重要组成部分。车站客运服务工作直接面对乘客,能否安全便利、舒适文明地为乘客服务,是反映轨道交通运营管理水平的标志之一。

对车站客运服务工作的基本要求如下。

(1)站容整洁。车站内外应门窗齐全、明净。各种设备和设施摆放整齐、有序。站厅通道及出入口的墙壁光洁,地面无痰迹,房屋、厕所清洁卫生。

(2)完善的导向标志。车站出入口应有站名标记,车站内应有到达出入口、检票口、站台、售票处和小商店等处的指路标牌。此外,还应有指引乘客换乘其他轨道交通线路或地面公交线路的换乘导向示意图。

(3)服务质量第一。客运服务人员应遵守职业道德,文明礼貌、主动热情地为乘客服务。耐心、正确地回答乘客提出的询问,帮助乘客解决疑难问题。经常征求乘客的意见,及时改进工作,提高车站客运服务质量。

(4)严格按规章办事。客运服务人员应严格执行作业规章制度,服从命令、听从指挥。执行职务时,客运人员要仪表整洁、按规定着装,并佩戴标志。

(5)掌握客流变化。车站客运部门要经常进行客流调查与分析,积累客流资料,掌握不同季节、不同时间和不同性质的客流变化规律。

(6)搞好联防协作。客运服务人员应随时与行车值班员、列车驾驶员、公安人员等有关工作人员加强联系、密切配合、协调工作,确保列车正常运行与乘客的乘车安全。

四、服务意识

1. 服务意识的概念及内涵

服务意识是指企业全体员工在与一切企业利益相关的人或企业交往中所体现的为其提供热情、周到、主动服务的欲望和意识,即自觉主动做好服务工作的一种观念和愿望。它发自服务人员的内心,是服务人员的一种本能和习惯,是可以通过培养、教育训练形成的。

服务意识有强烈与淡漠之分,有主动与被动之分。这是认识程度问题,认识深刻就会有强烈的服务意识;有了强烈展现个人才华、体现人生价值的观念,就会有强烈的服务意识;有了以公司为家、热爱集体、无私奉献的风格和精神,就会有强烈的服务意识。

我们处于一个大的社会系统中,相互依存,相互服务。从广义的服务来说,我们每天用的电、吃的米就是电厂工人、农民兄弟给我们提供的服务。服务意识必须存在于思想认识中,只有提高了对服务的认识,增强了服务的意识,激发起在服务过程中的主观能动性,搞好服务才有思想基础。

2. 服务意识的意义

具有服务意识的人，能够把自己利益的实现建立在服务别人的基础之上，能够把利己和利他行为有机地协调起来，常常表现出"以别人为中心"的倾向。只有首先以别人为中心，服务别人，才能体现出自己存在的价值，才能得到别人对自己的服务。服务意识也是以别人为中心的意识。拥有服务意识的人，常常会站在别人的立场上，急别人之所急，想别人之所想；为了别人满意，不惜自我谦让、妥协甚至奉献、牺牲。但这都只是表象，实际上，多为别人付出的人，往往得到的才会更多。这正是聪明人的做法。

缺乏服务意识的人，会表现出"以自我为中心"和自私自利的价值倾向，把利己和利他矛盾对立起来。在这些人看来，要想满足自己的需要，只有从别人那里偷来、抢来或者骗来，否则别人不会主动为自己付出。实际上，这常常是懒人的哲学。从本质上说，违背了人与人之间服务与被服务关系的规律。这种人越多，社会就越不和谐。服务意识是人类文明进步的产物。所谓文明，即人区别于一般动物的部分。所谓文化，即人的文明化或去动物化。人类文明程度的高低，即人被文明化程度的高低。换言之，人类文明化程度的高低，即人的社会化程度的高低。由此可见，人的文明程度或文化程度的高低，并非是指接受学校教育的年限和学历的高低。

3. 服务意识的形成

服务意识的萌生，通常最早来自于家庭教育。家长越早教育孩子尊重别人、礼貌待人，孩子就能够越早建立起服务意识。一般来说，年龄越小的人，替别人着想的服务意识越差。新生婴儿是没有服务意识的，只有在他成长的过程中，逐渐意识到自己对于父母的依赖是自己赖以生存的基本条件时，方能意识到父母为自己服务的重要性；但如果没有家长的教育和培养，孩子也不会产生对父母需要他们服务回报的认识。尤其是在我国的一部分独生子女家庭里，往往会形成以孩子为中心的不平等家庭成员关系。久而久之，孩子就会忽视自己对家庭成员的服务责任，从而表现出服务意识的欠缺。孩子一旦步入社会，比如上学和工作，如果还是缺乏服务意识，那么他就会表现得过于自我、自私，不关心他人，没有团队精神，难以与人相处。成熟理性的服务意识的建立，常常要到成年之后。

4. 服务工作中的心理障碍

1）担心遭到拒绝

这是由于以往曾经遭遇过乘客拒绝所造成的心理障碍。有些乘客自主意识特别强，或者不喜欢被别人服务，但这种人不多，大多数乘客还是愿意接受主动服务的。如果因此而不再为乘客提供主动服务，是不是会影响到其他乘客需求的满足？退一步想，即使遭到拒绝也没关系，因为是出于善意，乘客通常也不会责怪。

2）担心服务不好

这是由于对自己要求过高，或对自己的服务素质缺乏自信所造成的。其实，乘客的要求未必像自己的要求那样高，多数乘客更在意的是服务态度，而不是服务知识和服务技能。另外，没有几个乘客在服务知识和服务技能方面特别内行，只要大胆服务，即使在服务知识和服务技能方面的缺陷被乘客发现了，可以自谦地说"我正在努力学习，以后不会这样的"。其实，只要服务态度好，即使服务知识和服务技能暂时差些，也没有关系。因为只有在服务乘客的实践中，才能够发现自己的不足，也才能有意识地学习和改进。一个人的知识和能力总归是有限的，要善于借助团队的力量帮助乘客解决问题，比如，可以找同事帮忙，也可以找上级帮忙，甚至可以请其他乘客帮忙，只要愿意，总能把服务乘客的事情做好。

3）担心别人嘲讽

如果总是担心别人嫉妒而不敢进步，那只好做一个平庸之辈了。只要对同事也像对乘客一样尊重和关心的话，不仅不会遭到他们的嘲讽，还会影响和带动他们学习。话又说回来，这种情况，在如今的中国已经不成问题了，没有几个人有闲工夫去嘲讽别人的优秀，所以尽可以大胆表现自己，相互促进、相互学习起来。

4）感觉心里委屈

这其实是因为心理不平衡所造成的。本来人人平等，为何我要服务别人，而别人被我服务呢？为了挣这点钱，值得我付出这么多吗？这是很多人在服务意识尚未真正建立之前的一种正常心理活动。的确，被服务的感觉要比服务别人的感觉好得多，因为不必费心费力费时。尤其是当为乘客服务却得不到平等回报的时候，更会感觉到委屈，似乎很不值得。为克服这一心理障碍，首先要明白这样一个道理：帮人更是帮自己。试想一下，如果周围有一个人，总是获得他人的帮助，却从来不去考虑帮助他人的话，时间一长，他人还会愿意继续帮助他吗？相信大多数人都是有情感、有判断的，既然人人都知道这个道理，那么付出也就不会白费了。这就是人际关系中的牛顿第三定律。物理学里的牛顿第三定律讲的是：一个物体给另一个物体施加一个作用力的同时，也会受到来自另一个物体的反作用力，这两个力大小相等、方向相反。比如，用拳头用力去砸石头的同时，感到自己的手很疼，这就证明同时受到来自那块石头的反作用力；而且越是用力，就会感觉越疼。在人际关系中，这一定律也有一定的适用性。就是说，帮助别人，别人也会帮助你；付出的越多，得到的也越多；爱别人，别人也会爱你；冷落别人，别人也会冷落你；恨别人，别人也会恨你。总之，付出什么，便会得到什么。虽然人际关系上的牛顿第三定律似乎不像自然科学上的牛顿第三定律那样同步和精准，但也能大致反映人际交往上的一些特点和规律。

有时候帮助别人，当时只是得到了一声"谢谢"作为回报，似乎没有得到更多、更实惠的报偿。但仔细想一想，即使只是用自己的知识帮助一位陌生人，同时也会起到帮助自己复习和检验知识的作用，"教学相长"就是这个道理。生活中的帮人，并不见得立即就能产生完全相等的回报，但是却能起到润滑人际关系的作用，使得有个好人缘、好友圈，这也是一笔宝贵财富。在职场上，多帮助同事，也会有一个好的工作圈，当遇到困难和挑战时，别人也会主动提供帮助。对待乘客也是这个道理，如果你总是愿意帮助乘客并满足他们的需要，乘客就会产生信任感和依赖感，陌生乘客会变成熟客；当你遇到困难时，熟客也会来帮忙，来为你服务。

5）厌恶服务对象

喜欢谁才接近谁，讨厌谁就远离谁，这在日常生活中很普遍。但是，在工作岗位上，如此看客下菜的做法，严重违背了一视同仁的普遍服务原则。要想克服这种心理障碍，必须使自己的心胸宽广起来，这样才能容纳各类人。乘客自然是越多越好，经济效益才能提高。不管乘客什么样，都要一视同仁、不能厚此薄彼，这是职责。

服务态度差顶撞乘客

5. 服务意识的培养

城市轨道交通客运服务人员在运营生产第一线，直接与乘客打交道，他们服务意识的水准将直接影响各自的服务态度、工作热情和责任性。为此，城市轨道交通客运服务人员必须牢记"全心全意为乘客服务""乘客第一""乘客就是上帝"等尊重乘客的意识，才能端正服务态度、保持高涨的职业热情、具有强烈的责任感、为乘客提供优质的服务。

1) 贯彻"乘客至上、服务为本"的经营宗旨

首先,站务员是城市轨道交通运营中的主要服务人员,他们服务的态度对运营服务质量的影响非同小可,"乘客至上、服务为本"的服务意识不仅要求企业的领导和管理人员具有"乘客第一""乘客至上"的意识,更是要求每位员工的一言一行都能够体现这一意识。因为在城市轨道交通运营服务生产中,服务工作的好坏给广大乘客以直接的感觉,人们往往将站务员的服务水平等同于城市轨道交通行业的运营服务质量。

其次,站务员工作比较集中地体现了城市轨道交通的职业特点,即置身于车站这一流动社会之中,服务于一个个具体的人。站务员的工作平凡而艰苦,要适应纷繁的社会环境,满足乘客的不同需求,如果没有强烈的职业热情和责任感是很难做好的。

最后,城市轨道交通的经营以运营服务为中心,要把社会服务效益放在第一位,所以服务人员必须要贯彻"乘客至上、服务为本"的经营宗旨,迫切需要增强工作热情和职业责任心,以提高运营服务质量,争取较高的社会信誉。

2) 摆正与乘客之间的关系

凡是服务行业,都有一个与服务对象的关系问题。站务员对这种关系处理得好,服务工作就做得出色,反之就很难在工作中做到尽忠职守。在城市轨道交通运营生产的过程中,主要通过站务员提供服务来满足乘客出行过程中的各种需要。城市轨道交通站务员在工作中始终与乘客具有密切的关系,能否摆正自己与乘客之间的关系,是做好服务工作的首要条件。

那么,服务人员与乘客之间应该是什么关系呢?

首先是客观依赖关系。城市轨道交通运营企业出于自身生存和发展的需要,应十分重视站务员与乘客的关系。每位城市轨道交通工作人员必须清醒认识到与自己的服务对象之间客观存在的依赖关系,懂得只有牢固树立"乘客至上、服务为本"的理念,以优质的服务树立良好的信誉,尽可能地争取运输对象,才能保证自身的生存和发展。

每位踏入轨道交通行业的客运服务人员都应该牢记一句话——"乘客永远是对的"。乘客绝不是我们的负担,而是我们工作的目的。乘客是我们运输活动的对象,他们理应受到尊敬;满足乘客的要求,是我们工作的目标。乘客是我们企业的生命,是我们的衣食父母,理应得到全心全意的服务。失去了乘客,就是失去了我们赖以生存的岗位。

但是,在处理乘客关系上还存在一些问题,反映在一部分站务员中。他们认为:"乘客乘坐城市轨道交通是有求于我,应当听我的","我们与乘客是平等的,只有乘客尊重我,我才尊重他"等。这些与乘客争地位、论高低的思想观念,使得一些站务员不愿在工作中主动为乘客服务,影响了城市轨道交通服务质量。

同时,城市轨道交通的服务性质决定了站务员与乘客的关系,必须是服务与被服务的关系。决定了站务员的主要职责是为乘客服务,乘客乘坐列车并不是城市轨道交通工作人员的恩赐,站务员与乘客在人格上是平等的,但在站务员这个工作岗位上我们是服务者,乘客是受服务者,这种关系是不能用平等来解释的。我们的一切言行要服从于乘客的安全乘车需求,我们不能要求乘客"不能这样""必须那样",而是要尽量设法满足乘客乘行的需要。当然,有时为了维护正常的运行秩序,保证乘客的乘行安全,我们要对乘客提出一些乘车要求,但这与乘客的根本利益是一致的,它同"乘客有求于我"而必须"听我的"在本质上有区别。所有的乘客都是第一位的。

对待乘客一定要一视同仁,无论什么种族、什么性别、什么地位、什么性情的乘客,都应

当给予同等的服务。在服务中要以合适的称谓来称呼他们。对于乘客提出的疑问、要求,即使不在你的管辖范围之内,也不能不理不睬、视若无睹,要尽可能给予帮助或是告知相关的工作人员,表示出你是在尽力满足乘客的要求。严格执行"首问责任制",即首位接待乘客的客运服务人员,有责任、有义务解答乘客问询,如果确实不知道乘客询问的问题,也应将其引导至可解决问题的地方或人员处,严禁对乘客说"我不知道""我不清楚"等推诿的话语。

摆正与乘客的关系有利于站务员在工作中尽好服务责任,坚持做好服务工作。

3)文明礼貌、尊重乘客

城市轨道交通乘行是一种广泛性的社会活动,这种活动是由每个具体的人参加的。在乘行过程中,不同的人有着不同的需求,所谓"人上一百,形形色色"。但是,自尊感也是人人都有的一种思想感情,希望得到别人的尊重是人所特有的一种需要。美国心理学家马斯洛1943年在《人类激励理论》论文中提出了"需求层次理论"(见图1-1),五种需要像阶梯一样从低到高,按层次逐级递升。一般来说,某一层次的需要相对满足了,就会向高一层次发展,追求更高一层次的需要就成为驱使行为的动力。相应地,获得基本满足的需要就不再是一股激励力量。

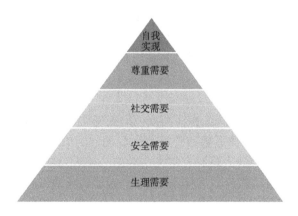

图1-1 需求层次理论

第一层:生理上的需要。

这是人类维持自身生存的最基本需要,包括饥、渴、衣、住等方面的需要。如果这些需要得不到满足,人类的生存就成了问题。从这个意义上说,生理需要是推动人们行动的最强大动力。马斯洛认为,只有这些最基本的需要满足到维持生存所必需的程度以后,其他的需要才能成为新的激励因素,而到了此时,这些已相对满足的需要也就不再成为激励因素了。

第二层:安全上的需要。

这是人类要求保障自身安全、摆脱失业和丧失财产威胁、避免职业病的侵袭和接触严酷的监督等方面的需要。马斯洛认为,整个有机体是一个追求安全的机制,人的感受器官、效应器官、智能和其他能量主要是寻求安全的工具,甚至可以把科学和人生观都看成是满足安全需要的一部分。当然,当这种需要相对满足后,也就不再成为激励因素了。

第三层:社交上的需要。

这一层次的需要包括两个方面的内容。一是友爱的需要,即人人都需要伙伴之间、同事之间的关系融洽或保持友谊和忠诚;人人都希望得到爱情,希望爱别人,也渴望接受别人的爱。二是归属的需要,即人都有一种归属于一个群体的感情,希望成为群体中的一员,并相互关心和照顾。社交上的需要比生理上的需要来得细致,它和一个人的生理特性、经历、教育、宗教信仰都有关系。

第四层：尊重上的需要。

人人都希望自己有稳定的社会地位，要求个人的能力和成就得到社会的承认。尊重上的需要又可分为内部尊重和外部尊重。内部尊重是指一个人希望在各种不同情境中有实力、能胜任、充满信心、能独立自主。总之，内部尊重就是人的自尊。外部尊重是指一个人希望有地位、有威信，受到别人的尊重、信赖和高度评价。马斯洛认为，尊重需要得到满足，能使人对自己充满信心，对社会满腔热情，体验到自己活着的用处和价值。

第五层：自我实现上的需要。

这是最高层次的需要，它是指实现个人理想、抱负，发挥个人的能力到最大程度，完成与自己能力相称的一切事情的需要。也就是说，人必须干称职的工作，这样才会使他们感受到最大的快乐。马斯洛提出，为满足自我实现需要所采取的途径是因人而异的。自我实现的需要是在努力实现自己的潜力，使自己越来越成为自己所期望的人物。

4）树立"窗口"意识

城市轨道交通是一个城市的文明窗口，服务人员就是这一窗口的重要代表。站务员的言行举止是这个窗口的重要组成部分，城市轨道交通的管理水平和服务质量要看这个"窗口"，乘客最关心的是这个"窗口"，国外宾客会通过这个"窗口"看中国。所以，服务人员必须牢固树立"窗口"意识，以"窗口无小事"的意识规范自己的行为举止，展示城市轨道交通的文明风范。

5）了解乘客的心理

科学的服务方法来自于对服务工作客观规律的正确认识。客运服务人员的服务对象是乘客，在乘行过程中，乘客的各种愿望和要求是受心理支配的，而各种外界的条件变化又直接影响着乘客的心理，客运服务人员只有掌握乘客的心理活动规律，及时了解乘客有些什么要求，知道乘客乐意什么、厌恶什么，才能有的放矢、因势利导地做好服务工作。对乘客心理的掌握，不仅能增加服务工作的有效性，还可提高客运服务人员服务工作的预见性，更有利于客运服务人员主动地为乘客服务。

(1)让乘客及时乘上车，满足乘客最基本的需要。

人们以城市轨道交通为代步工具，能及时乘上车，是乘客的基本需要，也是第一需要。城市轨道交通客运服务人员在运营第一线直接担负着服务乘客的责任，必须坚持把满足乘客的第一需要作为自己服务工作的一个重要内容。因此，每位客运服务人员都要从满足乘客的基本需要出发，急乘客所急，想乘客所想，尽职尽责，做好本职工作，满足乘客及时乘上车的愿望，体现全心全意为乘客服务的良好职业道德。

(2)关心安全，方便乘行，满足乘客的普遍性需要。

乘客在乘行过程中的安全和方便，是乘客的普遍性需要。虽然乘客的构成多种多样，但从心理学的角度看，由于他们来到城市轨道交通进行着同样的乘车活动，有着相同的动机，而且对相同事物的刺激也会产生大体相同的反应，因此，他们在乘行过程中也一定存在基本一致的、带有普遍性的共同需要。所有乘客肯定都希望能尽快地、顺利地到达目的地，要求乘行的安全和方便，同时要求乘行过程中有和谐的、舒适的乘车环境和氛围，这些都属于乘客的普遍性需要。对城市轨道交通客运服务人员来说，要时刻关心乘客的乘行安全，尽力为乘客提供各种乘行的方便，以此满足乘客的普遍性需要。

首先，要关心乘客的乘行安全。

安全,是乘客各种需要的基础和根本,也是做好客运服务工作的一个重要前提。如果乘客在乘行过程中的安全不能得到保障,那么客运服务质量就无从谈起。客运服务人员要从关心乘客乘行安全出发,时刻留意乘客的动态,及时发现不安全因素,对乘客的不安全行为给予必要的提醒和劝阻。列车进站时要提醒乘客不要拥挤,先下后上,不要抢上抢下;开关车门和站台门时要提醒乘客不要手扶车门和站台门;乘客通过闸机进出时,提醒乘客有序排队,不要拥挤;乘客上下扶梯时,提醒乘客站稳扶好、握紧扶手、不要拥挤……尽自己的所能,积极防止因各种因素造成乘客跌伤、压伤、挤伤、夹伤等事故。总之,客运服务人员在任何情况下都要以对乘客高度负责的精神,关心乘客的乘行安全。

其次,要方便乘客乘行。

城市轨道交通的乘行,是一个由许多环节构成的过程。乘客对乘行方便的需求,有许多都是在进站、购票、进闸、候车、上下车、出闸、出站等一系列乘行过程中发生的。客运服务人员要努力为乘客提供乘行方便,应十分注意做好乘行中各个环节的服务工作。

要在乘行过程中的各个环节做好给予乘客提供方便的服务工作,就要做到对乘客认真指导、主动宣传、耐心解答。这些都是客运服务人员最基本的工作,但却对乘客乘行的方便起到了很大的作用,因此不能放松。在运营过程中,客运服务人员应做到有问必答,尽量说得明白一些、仔细一些,这既是给乘客提供方便,也是对乘客的一种尊重。

6)坚持"以理服人,得理让人"的服务原则

乘客的构成是十分复杂的,客运服务人员在一系列服务工作环节中,要与修养程度参差不齐、脾气性格各异的乘客打交道,存在矛盾在所难免。但是在面对这些矛盾时,如何做到既要坚持原则,又要讲文明礼貌,又要不失对乘客应有的尊重,是客运服务人员在服务工作中必须面对的现实问题,也是体现客运服务人员职业道德素养的一个重要方面。

乘客与客运服务人员之间发生的矛盾,部分是由于误会或是客运服务人员工作的疏忽造成的,这时,只要客运服务人员能耐心解释或虚心道歉,以诚恳的态度取得乘客的谅解,矛盾是完全可以消除的。对此,大多数客运服务人员是清楚的,也是可以做到的。但在服务工作中,有部分矛盾客观来看确实是由于乘客的粗暴无礼或者故意刁难引起的,对这样的情况想要处理好,让乘客满意,可能不那么容易。这就要求客运服务人员能够灵活变通,处理纠纷时把握"易人、易地、易性"的原则,对少数不讲理的乘客,要多一点耐心,以理服人,但说理一定要有利于矛盾的解决与消除。如果自恃有理,一味相争,寸步不让,咄咄逼人,其结果必然是扩大矛盾,影响正常的运营秩序。这样,原来的矛盾不仅没有解决,随之又产生了新的、更大的矛盾。如此看来,对待这类矛盾,要进行说理,不可是非不分。但是说理必须要有节制,不能得理不饶人,不顾全大局而无休止地争吵。这就需要客运服务人员能有"以理服人,得理让人"的胸怀和气度,遇到矛盾要"大事化小,小事化无"。

"以理服人,得理让人"是城市轨道交通客运服务人员在长期工作实践中总结的经验。它主张城市轨道交通客运服务人员在是非矛盾面前不是一句话都不讲,而是要心平气和,有礼貌地说理;有了理,又要本着缩小矛盾的态度宽以待人,做到得理让人。俗话说"人非草木",对一般无理的乘客,只要不是故意侮辱,不是耍野蛮,客运服务人员对其保持耐心诚恳的态度,保持信任和尊重,以争取态度的转变还是可能的。

在服务工作中坚持"以理服人,得理让人"的服务原则,不仅能帮助客运服务人员顺利地解决已有的矛盾,而且还能有效地避免一些矛盾的产生。要提倡"你发火,我耐心;你粗暴,我礼貌;你埋怨,我周到;你有气,我热情"的处事态度,以实际行动创造文明、和谐的乘车环

境,促进社会风气的改善。

7)服务应该以德报怨

没有人要求客运服务人员的服务必须是尽善尽美的,人们所要求的只是尽力工作,维持一定的水准。如果能够坚持友善、诚恳地对待乘客,即使偶尔有失误,但只要马上表示歉意,也会得到乘客的原谅。在与乘客对话的时候,要做到眼睛望着对方,留心听说,经常保持微笑,切不可东张西望,要有温和的态度,在任何情况下都能够保持稳重,关键是要有一颗热忱帮助别人的心。

在工作中,一旦与乘客发生矛盾,不要与其争论,尽量控制自己的情绪,以虚心接纳和公正的心态去倾听。如果在乘客发泄怒气控诉的过程中随意打断他的讲话,急于辩解并与其争论,只会使事情越来越糟糕,无助于问题的解决。当乘客对你友善时,你很容易也对他友善;但是当乘客对你不友善、态度不好时,作为一名城市轨道交通客运服务人员更应控制情绪,以"乘客永远是第一位""乘客永远是对的"等理念来处理问题,做到以德报怨。

知识链接

3A 原 则

"3A原则"是美国学者布吉尼教授提出来的,是3个以A开头的英语单词,其中文意思是"接受别人"(Accept)、"重视别人"(Appreciate)、"赞美别人"(Admire)。

1. 接受别人

首先要能够接受别人,这是很重要的。既然强调接受别人就要能够接受在常人眼里接受不了的别人,也就是说要能够接受批评和反对自己的人。要做到接受别人,就需要全面认识别人,我们一般都以为"好人"好接受,"坏人"不能接受,这是不妥当的。因为任何人都有自己的长处,为什么不去接受他们的优点呢。善待别人就是善待自己,接受别人的同时,别人也会接受自己。许多人有很多朋友,首先是接受别人的结果。

2. 重视别人

其次要自觉重视别人,这也是接受别人的思想基础。发自内心的重视别人,才可以受到别人的重视。重视别人起码是文明的表示,比如看见对方打个招呼,说声"你好"或"看见你很高兴"等;有事离开时,说声"对不起""再见"等,这似乎是在尊重对方,其实也是在尊重你自己。"人人为我,我为人人"的顺序错了,应当是"我为人人,人人为我",通俗地讲也是"我重视人人,人人才重视我"。我们没有理由让别人先为我或让别人先重视自我,而是要自己先重视别人才行。

3. 赞美别人

第三要学会赞美别人,这是不容易做到的。有的人以为赞美别人就是低估自己,而侮辱别人才会抬高自己。且不知在大家的眼里:侮辱别人的人是无知且无耻的人。相反,赞美别人的人才是被别人所赞美的。我们可以在花钱上吝啬一些,在赞美别人上不该吝啬。当然,赞美别人也需要真心实意、发自内心,不是虚情假意、冷嘲热讽。赞美别人更不是无原则的赞美,赞美别人的优点是赞美,帮助别人修正错误更是变相的"赞美"。所以,对勇于批评我们的人,应该认为是另一个角度的"赞美"。

案例解析

案 例 一

某日某站列车未进站,站台岗服务人员在巡视时发现一名男性乘客从上行站台中部跳下,迅速翻越轨道继而爬上下行站台。后经询问得知,该名男乘客本来是要在下行站台乘车,由于车站为侧式站台车站,乘客方向选择错误进入上行站台,候车时发现错误又不愿意通过站厅再到对面站台,于是从上行站台跳下直接通过轨行区进入对面站台。所幸没有人员伤亡。车站服务人员对其进行教育后让其离开。

[解析] 该案例中,乘客对于安全乘车知识非常欠缺,加上车站站台没有屏蔽门或安全门等防护措施,致使乘客非常容易进入轨行区。站台岗服务人员在巡视时应密切关注乘客动态,发现异常应及时上前提醒。行车值班员应通过视频监控系统(CCTV)密切监视车站情况,发现问题及时处理。另外,要增加站台安全广播,提醒乘客乘坐轨道交通的安全注意事项。

案 例 二

某日16:00左右,一名83岁乘客与其51岁的女儿携带3件行李在A站下车。出站前,该乘客急需去洗手间,工作人员同意其出站后再进站。乘客出站未找到洗手间折返回来准备从出站口进站,工作人员表示应从进站口进入。乘客表示不满,提出应对年老体弱者提供便利,与该工作人员理论,工作人员表示自己是执行公司规定,乘客必须绕行到进站口。随后,另一名工作人员过来与乘客沟通许久,乘客表示对其他工作人员的服务满意,但无法接受第一位工作人员的态度。

[解析] 员工缺乏服务意识,虽严格执行公司制度,但不够灵活,忽略了人性化的服务理念。员工缺乏服务技巧,未掌握特殊群体的心态,一味照本宣科、机械化地提供冰冷服务,没站在乘客的立场和角度为乘客解决问题,提供便利。若因故不能满足乘客要求时,员工应安抚乘客,稳定乘客情绪,主动寻求其他解决方法。当员工与乘客之间出现纠纷后,为避免事态升级,当事人可适当回避,采取易人、易地的方法处理乘客问题。

案 例 三

一名乘客到某车站欲乘车,此时,距离末班车到达该车站还有10min,站厅站务员却告知已停止售票,该乘客未能进站乘车。乘客某日22:56左右在某站乘车时,工作人员告知末班车已经通过,禁止乘客进站,在该乘客坚持要进站后,工作人员允许乘客进站,但是乘客询问末班车什么时候到达时,该工作人员称整晚有车。乘客要求车站回复其信息的准确性。

[解析] 作为车站服务人员,应树立"乘客至上"的服务原则,急乘客之急,真正做到"全心全意为乘客服务"。在还未停止运营的情况下,车站人员不应过早停止售票。处理乘客赶末班车问题时,车站工作人员应注意:

(1)按规定开放车站服务设施,不得提前关闭。
(2)严格执行末班车发出前3min停止售票的规定,保证购票的乘客能赶上末班车。
(3)估计乘客购票后不能赶上末班车时,应及时劝导乘客不要购票,并对乘客做好解释工作。
(4)值班员应严格执行末班车广播规定。

任务实施

1. 下发任务单,明确任务内容,学生课前按要求完成预习任务。
2. 教师先对重点知识和难点知识进行介绍,学生分组完成任务并制作成PPT。
3. 选取具有代表性的PPT进行公开展示,自行总结完成该任务的经验和收获。
4. 针对本任务中提到的案例或者实际生活中遇到、听到的案例,分组讨论服务改进措施,并进行分角色情景演练。
5. 教师和各组长承担本次任务的评价工作,评判同学们的任务完成情况。

任务2 城市轨道交通企业文化建设

任务描述

城市轨道交通企业文化是城市文化的体现,城市文化是轨道交通企业文化的基础。为了充分体现城市的物质文明和精神文明建设,打造具有文化氛围的城市轨道交通线路,尊重乘客、理解乘客,为乘客提供优质的服务,并使客运服务工作人员明确共同行为准则及其行为符合企业规范,城市轨道交通运营企业需要加强企业文化建设,让员工与乘客都能感受到良好的城市轨道交通企业文化氛围。

任务单

1. 企业文化的内涵。
2. 企业文化的具体内容。
3. 企业文化的建设原则。
4. 企业文化的建设方法。
5. 了解你所在城市轨道交通企业文化内涵。

 知识准备

一、企业文化的内涵

企业文化是在企业长期的经营活动中,不断总结成功经验和失败教训后逐渐形成和发展起来的,其核心内容是企业精神和企业价值观。广义上的企业文化,是指企业在生产经营过程中形成的企业物质文化、制度文化和精神文化的总和。狭义上的企业文化,是指企业在长期经营实践中形成,并被本企业员工自觉遵守和奉行的共同价值观念、经营哲学、精神支柱、伦理道德、典礼仪式及智力因素和文娱生活的总和。

企业是以营利为目的的经济组织,不仅作为经济存在,也作为文化存在。在企业发展过程中,企业管理人员一方面要重视如何合理安排和配置资金、技术、设备和组织结构等经济要素,另一方面还要重视如何应用和发挥企业中非经济要素的作用。这些非经济要素(即软件要素)对企业的生存与发展有着更为重要的决定性作用,可以在员工内心建立自觉性。通俗地讲,就是每位员工都明白怎样做是对企业有利,而且都自觉自愿地这样做,久而久之便形成了一种习惯;再经过一定时间的积淀,习惯成了自然,成了人们头脑里一种牢固的"观念",而这种"观念"一旦形成,又会反作用于(约束)大家的行为,逐渐以规章制度、道德公允的形式成为众人的"行为规范"。

因此,企业文化就是企业作为一个社会群体特殊存在的样式,是企业的生存和发展方式。企业文化具体表现为企业整体的思想、心理和行为方式,通过企业的生产、经营、组织和生活的运营而表现出来,是由企业内部全体成员共同认可和遵守的价值观念、道德标准、企业哲学、行为规范、经营理念、管理方式、规章制度等的总和,以人的全面发展为最终目标。

企业文化是企业的灵魂,它从根本上决定企业从哪里来,到哪里去,以及能走多远。因此,它具有许多重要的特点和功能。

1. 企业文化具有不可模仿性

不同的企业有不同的环境、条件、发展目标、经营管理方式、发展历程和文化传统。在此基础上形成的企业文化,既没有固定的模式,也没有定量的指标,所以具有难以模仿的独特性。

2. 企业文化具有导向功能

企业文化可以统一员工的思想、明确企业的战略目标、提炼自己的核心价值理念,可以使公司全体员工树立共同的价值观,从而使全体员工自觉地把个人目标和企业目标结合在一起。

3. 企业文化具有规范和约束功能

企业文化属于人的思想范畴,是人的一种价值理念,是一种内在的约束。它除了各种规章制度的"硬"约束之外,更多的是通过精神、理念和传统等无形因素,对员工形成的"软"约束。而这些"软"约束为员工塑造了企业员工共同的信念和追求,使企业员工产生心理共鸣、心理约束,进而产生对行为的自我控制,自觉地用它来约束、规范自己的言行。

4. 企业文化具有凝聚功能

企业文化有一种极强的凝聚力量,作为一种黏合剂,可以把各个方面、各个层次的人紧密联系起来,对企业产生一种凝聚力和向心力。在企业价值观的引导下,能聚集起一批具有相同价值观的员工,在相互认同的工作方式和工作氛围里,为共同的价值目标而努力,使企业具有极强的凝聚力和竞争力。

5. 企业文化具有激励功能

企业文化是创新的动力源泉。良好的企业文化能够创造出良好的内部环境,提高员工的文化素质和道德素质,形成企业发展不可或缺的精神纽带,调动并合理配置各个环节的积极因素,渗透到企业经营管理的各个方面;它能够增强企业内部的凝聚力和对外的适应力,在企业中营造健康进取的工作氛围,使员工自觉认同企业的价值理念和发展目标,为企业发展尽心尽力。

6. 企业文化可以提升企业形象

企业文化强调企业的伦理责任,处处从用户的关切点出发考虑企业的经营和服务,把用户的利益融入企业的利益中,把追求经济利益和履行道德责任结合起来,生产出优质的产品,满足消费者的精神需求,实现价值的增值。

二、企业文化的内容

根据企业文化的定义,其内容是十分广泛的,但其中最主要的应包括如下几点:

1. 企业精神——企业文化的灵魂

企业精神是指企业基于自身特定的性质、任务、宗旨、时代要求和发展方向,并经过精心培养而形成的企业成员群体的精神风貌。企业精神要通过企业全体职工有意识的实践活动体现出来。因此,它又是企业职工观念意识和进取心理的外化。

城市轨道交通企业文化建设

企业精神是企业文化的核心,在整个企业文化中起着支配地位。企业精神以价值观念为基础,以价值目标为动力,对企业经营哲学、管理制度、道德风尚、团体意识和企业形象起着决定性的作用。可以说,企业精神是企业的灵魂。

企业精神通常用一些既富于哲理,又简洁明快的语言予以表达,便于职工铭记在心,时刻激励自己;也便于对外宣传,容易在人们脑海里形成印象,从而在社会上形成个性鲜明的企业形象。如北京王府井百货大楼的"一团火"精神,体现了用光和热去照亮、温暖每一颗心,其实质就是奉献服务;北京西单商场的"求实、奋进"精神,体现了以求实为核心的价值观念和真诚守信、开拓奋进的经营作风。

2. 企业价值观——企业文化的基石

所谓价值观念,是人们基于某种功利性或道义性的追求而对人们(个人、组织)本身的存在、行为和行为结果进行评价的基本观点。可以说,人生就是为了价值的追求,价值观念决定着人生追求行为。价值观不是人们在一时一事上的体现,而是在长期实践活动中形成的关于价值的观念体系。企业的价值观,是指企业职工对企业存在的意义、经营目的、经营宗旨的价值评价和为之追求的整体化、个异化的群体意识,是企业全体职工共同的价值准则。只有在共同的价值准则基础上才能产生企业正确的价值目标。有了正确的价值目标才会有奋力追求价值目标的行为,企业才有希望长远发展。因此,企业价值观决定着职工行为的取向,关系企业的生死存亡。只顾企业自身经济效益的价值观,就会偏离社会主义方向,不仅会损害国家和人民的利益,还会影响企业形象;只顾眼前利益的价值观,就会急功近利,搞短期行为,使企业失去后劲,导致灭亡。

3. 企业目标——企业文化的指示灯

企业目标就是实现其宗旨所要达到的预期成果,没有目标的企业是没有希望的企业。美国行为学家 J·吉格勒指出:设定一个高目标就等于达到了目标的一部分。

企业目标就是企业发展的终极方向,是指引企业航向的灯塔,是激励企业员工不断前行的精神动力。

企业目标是企业资源分配的依据,能起到激励员工,明确工作努力的方向,衡量经营活动成效的作用。如:天津中远公司目标:创国际一流企业,跻身世界500强。TCL的企业目标:创全球名牌、建国际企业。中小企业目标制定一般是5到10年要达到的目标,也可以分为短期目标和长远目标。

4. 企业伦理道德——企业文化的行为规范

企业伦理道德的含义可规定为:"活跃在企业经营管理中的道德意识、道德良心、道德规则、道德行动的总和"。或者说企业伦理道德是以企业为行为主体,以企业经营管理的伦理理念为核心,是企业在处理内外部人与人关系时所应自觉遵守的伦理原则、道德规范及其实践总和。它是指调整该企业与其他企业之间、企业与顾客之间、企业内部职工之间关系的行为规范的总和。它是从伦理关系的角度,以善与恶、公与私、荣与辱、诚实与虚伪等道德范畴为标准来评价和规范企业。

企业伦理道德与法律规范和制度规范不同,不具有那样的强制性和约束力,但具有积极的示范效应和强烈的感染力,当被人们认可和接受后具有自我约束的力量。因此,它具有更广泛的适应性,是约束企业和职工行为的重要手段。中国老字号同仁堂药店之所以三百多年长盛不衰,在于它把中华民族优秀的传统美德融于企业的生产经营过程之中,形成了具有行业特色的职业道德,即"济世养身、精益求精、童叟无欺、一视同仁"。

5. 企业制度——企业文化的准则

企业制度是在生产经营实践活动中所形成的,对人的行为带有强制性,并能保障一定权力的各种规定。从企业文化的层次结构看,企业制度属中间层次,它是精神文化的表现形式,是物质文化实现的保证。企业制度作为职工行为规范的模式,使个人的活动得以合理进行,内外人际关系得以协调,员工的共同利益受到保护,从而使企业有序地组织起来为实现企业目标而努力。

6. 企业民主——企业文化的感情因子

企业民主,即企业活动中企业员工的民主意识和主人翁意识,同时也是企业管理的一种制度。它包括员工的民主意识、民主权利、民主义务等,还包括一些作为生产中的人的人格尊严、参与意识等非社会性、非政治性的因素,是企业的政治文化问题。企业民主的作用主要有:一是有利于确立企业职工的主人翁地位;二是有利于改善干群关系;三是有利于提高企业在市场竞争中的应变能力;四是有利于企业精神的培育。

7. 企业文化活动——企业的功能文化

企业文化活动作为企业的功能文化,有如下三个特点。

第一,功能性。不论是哪种形式的文化活动,一般说来,都是为了发挥其特定功能而进行的,并不是因为它们与其特殊的企业生产有必然的、内在的联系(当然技术性活动有些不同),已如上述。还要指出的是,一般企业文化所具有的如发展物质文明的主导功能、对精神文明建设的主体功能、对智力开发的动力功能、对共同意识的凝聚功能等,它都具有。

第二,开发性。这包括三个具体内容:一是开发生活,拓展人的生活空间,丰富人的生活内容,增添人的生活乐趣,美化人的生活、心理、文化环境。二是开发人的素质,包括人的体质、智力、脑力以及道德情操、价值追求、品质修养等。三是生产、技术、工艺、产品等的开发。

第三,社会性。企业内搞的各种功能性文化活动,本身即带有共性,是社会各企业、事业单位、学校、团体等都可以搞的"通用件"(专业技术培训等例外)。另一方面,他们又可通过这些功能性文化活动,如歌舞晚会、舞会、各种球赛、报告会等,同社会各界加强联系,相互交流信息,提高企业的社会声望;同时,在与社会各界日益增多的接触中,亦可更多地了解用户、消费者对本企业产品、服务的意见和要求,提高产品(服务)质量,促进企业生产经营的发展。

作为企业功能文化,企业文化活动大体上可分为文体娱乐性、福利性、技术性、思想性四大类型。

8. 企业形象——企业文化的无形资产

企业形象是企业通过外部特征和经营实力表现出来的,被消费者和公众所认同的企业总体印象。由外部特征表现出来的企业形象称表层形象,如招牌、门面、徽标、广告、商标、服饰、营业环境等,这些都给人以直观的感觉,容易形成印象;通过经营实力表现出来的形象称深层形象,它是企业内部要素的集中体现,如人员素质、生产经营能力、管理水平、资本实力、产品质量等。表层形象以深层形象为基础,没有深层形象为基础,表层形象就是虚假的,也不能长久地保持。流通企业主要是为乘客和货物运输提供服务,与顾客接触较多,所以深层形象显得格外重要,但这绝不是说表层形象可以放在次要的位置。

企业形象还包括企业形象的视觉识别系统,比如 VIS 系统(Visual Identity System),是企业对外宣传的视觉标识,是社会对这个企业的视觉认知的导入渠道之一,也是标志着该企业是否进入现代化管理的标志内容。

9. 企业素质——企业文化"软"的硬件

关于企业素质,这些年来,学术界和企业内部几乎天天在谈,时时在说,也有以文字问世的,但系统、全面、完备的著述,尚未见到。但观点纷呈,说法不一。这里概括地阐述一下企业素质中的人的素质。

企业素质,从大的方面说,分为人的素质、物的素质两大系列。我们认为,人主要有体力素质、智力素质和精神素质三个方面,其中,精神素质是人的主导素质;智力素质是人的主体素质;体力素质是人的物质依托素质,三者的流变统一,构成了活生生的人。

10. 团队意识——企业文化的集中体现

团队意识,对于企业来说,是至关重要的东西。团队即组织,团队意识是指组织成员的集体观念。团队意识是企业内部凝聚力形成的重要心理因素。企业团队意识的形成使企业的每个职工把自己的工作和行为都看成是实现企业目标的一个组成部分,使他们对自己作为企业的成员而感到自豪,对企业的成就产生荣誉感,从而把企业看成是自己利益的共同体和归属。因此,他们就会为实现企业的目标而努力奋斗,自觉地克服与实现企业目标不一致的行为。

三、企业文化建设原则

1. 以人为本

文化应以人为载体,人是文化生成与承载的第一要素。企业文化中的人不仅仅是指企业家、管理者,也体现于企业的全体职工。企业文化建设中要强调关心人、尊重人、理解人和信任人。企业团体意识的形成,首先是企业全体成员有共同的价值观念,有一致的奋斗目标,这样才能形成向心力,才能成为一个具有战斗力的整体。

2. 表里一致

企业文化属意识形态的范畴,但又要通过企业或职工的行为和外部形态表现出来,这就容易形成表里不一致的现象。建设企业文化首先必须从职工的思想观念入手,树立正确的价值观念和哲学思想,在此基础上形成企业精神和企业形象,防止搞形式主义,言行不一。形式主义不仅不能建设好企业文化,而且是对企业文化概念的歪曲。

3. 注重个性

个异性是企业文化的一个重要特征。文化本来就是在组织发展的历史过程中形成的。每个企业都有自己的历史传统和经营特点,企业文化建设要充分利用这一点,建设具有自己特色的文化。企业有了自己的特色,而且被顾客所公认,才能在众多企业中独树一帜,才能有竞争优势。

4. 重视经济性

企业是一个经济组织,企业文化是一个微观经济组织文化,应具有经济性。所谓经济性,是指企业文化必须为企业的经济活动服务,要有利于提高企业生产力和经济效益,有利于企业的生存和发展。前文讨论的关于企业文化的各项内容中,虽然并不涉及"经济"二字,但建设和实施这些内容,最终目的都离不开企业经济目标的实现和谋求企业的生存和发展。所以,企业文化建设实际是一个企业战略问题,也称文化战略。

5. 继承传统

马克思主义认为:"人们自己创造自己的历史,但他们并不是随心所欲地创造,而是在直接碰到的、既定的、从过去继承下来的条件下创造。"(《马克思恩格斯选集》第1卷第603页)我国企业文化建设也是这样,它应该是在传统文化的基础上进行增值开发,否则企业文化就会失去存在的基础,也就没有生命力。增值开发就是对传统文化进行借鉴,弃其糟粕,取其精华。我国传统文化中的民本思想、平等思想、务实思想等都是值得增值开发的内容。我国的民本思想自古以来就相当强烈,并在一定程度上制约着专制行为。社会主义企业中,劳动者是企业的主人,企业文化建设自然要以民本思想为重要的思想来源,并通过这一思想的开发利用,使职工群众产生强烈的主人翁意识,自觉地参与企业的民主管理。中华民族一直以来都坚持人的平等性,认为"人皆为尧舜",这正是过去中国革命的思想基础。这种思想的增值开发并用于现代企业的文化建设,将为企业职工提供平等竞争的机会,有利于倡导按劳分配、同工同酬的运行机制。务实精神要求人们实事求是、谦虚谨慎、戒骄戒躁、刻苦努力、奋发向上,对此如能发扬光大,必将形成艰苦创业、勇于创新的企业精神。大庆"三老四严"的"铁人精神"就是这种民族精神增值开发的结果。

四、企业文化建设程序和方法

1. 企业文化建设的程序

建设企业文化是一项复杂而艰巨的系统工程。一种优秀的企业文化的构建不像制定一项制度、提一个宣传口号那样简单,它需要企业有意识、有目的、有组织地进行长期的总结、提炼、倡导和强化。

建设企业文化的基本程序一般包括调查研究、定格设计、实践巩固和完善提高4个环节。

1) 调查研究

除了新创建的企业外,多数企业建设自身的文化都是在原有"文化"的基础上进行的,即都是"非零起点"。所以,建设企业文化应首先搞好调查研究,把握企业现有的文化状况及影响企业文化的各种因素,为企业文化的定格做好准备。

调查研究的主要内容包括:企业的经营领域、企业领导者的个人修养和风范、企业员工的素质及需求特点、企业的优良传统及成功经验、企业现有文化理念及其适应性、企业面临的主要矛盾、企业所处地区的环境等。

2) 定格设计

企业文化的定格设计,即在分析总结企业现有文化状况的基础上,充分考虑企业的经营领域、企业领导者的个人修养和风范、员工素质及其需求特点、企业的优良传统及成功经验、企业现有文化理念及其适应性、企业面临的主要矛盾和所处地区环境等因素的影响,用确切的文字语言,把肯定的企业价值观念表述出来,成为固定的理念体系。企业理念体系大体包括企业使命、企业目标、企业价值观、企业道德、企业精神、经营观、管理观、人才观、服务观、员工基本行为准则及企业风尚等。

企业文化定格设计应遵从下述原则：从实际出发与积极创新相结合、创造个性与体现共性相结合、领导组织和群众参与相结合。

3）实践巩固

企业文化定格后，就要创造条件付诸实践并加以巩固。即把企业文化所确定的价值观全面地体现在企业的一切经济活动和员工行为之中，同时采取必要的手段，强化新理念，使之在实践中得到员工的进一步认同，使新型的企业文化逐步得到巩固。

具体需要做好以下工作：积极创造适应新的企业文化运行机制的条件；加强精神灌输和舆论宣传；企业领导者以身作则、积极倡导；利用制度、规范、礼仪、活动等进行强化；鼓励正确行为。

4）完善提高

企业文化定格并在实践中得到巩固以后，尽管其核心的和有特色的内容不易改变，但随着企业经营管理实践的发展、内外环境的改变，企业文化还是需要不断充实、完善和发展的。企业领导者要依靠群众，积极推进企业文化建设，及时吸收社会文化和外来文化中的精华，剔除本企业文化中沉淀的消极成分，不断对现有文化进行提炼、升华和提高，从而更好地适应企业变革与发展的需要。

2. 企业文化建设的方法

1）晨会、夕会、总结会

在每天上班前和下班前用若干时间宣讲公司的价值观念。总结会是部门和全公司按月度、季度、年度开的例会，这些会议应该固定下来，成为公司的制度及公司企业文化的一部分。

2）思想小结

思想小结就是定期让员工按照企业文化的内容对照自己的行为自我总结评价，是否做到了企业要求，不足之处将如何改进。

3）张贴宣传企业文化的标语

把企业文化的核心观念写成标语，张贴于企业显要位置。

4）树先进典型

给员工树立了一种形象化的行为标准和观念标志，通过典型员工可形象具体地明白"何为工作积极""何为工作主动""何为敬业精神""何为成本观念""何为效率高"，从而提升员工的行为。上述这些行为都是很难量化的，只有具体形象才可使员工充分理解。

5）权威宣讲

引入外部的权威进行宣讲，是一种建设企业文化的快捷方法。

6）外出参观学习

外出参观学习也是建设企业文化的捷径，这无疑向广大员工暗示：企业管理者对员工所提出的要求是有道理的，因为别人已经做到这一点，而我们没有做到，是因为我们努力不够，我们应该改进工作向别人学习。

7）先进故事

有关企业的先进故事在企业内部流传，会起到助推企业文化建设的作用。

8）企业创业、发展史陈列室

陈列一切与企业发展相关的物品，强化员工的企业认同。

9）文体活动

文体活动指唱歌、跳舞、体育比赛、国庆晚会、元旦晚会等，在这些活动中可以把企业文化的价值观贯穿进行。

10）引进新人，引进新文化

引进新的员工，必然会带来新的文化，新文化与旧文化融合可形成另一种新文化。

11）开展互评活动

互评活动是员工对照企业文化要求当众评价同事工作状态，也当众评价自己做得如何，并由同事评价自己做得如何，通过互评运动，摆明矛盾、消除分歧、改正缺点、发扬优点、明辨是非，以达到工作状态的优化。

12）领导人的榜样作用

在企业文化形成的过程中，领导人的榜样力量有很大的影响作用。

13）创办企业报刊

企业报刊是企业文化建设的重要组成部分，也是企业文化的重要载体。企业报刊更是向企业内部及外部所有与企业相关的公众和顾客宣传企业的窗口。

五、城市轨道交通企业文化实例

城市轨道交通企业作为一个面向公众、服务社会的公益性企业，更应该塑造一个良好的企业形象以及具有鲜明行业特点的企业文化，树立企业的公信力，扩大企业的影响力。城市轨道交通是一项取之于民用之于民的事业，在给公众带来便捷的同时，也是一个传递城市信息的窗口，拥有巨大的受众面以及包容性。

因此，城市轨道交通企业的企业形象是否正面以及通过企业形象所传递给公众的信息是否健康，对整个企业成败都是至关重要的。

以下列举国内部分城市轨道交通企业文化，供学习了解。

1. 武汉地铁集团有限公司企业文化

企业使命：以发展武汉轨道交通为主线，综合开发相关资源，改善武汉市的投资环境和生活环境，努力提升和改善城市功能，为实现"创新武汉""和谐武汉"做出贡献。

企业愿景：建设一流地铁工程，提供一流地铁服务，培养一流地铁人才，打造一流地铁企业。

企业精神：诚信、敬业、高效、奉献。

企业经营理念：遵循现代企业制度，以人为本，崇尚创新。

企业服务理念：坚持"安全、准点、快捷、舒适"的服务宗旨，以"乘客至上、服务为本"为原则，搞好各项服务工作。

2. 上海申通地铁集团有限公司企业文化

1）集团的共同使命

申城地铁，通向都市新生活。

构建科技、人文、绿色的城市轨道交通网络，提供安全、高效、便捷的人性化轨道交通服务，拓展都市空间，引导都市布局，提升都市功能，创造全新的都市出行、消费、居住模式；依托大规模、快速构建轨道交通网络的契机，统筹资源，整合流程，形成集团公司的网络综合集成能力，立足上海，服务全国，在地铁的不断延伸中实现企业和员工的共同成长。

2）集团的核心价值观

社会责任第一、团队协作第一、安全质量第一。

社会责任第一：轨道交通是城市的重要基础设施，是社会公益性事业。必须始终把社会效益放在首位,站在建设现代化国际大都市、促进全市社会经济持续快速健康发展的高度,充分发挥主观能动性,按时优质完成城市轨道交通建设的既定目标;必须始终坚持以民为本,把着眼大众、造福百姓贯穿于轨道交通设计、施工、运营的全过程,努力为社会提供一流的产品和服务;必须高度重视人与自然的和谐发展,注重生态环境保护,为建设资源节约型、环境友好型社会做出不懈努力。

团队协作第一:城市轨道交通网络化建设是一项庞大的系统工程,需要大兵团协同作战。必须大力倡导和培育集团和各单位、各部门的团队精神,同心同德,形成合力,依靠集体的智慧和力量,攻克轨道交通跨越式发展面临的矛盾和困难;必须弘扬大协作精神,加强沟通,恪守诚信,坚持公平、公正、公开,与工作伙伴和协作单位建立良好的合作关系,主动服务,实现互利共赢。

安全质量第一:安全是轨道交通的第一要素,质量是企业的生命。必须强化安全质量意识,树立脚踏实地、尊重规律、一丝不苟的科学态度,严格规范制度和操作程序,广泛采用高新技术和先进管理手段,努力向社会和公众提供优质的工程和服务,确保资金安全、施工安全、运营安全和队伍安全。

3)集团的经营理念

以人为本、和谐共赢、进取创新。

以人为本:员工是企业的主人,员工是企业的第一资源。要畅通管理层与员工沟通的渠道,激发员工的主体意识,点燃员工的工作热情,培育员工对企业的忠诚度,开发员工队伍中的巨大潜能,并将人本观念贯彻到每项工作中,渗透在为民服务的各个环节上。

和谐共赢:和谐共赢是轨道交通事业发展必须选择的经营战略。要正确处理国家、企业与员工的利益关系,营造企业和谐共赢的环境和氛围,在企业的发展中,员工得到同步提高发展;要建立企业与协作单位之间和谐共赢的关系,共同推进上海轨道交通事业的发展;要用和谐共赢的理念处理与社会以及广大人民群众的关系,共同为建设和谐社会和惠及百姓的轨道交通事业做出贡献。

进取创新:创新是企业生存和发展的灵魂,后发先至是申通地铁集团的发展战略。面对世界日新月异的科学技术和轨道交通超常规的发展,必须用创新的思维应对新的挑战;创建"学习型企业",把培训和员工终身学习相结合,提高全体员工的创新能力;注重体制机制创新、制度创新、管理创新,适应轨道交通大发展的要求;注重科技创新,提高网络化建设和运营的科技含量,努力把上海轨道交通建设成"安全地铁、科技地铁、绿色地铁、人文地铁"。

4)集团的企业精神

以责为先、以诚取信、以才而立。

以责为先:轨道交通建设工程是百年大计,运营服务事关人民群众的安危,为加快实现轨道交通网络化建设和运营目标,每个"地铁人"必须时刻牢记肩负的责任,面对前所未有的挑战,立足各自岗位,以一流的标准和要求,尽心尽职地做好本职工作,不畏艰难,勇于拼搏,脚踏实地工作,减少差错,杜绝重大事故,努力向社会大众交出一份满意的答卷。

以诚取信:早日建成上海轨道交通基本网络,为社会大众提供快速准时的安全运营服务,是申通地铁集团向社会和公众做出的庄重承诺。每个"地铁人"应当信守诺言,真诚地对待同事,真诚地对待合作伙伴和服务对象,以真诚态度和行为取得社会各方的信任和支持,把对人民群众的真情融化在建设和运营管理工作的全过程,树立轨道交通行业诚实守信的形象。

以才而立:超常规发展的轨道交通事业,是一项前无古人的崭新事业。每个"地铁人"应十分珍惜难得的机遇,持之以恒追求自己的理想,把个人的成才、人生价值和理想与轨道交通事业的发展紧密结合起来,奋发努力,立志成才,一步一个脚印,以个人的真才实学,在艰苦中磨炼,事业上有作为。

5) 员工的行为准则

服从全局、爱岗敬业、严于律己。

服从全局:在思想认识上提升站位,在工作谋划上大处着眼,以全局利益为重,站在部门、单位、集团和全市发展需要的高度,处理好各项工作关系,个人行为服从整体行动,局部工作服从全局需要。

爱岗敬业:对自己所从事的工作怀着一份热爱、珍惜之情,认真负责,恪尽职守,有始有终,从全身心投入工作的过程中找到快乐;养成职业的责任感和对事业的高度忠诚,学习并掌握新技术、新工艺,每一项工作不仅做到合格、规范,而且注重细节、追求卓越。

严于律己:严格履行职责,自觉且出色地做好本职工作,同事间相互信任、相互补台,发生问题勇于承担责任,从自我查找原因,自觉遵守法律法规、公司各项规章制度和职业道德操守。

6) 集团的内部氛围

像家庭般温馨、像学校般育人、像军队般有序。

像家庭般温馨:尊重、欣赏并鼓励每个员工,让员工、合作伙伴和乘客都感受到像家人一样的和谐、亲情和温馨。

像学校般育人:崇尚知识,培育人才,持之以恒地学习新知识、新技能,善于在实践中把知识化为能力。

像军队般有序:严格遵守企业的规章制度和工作规范,服从并参与团队的决策,守纪有序,令行禁止。

3. 广州地铁集团有限公司企业文化

核心价值观:诚信、务实。

管理理念:文化引领、战略驱动。

经营理念:共享成果、永续发展。

人力资源理念:以人为本、快乐成长。

服务理念:至诚至爱、知心贴心。

安全理念:让安全成为习惯。

廉洁理念:诚实做人,干净干事,共享幸福。

企业愿景:致力成为城市轨道交通行业典范。

企业使命:地铁,为广州提速。

4. 深圳市地铁集团有限公司企业文化

企业使命:经营地铁,创造城市发展空间。

企业愿景:成为最好的地铁公司,引领行业发展方向。

核心价值观:共同承担责任,共同创造价值,共同分享成果。

企业精神:"铁魂"精神——铁的意志,铁人品格,铁的纪律,铁军行动。

企业哲学:行有道,爱无疆。

企业座右铭:感恩,尚德,笃学,执着。

经营理念:公益为先,效益为源,三位一体,科学发展。

管理理念:管理=(规范+严格+人性化)×执行。
质量理念:明尺度,讲速度,重力度,求高度。
服务理念:用心服务,贴心一路。
人才理念:揽有用之才,育可塑之才,用敬业之才,建铁人之军。
团队理念:同心同力,同道同行。
安全理念:对安全尽一分责任,就是对生命的十分尊重。
廉洁理念:干干净净尽职,清清白白退休。
创新理念:尊重,思进,求索,致远。
员工誓言:我是深圳地铁一员,我将秉承"共同承担责任,共同创造价值,共同分享成果"的核心价值观,弘扬"铁魂"精神,遵循"行有道,爱无疆"的哲学思想和"感恩,尚德,笃学,执着"的企业座右铭,同心同力,同道同行,勇于创新,敢于负责,热心服务,积极奉献,创造城市发展空间,为把深圳地铁建设成为最好的地铁公司,引领行业发展方向而奋斗!

5.西安市地下铁道有限责任公司企业文化

企业使命:建设精品地铁、提供优质服务、造福古城人民。
企业愿景:承载人文、畅通古城。
企业精神:不辱使命、追求卓越、不留遗憾、铸造精品。
核心价值观:服务社会、发展企业、成就人生。
企业服务理念:地铁所至、爱心相随。
管理理念:以人为本、和谐有序。

知识链接

如何成为一名优秀的客运服务工作人员

随着社会的进步,人们对出行的要求越来越高,客运服务工作的好坏取决于客运服务人员的素质。一名优秀的客运服务人员要具有较高的素质,需要学习人文地理、政治、经济等知识,还要熟悉各种服务技巧和服务理念,为乘客提供卓越的服务。客运服务人员的服务水平是城市轨道交通运营企业形象的重要体现。一名优秀的客运服务人员更要具备政治素质、业务素质、文化素质、法律素质、身体素质和心理素质相结合的综合素质,通过不断学习与实践,提供高质量的服务,为社会做出更多的贡献。作为一名优秀的客运服务人员必须具备如下素质。

1.具有强烈的服务意识

服务意识是否强烈是衡量客运服务人员素质高低的标志。客运服务人员要具有强烈的服务意识,才能牢固树立"乘客就是上帝""乘客永远是对的"的观念。这样客运服务人员才能在工作中自觉克服各种困难,主动、热情、耐心、周到地为乘客提供灵活服务、特殊服务。

灵活服务是指在服务中要积极主动,灵活有弹性,坚持真诚相待,以行动来追求、实现零缺陷。只有以这种全新的理念为指导,以全新的姿态为乘客服务,才能赢得乘客的信赖和真心支持。唯有让服务动起来,以实际的行动让乘客感受到快乐、感动,你动,我动,大家一起动起来,服务的品质才能得到提升。

特殊服务是指客运服务人员针对某些乘客的特殊需要,在不违背服务原则的前提下,提供相应的服务,满足乘客"超出常规"的需求。对一些特殊乘客应该给予特殊的关怀和服务,如老、弱、病、残、孕或情绪不佳者等。这种针对性的特殊服务在具体服务工作中也是很有必要的,它虽然特殊,却合情合理。

2. 具有熟练的业务素质

(1)热爱自己的本职工作。对乘客服务工作一如既往的主动、热情、周到、有礼貌、认真负责、勤勤恳恳,任劳任怨地做好工作。

(2)有较强的服务理念和服务意识。在激烈的市场竞争中,服务质量的高低决定了企业是否能够生存,市场竞争的核心实际上是服务的竞争。

(3)要有吃苦耐劳的精神。没有吃苦耐劳的精神,就承受不了工作的压力,做不好服务工作。

(4)有热情开朗的性格。客运服务人员的工作是一项与人打交道的工作,每天在车站要接触成千上万名乘客,随时需要与乘客进行沟通,所以没有一个开朗的性格就无法胜任此项工作。

(5)学会说话。语言本身代表每个人的属性,一个人的成长环境会影响说话习惯,作为一名客运服务人员要学会说话的艺术。不同的服务语言往往会得到不同的服务结果。一名客运服务人员要掌握不同的说话技巧,提供最佳的服务。

3. 要掌握基本的客运服务人员礼仪知识

礼仪是一种行为规范,是指客运服务人员在车站为乘客提供服务时应遵循的行为规范,它具体包括着装要求、仪容举止要求、用语要求、态度要求等。

4. 文化素质是优秀客运服务人员素质的基础

文化素质是城市轨道交通站务服务人员其他素质的基础和核心。

此外,广泛的法律素质是优秀客运服务人员素质的保证、健康的身体素质是优秀客运服务人员素质的前提、良好的心理素质是优秀客运服务人员素质的标志。身体素质即体质,包括运动速度、耐力、灵活性、敏捷性等,是客运服务人员其他素质的前提。心理素质是心理活动的综合体现。

综上所述,优秀的客运服务人员具有良好的综合素质是至关重要的。客运服务人员是一个光荣的职业、高尚的职业,集技术性、专业性、服务性于一身。他们不仅要有端庄秀丽的仪表,同时要有一个美好的心灵,仪表美、心灵美的统一才是真正的美。心灵美的涵盖面很广,难以直观地表现。但可通过眼神、表情、细微的肢体动作表现出来。作为一名客运服务人员,首先要有强烈的事业心,热爱自己的本职工作;其次要有娴熟的专业技术,丰富的文化修养和社会知识,思维敏捷,反应灵敏,具有较好的语言表达能力,遇事沉着,处理问题果断。以上所述是优秀客运服务人员应具备的素质,在强调客运服务人员个人素质的同时,不能忽视客运服务人员的整体素质。每个客运服务人员必须有良好的兼容性和团结协作的精神,都要有强烈的集体荣誉感和高度的责任感。在工作中要配合默契,团结协作,要有良好的团队精神。只有这样,客运服务人员才能时时、处处严格要求自己,检点自己的一切言行,提高自己的综合素质,以微笑、真诚、热情去感化每位乘客,成为城市轨道交通运营企业中一名优秀的客运服务工作人员。

任务实施

1. 下发任务单,明确任务内容,学生课前按要求完成预习任务。
2. 教师先对重点知识和难点知识进行介绍,学生分组完成任务并制作成PPT。
3. 选取具有代表性的PPT进行公开展示,自行总结完成该任务的经验和收获。
4. 教师和各组长承担本次任务的评价工作,评判同学们的任务完成情况。

任务3 城市轨道交通职业道德规范

 任务描述

城市轨道交通客运服务人员是直接为乘客提供服务的员工,其职业道德水平对城市轨道交通运营企业的经营成果起着重要的作用,对整个行业职工队伍的素质有很大的影响。城市轨道交通客运服务人员应树立职业道德意识,了解职业道德的作用;加强职业道德教育、陶冶职业道德品质和情操,培养敬业、乐业、勤业和无私正直的修养和理念,成为德才兼备的城市轨道交通事业的建设者。

 任务单

1. 职业道德的含义。
2. 职业道德的主要内容。
3. 城市轨道交通职业道德的基本特征。
4. 城市轨道交通职业道德的主要内容。

知识准备

一、道德、社会公德的含义

1. 道德

道德是道和德的合成词,道是方向、方法、技术的总称,德是素养、品性、品质。道德双修是人生的哲学。道德是一种社会意识形态,是人们共同生活及其行为的准则与规范。道德往往代表着社会的正面价值取向,起判断行为正当与否的作用。道德是指以善恶为标准,通过社会舆论、内心信念和传统习惯来评价人的行为,调整人与人之间以及个人与社会之间相互关系的行动规范的总和。道德具有调节、认识、教育、导向等功能,与政治、法律、艺术等意识形态有密切的关系。中华传统文化中,形成了以仁义为基础的道德。

"道德"一词,在汉语中最早可追溯到先秦思想家老子所著的《道德经》一书。老子说:"道生之,德畜之,物形之,势成之。是以万物莫不尊道而贵德。道之尊,德之贵,夫莫之命而常自然。"其中"道"指自然运行与人世共通的真理,而"德"是指人世的德行、品行、王道。

孔子《论语》云:"其为人也孝弟,而好犯上者,鲜矣;不好犯上,而好作乱者,未之有也。君子务本,本立而道生。"钱穆先生的注解:"本者,仁也。道者,即人道,其本在心。"在当时道与德是两个概念,并无道德一词,"道德"二字连用始于荀子《劝学》篇:"故学至乎礼而止矣,夫是之谓道德之极。"

在西方古代文化中,"道德"(Morality)一词起源于拉丁语的"Mores",意为风俗和习惯。

我国公民基本道德规范有:爱国守法,明礼诚信,团结友善,勤俭自强,敬业奉献。

1)爱国守法

强调公民应培养高尚的爱国主义精神,自觉地学法、懂法、用法、守法和护法。

2)明礼诚信

强调公民应文明礼貌、诚实守信、诚恳待人。

3)团结友善

强调公民之间应和睦友好、互相帮助、与人友善。

4)勤俭自强

强调公民应努力工作、勤俭节约、积极进取。

5)敬业奉献

强调公民应忠于职守、克己为公、服务社会。

2. 社会公德

社会公德是指人们在社会交往和公共生活中应该遵守的行为准则,是维护社会成员之间最基本的社会关系秩序、保证社会和谐稳定的最起码的道德要求。

社会公德有广义和狭义的理解。广义的社会公德是指反映阶级、民族或社会共同利益的道德。它包括一定社会、一定国家特别提倡和实行的道德要求,甚至还以法律规定的形式使之得以重视和推行。狭义的社会公德特指人类在长期社会生活实践中逐渐积累起来的、为社会公共生活所必需的、最简单的、最起码的公共生活准则。它一般指影响公共生活的公共秩序、文明礼貌、清洁卫生以及其他影响社会生活的行为规范。

社会公德是人类社会生活最基本、最广泛、最一般关系的反映。在阶级社会中,尽管存在不同阶级的划分,存在不同的分工,但处于同一时代的同一社会环境里的全体社会成员,为了彼此的交往,为了维持社会的起码生活秩序,都必须遵守为这个时代和这个社会所必需的起码的简单生活规则。

社会公德的主要内容有:文明礼貌,助人为乐,爱护公物,保护环境,遵纪守法。

1)文明礼貌

社会公共生活中人与人之间应该和谐相处,举止文明以礼相待。自觉杜绝说脏话、随便猜疑、欺骗他人等恶习。这是处世做人最起码的要求。

2)助人为乐

助人为乐是社会成员在公共生活交往中用以调整相互关系的最一般的行为规范之一。在公共生活中,人与人之间应该团结友爱,相互关心,相互帮助。爱人者人恒爱之,信人者人恒信之。现实生活中不可能人人都时时快乐、事事顺心,难免会遇到这样或那样的困难和问题,总有需要人帮助、救济的时候。这就需要人与人之间互相帮助,扶危济困,乐善好施,以助人为乐。对不法行为,每个公民都应当分清是非、挺身而出、斗智斗勇、见义勇为,都有责任和义务自觉维护社会治安。

3)爱护公物

爱护公共财物是社会公德中极其重要的内容,尤其在公共场合更要注意这一点。要爱护国家及公共财产不受侵犯。

4)保护环境

为了保持社会公共生活的环境整洁、舒适和干净,保障社会成员的身体健康,每个公民都应当讲究公共卫生、保护生活环境,这也是社会公共生活中人们应当遵循的最基本的行为规范。讲究公共卫生,造就优美环境,是人身心健康的重要保证,是社会风尚的重要方面,体现一个民族的文明程度和精神面貌。

5)遵纪守法

法律是对公民行为的必要约束及规范,是对道德的补充。自觉遵守法律法规和纪律,是社会公德最基本的要求。公共生活中人们要顺利地进行社会活动,就必须要有规矩可循,必须遵循一定的行为规范。每个社会成员既要遵守国家颁布的有关法律法规,也要遵守特定公共场所的有关规定。人们只有依照法律法规及纪律的有关规定行事,才不妨碍他人的正常活动,也保障自己所要从事的某项活动,不会给社会和他人造成损失和伤害,保持社会公共生活相对稳定和谐,并保证社会的健康发展。遵纪守法反映了人们的共同要求,体现了人们的共同利益。每个社会成员都应自觉增强法律意识、加强法纪观念,自觉用法纪来指导和约束自己的行为,自觉履行法纪规定的义务,敢于并善于运用法律武器同各种违法乱纪现象做斗争,并能正确运用法纪手段保护自己的合法权益不受侵犯,真正做到知纪懂法、遵纪守法。

二、职业和职业道德的含义

1. 职业

职业是社会分工和劳动分工的产物。职业是指人们从事相对稳定的、有收入的、专门类别的社会劳动。职业是自己获得生活资料的主要来源,个人对社会所做的贡献主要也是通过职业活动来实现的。人的一生约有1/3的时间是在自己的职业活动中度过的,从而逐步养成稳定的职业心理和习惯,并形成了职业特殊的行为规范和道德要求。

2. 职业道德

职业道德是道德的一种表现形式,是公共道德在职业生活中的具体体现。职业道德是指人们在职业生活中应遵循的基本道德,即一般社会道德在职业生活中的具体体现,是职业品德、职业纪律、专业胜任能力及职业责任等的总称。它属于自律范围,通过公约、守则等对职业生活中的某些方面加以规范。职业道德既是本行业人员在职业活动中的行为规范,又是行业对社会所负的道德责任和义务。

职业道德的主要内容有:爱岗敬业,诚实守信,办事公道,服务群众,奉献社会。

1)爱岗敬业

爱岗敬业是对人们工作态度的一种普遍要求,在任何部门、任何岗位工作的公民,都应爱岗敬业,从这个意义上说,爱岗敬业是社会公德中一个最普遍、最重要的要求。

爱岗,就是热爱自己的本职工作,能够为做好本职工作尽心尽力;敬业,就是要用一种恭敬严肃的态度来对待自己的职业,即对自己的工作要专心、认真、负责任。爱岗与敬业是相辅相成、相互支持的。

要达到爱岗敬业的职业道德要求,首先要有献身事业的思想意识。人是为生活而工作的,也是为工作而生活的,应当把自己的职业当成一种事业来看待。献身于事业就是要把自己的才华、能力以至于生命都投入到事业中去,认认真真、毫不马虎。只有具备这样的思想意识,才能以从事本职工作为快乐。其次,要培养干一行、爱一行的精神。只有干一行、爱一行,才能认认真真"钻一行",才能专心致志搞好工作,出成绩、出效益。随着市场经济的完善和人才的相对饱和,用人单位会倾向于选择踏踏实实工作、有良好工作态度的人。所以,干一行、爱一行在今天仍有特别重要的意义。再次,爱岗敬业要贯穿工作的每一天。提倡爱岗敬业,并非说一辈子只能在一个岗位上工作。而是无论在什么岗位,只要在岗一天,就应当认真负责地工作一天。岗位、职业可能有多次变动,但对待工作的态度始终都应当是勤勤恳恳、尽职尽责。

2) 诚实守信

诚实守信,为人处世的基本准则,是一个人能在社会生活中安身立命的根本。诚实守信也是一个企业、事业单位行为的基本准则。企业若不能诚实守信,其经营则难以持久。所以,诚实守信也是社会公民的职业道德之一,每位公民、每个企业主、每个经营者,都要遵守这一基本准则。

诚实是人的一种品质。这种品质最显著的特点是一个人在社会交往中能够讲真话。他能忠实于事物的本来面貌,不歪曲事实,不隐瞒自己的真实思想,不掩饰自己的真实情感,不说谎,不做假,不为不可告人的目的而欺骗别人。守信也是一种做人的品质,就是讲信用、讲信誉,信守承诺,忠实于自己承担的义务,答应了别人的事一定要去做。其中"信"字即是诚实不欺的意思。

诚实守信这四个字,说起来容易,做起来不易。首先在经营活动中仍存在大量"不诚不信"的现象,一些人在私利的驱动下,缺斤少两、坑蒙拐骗、偷工减料、假冒伪劣、不讲信誉、不履行合同、坑害消费者,这实际是一种不公平的竞争。"不守信"也存在于其他领域,如有些干部有意夸大成绩、缩小问题(或者是有意夸大问题、缩小成绩),总而言之是不实事求是。其他一些不诚实、不守信现象在日常生活中也有很多。比如有的人不注重"守信",说话往往言而无信,出尔反尔;开会或赴约,总是迟到,不能遵守时间,这样的人就不具有"守信"的美德。要在全社会发扬诚实守信的职业道德,扭转一些人不诚实、不守信的行为。第一,要靠教育;第二,要靠自我养成,从说真话、守时间、讲信誉等一点一滴的小事做起;第三,要发挥道德舆论的力量,对不讲信誉、不讲真话的行为予以批评、谴责,使其脸上无光、心中内疚;第四,对于讲信誉、以诚待人的公民要予以赞扬,号召人们向他们学习。我们也要看到,道德教育不是万能的,仅用道德手段还不能完全解决问题。必须在发挥道德作用的同时,与完善法纪、加强管理、改革用人制度等措施相配合。

3) 办事公道

办事公道是很多行业、岗位必须遵守的职业道德,其内涵是以国家法律法规、各种纪律规章以及公共道德准则为标准,秉公办事,公平、公正地处理问题。其主要内容有:第一,秉公执法,不徇私情,坚持法律面前人人平等的原则,正确处理执法中的各种问题;第二,在体育比赛和劳动竞赛的裁决中,提倡公平竞争,不偏袒,无私心,做出公平、公正的裁决;第三,在政府公务活动中对群众一视同仁,不论职位高低、关系亲疏,一律以同志态度热情服务,一律照章办事,不搞拉关系、走后门那一套;第四,在服务行业的工作中做到诚信无欺、买卖公平、称平尺足,不能以劣充优、以次充好,同时对顾客一视同仁,不以貌取人,不以年龄取人。

4) 服务群众

服务群众是为人民服务的道德要求在职业道德中的具体体现,是国家机关工作人员和各个服务行业工作人员必须遵守的道德规范。其主要内容有:第一,树立全心全意为人民服务的思想意识,热爱本职工作,甘当人民的勤务员;第二,文明待客,对群众热情和蔼,服务周到,说话和气,急群众之所急,想群众之所想,帮群众之所需;第三,廉洁奉公,不利用职务之便牟取私利,坚决抵制拉关系、走后门等不正之风;第四,对群众一视同仁,不以貌取人,不分年龄大小,不论职位高低,都以同样态度热情服务;第五,自觉接受群众监督,欢迎群众批评,有错即改,不护短,不包庇,不断提高服务水平。

5)奉献社会

奉献社会是社会主义职业道德的最高要求,是为人民服务和集体主义精神的最好体现。每个公民无论在什么行业,什么岗位,从事什么工作,只要他爱岗敬业,努力工作,就是在为社会做贡献。如果在工作过程中不求名、不求利,只奉献、不索取,则体现出宝贵的无私奉献精神,这是社会主义职业道德的最高境界。

奉献社会职业道德的突出特征是:第一,自觉自愿地为他人、为社会贡献力量,完全是为了增进公共福利而积极劳动;第二,有热心为社会服务的责任感,充分发挥主动性、创造性,竭尽全力为社会做贡献;第三,不计报酬,完全出于自觉精神和奉献意识。在社会主义精神文明建设中,我们要大力提倡和发扬奉献社会的职业道德。

三、城市轨道交通行业职业道德的基本特征

城市轨道交通的性质、作用和任务决定了其职业道德的基本要求是:坚持社会主义经营服务方向,适应时代政治、经济、社会发展需要,符合社会主义精神文明建设的基本要求,树立高尚的职业道德观念,满腔热情地为社会、为群众提供优质服务,最大限度地满足经济建设、社会发展和人民生活的需要。

城市轨道交通职业道德的基本特征如下。

1. 全局相关性

城市轨道交通是国民经济的重要组成部分,是城市基础产业之一,它与政治稳定、经济发展和社会进步有着重要的关系。作为城市轨道交通客运服务人员,只有树立正确的职业道德观念,自觉遵守职业道德规范,才能站在全局和时代的高度认识城市轨道交通事业的重要性,自觉地把城市轨道交通服务工作同国家的富强、社会的发展和人民的幸福联系起来。

2. 经济影响性

城市轨道交通是国民经济的先行,是"生产的第一道工序",是联络各行业的纽带。因此,城市轨道交通客运服务人员的职业道德水平如何,既影响本行业的经济效益和社会效益,也影响其他行业的工作和发展。

3. 政治敏锐性

城市轨道交通是社会主义精神文明的"窗口",是政治与社会稳定的重要环节。它服务于社会、服务于群众,它的职业道德如何,关系到城市轨道交通的服务质量优劣,并能从一个侧面反映一个城市政府工作的情况。随着对外开放的扩大,可以说城市轨道交通服务人员职业道德素质的表现,在内宾面前代表着一个城市,在外宾面前代表着一个国家和一个民族。

4. 服务广泛性

城市轨道交通是直接接触社会、沟通城市各个角落、连接四面八方的桥梁。由于城市轨道交通事业在一个城市的服务行业中每天接触的服务对象人数最多,其中包括社会各阶层人士,而且还经常接触内外宾客,因此它在社会上有着广泛的影响。

5. 社会制约性

城市轨道交通服务工作受城市道路、交通管理、车流量、社会环境和人民群众道德状态等多种因素的制约。在服务过程中,城市轨道交通职工也要接受社会对职业道德执行情况

的评价和监督,因此形成了广泛的社会制约性。

四、城市轨道交通行业职业道德的主要内容

城市轨道交通职业道德的主要内容包括客运服务人员、驾驶员、调度员和管理人员的职业道德。在此,我们主要学习城市轨道交通客运服务人员的职业道德。

城市轨道交通客运服务人员是城市轨道交通社会服务效能的直接体现者,是城市轨道交通的基本工作人员。城市轨道交通客运服务人员在日常服务工作中应该以社会主义道德准则为指导,在实际工作中遵循从思想到行为等具体的准则和规范。

1. 热爱本职、忠于职守

热爱本职、忠于职守是城市轨道交通客运服务人员职业道德的基本要求,是由客运服务人员在城市轨道交通行业运营服务中的地位、作用及工作特性所决定的。要培养服务人员热爱本职、忠于职守的职业道德品质,必须使他们充分认识本职工作的意义,珍惜自己的劳动。随着客运市场竞争的日益激烈,城市轨道交通对乘客的依赖关系被普遍认识,服务与被服务的观念日益得到强化,这就决定了服务人员的言行举止要服从乘客利益。这既是城市轨道交通在竞争中取得优势的基础,也是客运服务人员热爱本职、忠于职守的道德品质的表现。

2. 文明待客、热情服务

城市轨道交通运营企业以运营服务为中心的经营思想和以服务为本、乘客至上的经营宗旨,决定了服务人员的职业道德必须以全心全意为乘客服务为核心。因此,客运服务人员应以文明礼貌的态度,热情周到地接待每位乘客,使他们既感受到人格的尊重又得到需求的满足,这是城市轨道交通客运服务人员职业道德的中心内容。

1) 文明礼貌、尊重乘客

文明礼貌、尊重乘客,这是客运服务人员职业道德的起码要求。文明礼貌是处理人与人之间关系的一种社会美德,其核心是对他人的关心和尊重。对城市轨道交通客运服务人员来说,对乘客的尊重,就是用文明礼貌的言行、举止和以理服人、得理让人的态度去对待乘客。

2) 方便周到、热情服务

为乘客乘车提供方便和周到的服务,努力满足乘客的各种需求,是体现热情周到服务的重要方面,也是客运服务人员主要的职业责任和义务。例如,满足乘客的基本需求,列车开关门时提醒乘客注意安全,关心体贴老、幼、病、残、孕、抱小孩及带大件行李的乘客,满足他们的特殊需求,这是对城市轨道交通客运服务人员职业道德的重点要求。

3) 遵章守纪、顾全大局

城市轨道交通是一个由车到线、由线成网,协作关系甚为密切的整体。要保证运营服务生产各环节的正常联系,保证线网结构整体运送能力的有效发挥,必须依靠规章制度、纪律和运营生产人员全局观念的约束。

(1) 遵章守纪、维护正常运营。城市轨道交通客运服务人员要从维护企业信誉和自身形象出发,严格执行企业规定的各项职业纪律。否则必然会给城市轨道交通运营企业造成坏的影响。客运服务人员的工作往往远离指挥中心,在无人监督的情况下独立工作,这就要求客运服务人员必须有正确的劳动态度和遵守各项规章制度的自觉性。

(2) 顾全大局、提高运营效率。服从城市轨道交通线网这个大局非常重要,由于城市轨

道交通运行环境变化比较大,因此车组和客运服务人员都必须服从城市轨道交通全局的安排,做到勇挑重担,保证运行畅通。

4)仪表端庄、站容整洁

客运服务人员的仪表和城市轨道交通车站的整洁程度,是广大乘客对城市轨道交通的第一印象。城市轨道交通客运服务人员要在职业活动中表现出良好的形象,就要讲究仪表端庄和站容整洁。这对创造舒适的乘车环境、树立良好的服务信誉、促进社会道德风尚的提高,有着积极的意义。

5)钻研业务、讲究服务艺术

随着社会的发展,城市轨道交通服务已经从简单的劳动发展为融服务意识、服务知识、服务技巧为一体的综合活动。没有一定的业务知识,乘客询问无法解答,发生矛盾不会处理,服务工作肯定做不好。因此,客运服务人员要提高认识,勤奋学习,钻研业务,熟悉沿线地理环境,掌握政策、法规和处理矛盾的方法,学习方言、哑语和英语会话,了解一些心理学知识和掌握服务技能,这对提高服务质量非常重要。

6)团结互助、协作配合

团结互助、协作配合,这是集体主义原则在客运服务人员职业道德中的具体表现。城市轨道交通的运营服务是多工种的联合作业,各工种之间的协作配合非常重要。能否团结互助、协调配合是衡量城市轨道交通职工整体职业道德素质的重要标志。

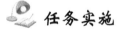

任务实施

1. 下发任务单,明确任务内容,学生课前按要求完成预习任务。
2. 教师先对重点知识和难点知识进行介绍,学生分组完成任务并制作成PPT。
3. 选取具有代表性的PPT进行公开展示,自行总结完成该任务的经验和收获。
4. 教师和各组长承担本次任务的评价工作,评判同学们的任务完成情况。

项目2　城市轨道交通客运服务基本要求

 教学目标

1. 掌握城市轨道交通客运服务工作通用标准。
2. 掌握对城市轨道交通客运服务人员基本要求。
3. 了解城市轨道交通客运服务人员仪容仪表要求。
4. 掌握城市轨道交通客运服务人员语言沟通技巧。
5. 掌握城市轨道交通乘客失物的登记、保管、认领和移交工作。

 项目描述

本项目主要介绍城市轨道交通客运服务工作的通用标准、基本要求、工作内容以及对从事轨道交通客运服务工作人员的一些基本要求和处理乘客失物的要求。作为城市轨道交通车站客运服务人员，除了要熟知客运服务工作的基本内容、要求，其一举一动、一言一行都体现着城市轨道交通运营企业的形象，因此客运服务人员应从仪容、仪表、仪态等一点一滴的小事做起，注意语言沟通技巧，掌握乘客失物处理的原则及程序，向乘客展示城市轨道交通职工的风采，树立良好的窗口形象。

任务1　城市轨道交通客运服务工作通用标准

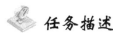 **任务描述**

城市轨道交通运营企业都非常重视客运服务工作，并提出了通用作业标准，指导客运服务人员做好客运服务工作。其中，包括城市轨道交通服务承诺、城市轨道交通客运服务规范、城市轨道交通客运服务工作目标及城市轨道交通客运服务核心要素等。

 任务单

1. 城市轨道交通服务承诺内容。
2. 城市轨道交通客运服务规范内容。
3. 城市轨道交通客运服务工作目标。
4. 城市轨道交通客运服务工作步骤。
5. 城市轨道交通客运服务核心要素。

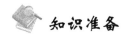知识准备

一、城市轨道交通服务承诺

城市轨道交通服务承诺包括:安全、准点、快捷、舒适。

二、城市轨道交通客运服务规范

城市轨道交通客运服务规范具体内容有:遵章守纪、作业标准、仪表端庄、用语文明、服务周到、礼貌热情、环境整洁、待客如宾。

三、城市轨道交通客运服务工作目标

城市轨道交通客运服务人员应努力达到"四好"标准。
(1)安全运营好:努力营造安全舒适的乘车环境,确保乘客安全。
(2)窗口服务好:讲规范、守纪律、人性化、有特色。
(3)设施使用好:按规定开启关闭、标识清晰完整、设备设施运行正常。
(4)社会评价好:主动为乘客排忧解难,提高乘客满意度。

四、城市轨道交通客运服务工作步骤

工作步骤:一观察、二询问、三倾听、四解答、五用心、六主动。
一观察:仔细观察乘客的行为举止和面部表情。
二询问:主动询问乘客情况。
三倾听:耐心倾听乘客提出的疑问。
四解答:及时对乘客提出的疑问进行解答。

五、城市轨道交通客运服务人员提倡"五心、六主动"服务

城市轨道交通客运服务人员提倡五心服务:诚心、细心、热心、耐心、恒心。
诚心——是做好服务工作的基础:要至诚善待乘客,举止规范有礼貌。
细心——是做好服务工作的方法:要仔细观察乘客,因人制宜施良方。
热心——是做好服务工作的要求:要热情帮助乘客,排忧解难尽努力。
耐心——是做好服务工作的心态:要耐心接待乘客,不厌其烦心态平。
恒心——是做好服务工作的目标:要贵在持之以恒,不断进取创新路。
六主动:主动问候、主动接待、主动引导、主动扶老携幼、主动排忧解难、主动征求意见。

六、城市轨道交通客运服务工作的原则

(1)乘客为先,有理有节。
(2)形象规范,美观大方。
(3)微笑服务,热忱主动。
(4)坚持原则,灵活处理。

七、城市轨道交通客运服务的核心要素

城市轨道交通的服务对象是所有乘坐轨道交通的乘客,乘客选择城市轨道交通出行,其

主要需求是安全准时地到达目的地,同时也要求购票方便、候车舒适、乘车便捷、服务良好等。因此,轨道交通车站客运服务的核心要素主要包括人员要素、环境要素和附加服务。

1. 人员要素

1)积极的服务心态

(1)积极开朗:保持积极的心态和开朗的心境,不但可以令服务人员多些笑容,更可以让其在面对挑战和冲突时,容易控制自我情绪并有效地处理问题。

(2)乘客为先:人与人相处之道贵在真诚,而乘客服务之道也是如此。只要以乘客为先,致力于用诚恳的态度和用心主动关怀乘客,自然会有好的服务效果。

(3)换位思考:要真正了解乘客的需求和感受,从乘客的角度出发,运用同理心去聆听,回应及灵活处理每位乘客的需求,只要能易地而处,关心及尊重乘客,就能超出他们所想,满足他们的需求。

2)娴熟的服务技能

作为轨道交通车站工作人员,需要不断学习运营新知识,熟悉相关的规章制度,掌握各种服务技能和技巧。在工作过程中需要将各种服务规程、操作程序和标准融入服务中,不断磨炼自己的基本功,提高服务水平。

案例解析

安全与服务可兼顾

某日上午10点左右,市二宫站一名男乘客带着一个小孩在TVM(自动售票机)上购票。站厅巡视人员发现小孩手中拿着气球,于是主动上前对乘客说:"先生,您好!为了您和他人的安全请不要带气球进站!"男乘客有点不满地说:"为什么不可以,气球能碍什么事?"并指责站厅巡视人员有意为难他,站厅巡视人员耐心对乘客做解释,乘客坚持乘车是他的权利,谁也无权阻止他,站厅巡视人员没有办法只有通知值班站长处理。值班站长接报后马上赶到站厅,在了解情况后,对乘客说:"对不起,先生!为了您和他人的安全,按规定我们确实不能让您进站乘车!"乘客听后更加不满地说:"这是哪门子的规定,这种规定不合理,没有充分为乘客着想。"还说:"人民出这么多钱建地铁,却没有真正享受地铁带来的方便。"于是值班站长耐心地向其解释:"气球是易爆品,如果携带进站可能会危及其他乘客或行车的安全。要不把气球的气放了再带进站乘车好吗?"乘客开始不同意,最后在值班站长的耐心解释下终于同意将气球放气后进站乘车。

[解析] 站厅巡视人员能够及时发现并阻止乘客携带气球进站乘车,并耐心地向乘客解释,在处理不了的情况下,能及时向值班站长汇报;在处理乘客事务时,员工能恰当使用文明用语;值班站长能灵活运用服务技巧,在与乘客开始接触时,先说车站的规定,降低乘客的期望值,再向乘客提出放气可进站的主意,最后再设法使乘客消气,使其接受车站提出的建议。

2. 环境要素

1)安全整洁的环境

客运服务人员应时刻具备安全意识,留意任何有危险性的事件,及时发现并处理安全隐患,减少发生意外的概率。维护城市轨道交通运营企业和乘客的利益,制止违法行为,礼貌劝阻乘客的不当行为,制止违反城市轨道交通运营企业规定的行为,保持乘车环境的整洁,提升乘客满意度。

2)清晰明确的引导系统

引导系统可以使乘客安全、顺畅、快速地完成整个出行,避免乘客滞留引发车站拥挤。在紧急疏散时,还可以清晰地引导乘客顺利离开危险区。车站导向标志应当设置在容易看到的位置,方便乘客看到和做出抉择。避免导向标志被地铁内其他设施设备遮挡,导向标志和广告、商业标志等不能放在一起,以免乘客看不清。导向标志需要连续设置,指导人们到达目的地,期间不能出现标志视觉盲区。各标志之间的距离要适当,过长则视线缺乏连贯及序列感,过短会造成视觉过度紧张,可视性差。在项目四中将对导向标志系统作具体介绍。

3. 附加服务

附加服务主要指提供乘车服务以外的服务,主要包括自动取款、自动售卖、书报亭服务等。

任务实施

1. 下发任务单,明确任务内容,学生课前按要求完成预习任务。
2. 教师先对重点知识和难点知识进行介绍,学生分组完成任务并制作成PPT。
3. 选取具有代表性的PPT进行公开展示,自行总结完成该任务的经验和收获。
4. 教师和各组长承担本次任务的评价工作,评判同学们的任务完成情况。

任务2 对城市轨道交通客运服务人员的基本要求

任务描述

城市轨道交通客运服务人员每天面对着成千上万的乘客,一举一动、一言一行都体现着城市轨道交通运营企业的形象。除了车站环境整洁优美、列车正点安全运营外,所有客运服务人员的举止言行也是构成城市轨道交通一流服务质量的重要因素。为树立城市轨道交通良好的窗口形象,客运服务人员要从着装、仪容等一点一滴的小事做起,向乘客展示城市轨道交通职工的风采。

任务单

1. 城市轨道交通客运服务人员的仪容仪表要求。
2. 城市轨道交通客运服务人员的行为举止要求。
3. 城市轨道交通客运服务人员的语言语态要求。
4. 城市轨道交通客运服务人员的工作纪律要求。
5. 城市轨道交通客运服务人员的安全要求。
6. 城市轨道交通客运服务人员的业务要求。
7. 城市轨道交通客运服务执法要求。
8. 城市轨道交通客运服务卫生要求。
9. 城市轨道交通客运服务物品摆放要求。

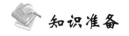

知识准备

一、仪容、仪表

1. 仪容要求

仪容即容貌,包括面容、发式、手部等。在人际交往中,每个人的仪容都会引起交往对象的特别关注,并将影响对方对自己的整体评价。在个人的仪容、仪表问题中,仪容是重点中之重。仪容修饰的基本要求是整洁、自然、端庄。城市轨道交通客运服务人员仪容修饰的具体要求见表2-1。

城市轨道交通客运服务人员仪容修饰要求　　　　表2-1

面容	眼睛	眼角无分泌物,无睡意,不斜视,清爽明亮;不带墨镜或有色眼镜,包括有色的隐形眼镜;女性不用人造假睫毛,不化烟熏妆,不用浓眼影,适当修眉
	耳朵	耳朵内外干净,外部无耳屎
	鼻子	鼻孔干净,不流鼻涕,鼻毛不外露;不当众擤鼻涕、挖鼻孔
	胡子	男士不得留胡须
	嘴	牙齿整齐洁白,口中无异味,嘴角无唾沫;与乘客交流时不嚼口香糖;保持口腔清洁,无食品残留物,上班时不吃刺激性食物,如葱、蒜等;去除因吸烟过多而引起的口腔异味;女性不用深色口红
	妆容	淡妆为宜,避免使用气味浓烈的化妆品
发部	头发	干净、整洁、没有明显头屑;发型应整齐利落,不可剃光头,刘海以不遮住眼睛为限;染发及烫发不可过度明显、夸张;男性不可留长发,发长过肩的女性必须佩戴有发网的头饰,将头发挽于头饰发网内,发饰只宜选择黑色且无花色图案的发卡,基本原则:前不遮眉,侧不掩耳,后不及领
手部	手和手指甲	保持手部清洁及润滑;指甲的长度要适度,以防断裂,从手心看,以不长过1mm为宜;只可涂肉色或透明色的指甲油并保持完好,不得使用指甲装饰品

（修眉的步骤及注意事项）

（化淡妆的步骤）

续上表

配饰	不可佩戴除项链、戒指、耳钉之外的首饰;男性不得佩带耳钉;项链应佩戴于衣领内,不可外露;戒指只可佩戴一枚,不可佩戴镶嵌戒指,戒指最宽处不可超过5mm;耳钉直径不可超过5mm,一侧耳朵上不能同时佩戴2枚及2枚以上耳钉;饰品应自然大方,不可过于明显夸张;手表造型、颜色不可过于夸张

具体来讲,女士仪容修饰和男士仪容修饰又有区别。

2. 仪表要求

仪表是人的综合外表,主要包括人的服饰、着装等方面,是人举止风度的外在体现。服饰和着装是一种无声礼仪,服饰的大方和整洁有一种无形的魅力。它能反映一个人的社会生活、文化水平和各个方面的修养。正如莎士比亚所说:"服饰往往可以表现人格"。一个人穿戴什么样的服饰,直接关系到别人对他个人形象的评价。服饰只有与穿戴者的气质、个性、身份、年龄、职业以及穿戴的环境、时间协调一致时,才能达到美的境界。

城市轨道交通客运服务人员
仪容修饰要求(女)

城市轨道交通客运服务人员
仪容修饰要求(男)

1)着装的基本原则

(1)TPO原则(时间、地点、场合原则)。

时间原则(Time):职业人士在着装时,必须要考虑时间层面。时间涵盖了每天的早晨、中午、晚上等阶段,也包括春、夏、秋、冬4个季节,服装的穿戴要做到随时间而更替。

地点原则(Place):特定的地点、环境需要配以相适应、相协调的服饰,以获得整体的和谐感,实现人与地点相融洽的最佳效果。

场合原则(Occasion):在选择服装时,必须与特定的场合气氛相吻合。

(2)应己的原则。

所谓应己,就是指着装要符合自身的条件和特点,主要包括:

①服饰样式应与自己的年龄和性别相适合;

②服饰颜色与肤色要协调;

③着装时应考虑到自身的形体。

2)制服的穿着要求

制服标志着自己的职业特色。它的设计充分考虑了穿着者从事的职业和身份,与环境相配,有一种美的内涵。任何地铁运营公司都有自己的制服,制服可以衬托一个人,通过一件制服可以看到一个人的职业形象,展现公司的精神面貌。穿上醒目的制服不但易于他人辨认,而且也使穿着者有一种自豪感和责任感。

客运服务人员在工作中穿着制服,这既是对服务对象的尊重,也体现着城市轨道交通运营企业的形象,乘客看着穿制服的工作人员也就是在看着企业。

客运服务人员的服饰应整洁大方,并与城市轨道交通的工作性质相协调。为此,要求上岗员工应统一着装,按规定佩戴服务标志。

(1)根据岗位(工种)的着装规定,统一穿着制服(包括领带、领花、头饰及帽子)、工作鞋。

车站客运服务人员制服类型应确保统一(例如统一穿着长袖制服或短袖制服)。穿着制服时,应保持衣装整洁、无皱褶;套装及衬衫的胸袋只作装饰用,不可放任何物品,裤袋仅限放工作证等扁平物件或体积微小的操作工具,避免服装变形;应扣好衣扣,不可缺扣,不可立领、不可挽袖挽裤。穿着防寒大衣,应扣好纽扣,不可披着、盖着、裹着。在车厢或车站范围内,即使不当班,穿着制服时也应按规定穿戴整齐。上班应穿着工作皮鞋,配深色袜子,并保持皮鞋的清洁、光亮。

(2)戴帽子时,帽徽应朝向正前方,不得歪戴。男性客运服务人员帽檐边与眉毛保持水平,不露头帘。女性服务人员帽檐在额头的1/2处,不露出刘海,两侧不留耳发,发花与后侧帽子边沿相贴合。

(3)按规定佩戴服务标识。应确保服务标识整洁、完好;工号牌佩戴在左胸上方,工号牌下沿应与制服第二粒纽扣上沿齐平。需要插牌上岗时,须将插牌平整插于插卡处,不可歪斜、倒置、遮盖号码。

(4)季节替换时,按规定日期统一更换工作服,不得擅自替换。

知识链接

各城市的地铁制服

北京京港地铁:最"空乘"(见图2-1)。北京地铁4号线的制服倾向于空乘的着装。男女都是藏青色的制服,女士戴着藏青色的礼帽,男士扎着黄色、黑色相间的领带,很显眼。

成都地铁:制服里蕴含市花(见图2-2)。成都地铁不同岗位的制服在色彩选择上,均以蓝色为主旋律,以金沙太阳神鸟的金色作为点缀色。女装马甲的偏襟圆弧花瓣造型,蕴涵着成都市花"芙蓉花"的含义。

图2-1 京港地铁制服　　　图2-2 成都地铁制服

上海地铁:浪漫不凡(见图2-3)。上海地铁制服继承了上海轨道交通标志的红色调和红黑色组合。红色象征着生命、活力、热情。春秋装以绛红色外套与深灰调和;冬装辅以黑色调;夏装则以粉红色衬衫与中灰色调和,符合上海浪漫时尚气息。

南京地铁:蓝色跟着线路走(见图2-4)。南京地铁的工作制服女士为天蓝色,男士为藏青色,分为春秋装、夏装和冬装。因为南京地铁1号线的主体颜色是天蓝色的,所以工作服也是蓝色,整体都是配套的。

图2-3　上海地铁制服　　　　图2-4　南京地铁制服

二、行为举止

行为举止是人际交往过程中的礼仪表现形式,除了语言的礼仪外,它讲究的是人体动作与表情的礼仪。它是通过人的肢体、器官的动作和面部表情的变化,来表达思想感情的语言符号,也叫人体语言或肢体语言。

优美的举止不是天生就有的,客运服务人员应当掌握正确的举止姿态,矫正不良习惯,积极主动地参与形体训练,以规范的行为举止为乘客提供优质的服务。

1. 站姿

站姿是指人在停止行动之后,直立身体、双脚着地的姿势。它是一种静态的身体造型,是平常采用的最基本姿态,优美的站姿是展现人体动态美的起点,是培养仪态美的基础。

1)站姿的基本要求

基本站姿,指人们在自然直立时所采用的正确姿势。标准是正和直,基本要求是头正、肩平、臂垂、躯挺、腿并。

头正:两眼平视前方,嘴微闭,收颌梗颈,表情自然,稍带微笑。

站姿基本要求及禁忌

肩平:两肩平正,微微放松,稍向后下沉。

臂垂:两肩平整,两臂自然下垂,中指对准裤缝。

躯挺:胸部挺起、腹部内收,腰部正直,臀部向内向上收紧。

腿并:两腿立直,贴紧,两脚跟靠拢,脚尖分开45°为宜。

2)常见站姿

不同的工作岗位对站姿有不同的要求,但任何一种形式的站姿都是在基础站姿基础上变化的,工作人员在实际工作中可选择合适的站姿形式为乘客服务。服务过程中常见的站姿有以下几种(见图2-5)。

(1)垂放站姿。双臂自然下垂,双手中指分别放于裤缝或裙缝处,手指自然放松。适用于训练标准体态时练习或重要领导审查、检阅时。

(2)前搭手位站姿。双手四指并拢,右手在外,左手在内,将右手食指放于左手手指跟处,并将拇指放于手心处。前搭手位站姿是工作时运用最多的站姿体态,一般与乘客交流都采用前搭手位站姿。

(3)后搭手位站姿。男士右手在外,左手在内,双脚打开,双脚的距离不超过自己肩的宽度。未接待乘客时可采用这种站姿。

a) 垂放站姿　　　　b) 前搭手位站姿　　　　c) 后搭手位站姿

图 2-5　各种不同站姿

3)站姿禁忌

站姿禁忌指工作人员在工作岗位上不应采用的站立姿势。在与乘客交流中,工作人员要尽量注意身体各部位的要求,避免出现以下不良站姿。

(1)头部歪斜,左顾右盼。

(2)高低肩、含胸或过于挺胸。

(3)双手插兜或叉腰,双肩抱于胸前。

(4)腰背弯曲,小腹前探。

(5)腿部抖动,交叉过大,膝盖无法收拢。

4)站姿练习方法

(1)背靠背站立(见图 2-6)。两人一组,要求两人后脚跟、小腿、臀、双肩、脑后枕部相互紧贴。

(2)顶书训练(见图 2-7)。在头顶平放一本书,保持书的平衡,以检测是否做到头正、颈直。

(3)背靠墙练习。要求头、背、臀均紧挨着墙。

2. 坐姿

坐姿是臀部置于椅子、凳子、沙发等物体之上,单脚或双脚放在地上的姿势。它是一种静态的仪态造型,也是常用的姿势之一。不同的坐姿传达不同的意义和情感,文雅的坐姿可以展现人体静态美。车站客运服务人员日常在进行售票作业、进行沟通服务时,都需要坐着面对乘客,因此具有良好的坐姿非常重要。

图2-6 背靠背站立　　　　　　　图2-7 顶书训练

1)坐姿的基本要求

上身挺直,勿弯腰驼背,也不可前贴桌边后靠椅背,最好坐满椅子的2/3部位,上身与桌和椅背均应保持一拳左右的距离。

坐姿不仅包括坐的静态姿势,同时还应包括入座和离座的动态姿势,"入座"作为坐的"序幕","离座"作为坐的"尾声"。

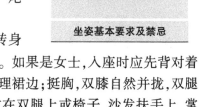

坐姿基本要求及禁忌

(1)入座时要轻稳。宜从座位左侧入座,到座位前转身后,右脚向后退半步,然后轻稳坐下,再把右脚与左脚并齐。如果是女士,入座时应先背对着自己的座椅站立,右脚后撤,使右脚确认椅子的位置,再整理裙边;挺胸,双膝自然并拢,双腿自然弯曲,双肩自然平正放松,两臂自然弯曲;双手自然放在双腿上或椅子、沙发扶手上,掌心向下。

(2)臀部坐在椅子1/2或者2/3处,两手分别放在膝上(女士双手可叠放在左膝或右膝),双目平视,下颌微收,面带微笑。

(3)离座时要自然稳当,右脚向后收半步,然后起立,起立后右脚与左脚并齐,宜从座位左侧离座。

2)女士常见坐姿

(1)正坐式(见图2-8)。双腿并拢,上身挺直、落座,两脚两膝并拢,两手搭放在双腿上,置于大腿部的1/2。要求上身和大腿、大腿和小腿都应成直角,小腿垂直于地面,双膝、双脚包括两脚的脚跟都要完全并拢。入座时,若是女士穿着裙装,应用手先将裙摆稍稍拢一下,然后坐下。

(2)开关式(见图2-9)。要求上身挺直,大腿靠紧后,一脚在前,一脚在后,前脚全脚着地,后脚脚掌着地,双脚前后要保持在一条直线上。

(3)点式(见图2-10)。双膝先并拢,然后双脚向左或向右斜放,力求使斜放后的腿部与地面呈45°。这种坐姿适用于穿裙子的女士在较低处就座时使用。

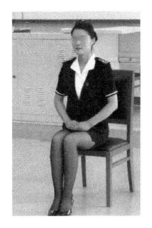

图 2-8　女士正坐式坐姿　　　　　图 2-9　女士开关式坐姿

（4）重叠式（见图 2-11）。将双腿完全地一上一下交叠在一起，交叠后的两腿之间没有任何缝隙，犹如一条直线。双腿斜放于左侧或右侧，斜放后的腿部与地面呈 45°，叠放在上的脚尖垂向地面。这种坐姿适合于穿短裙的女士采用。

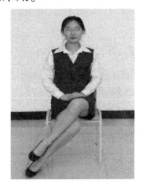

图 2-10　女士点式坐姿　　　　　图 2-11　女士重叠式坐姿

3）男士常见坐姿

（1）正坐式（见图 2-12）。上身挺直、坐正，双腿自然弯曲，小腿垂直于地面，两脚两膝分开一脚长的宽度，双手以自然手型分放在两膝后侧或椅子的扶手上。

（2）重叠式（见图 2-13）。右小腿垂直于地面，左腿在上重叠，双脚小腿向里收，脚尖向下，双手放在扶手上或放在腿上。

图 2-12　男士正坐式坐姿　　　　　图 2-13　男士重叠式坐姿

4）坐姿禁忌

坐姿禁忌指工作人员在工作岗位或与乘客交谈时不应出现的坐姿。坐姿是人际关系交往过程中持续时间较长的一种姿态,如果出现以下坐姿禁忌,会给对方留下难以改变的印象。

(1)侧肩、耸肩、上身不正。

(2)含胸或过于挺胸。

(3)双臂交叉抱于胸前。双手抱于腿上或夹在腿间。

(4)趴伏桌面,背部拱起。

(5)跷二郎腿,两腿叉开过大,腿部伸出过长。

(6)脚步抖动,蹬踏他物,脚尖指向他人。

5）坐姿训练方法

(1)加强腰部、肩部的力量和支撑力训练,进行舒展肩部的动作练习,同时利用器械进行腰部力量的训练。

(2)按照动作要领体会不同坐姿,经常性地纠正和调整不良习惯。

(3)每种坐姿训练持续10min,加强腰部支撑能力。

3. 行姿

行姿(见图2-14)是一种动态美。每个人都是一个流动的造型体,优雅、稳健、敏捷的走姿,会给人以美的感受,产生感染力,反映出积极向上的精神状态。

行姿基本要求及禁忌

1）行姿的基本要求

头正:双目平视,收颌,表情自然平和。

肩平:两肩平稳,防止上下前后摇摆。双臂前后自然摆动,前后摆幅在30°~40°,两手自然弯曲,在摆动中离开双腿不超过一拳的距离。

躯挺:上身挺直,收腹立腰,重心稍前倾。

步位直:两脚尖略开,脚跟先着地,两脚内侧落地,走出的轨迹要在一条直线上。

步幅适当:一般前脚的脚跟与后脚的脚尖相距为脚长左右距离,步伐稳健,步履自然,要有节奏感,保持一定的速度。但因性别不同、身高不同、服饰不同,步幅的大小也有一定的差异。一般情况下,每分钟行走110步。当然,这还取决于工作的场合和岗位。行姿整体上要给人以步态轻盈敏捷、有节奏的感觉。

2）不同工作情况下的行姿要求

在具体的工作中,工作人员的步态有着不同的要求和规范,轨道交通从业人员需要根据工作情况有所注意。

(1)与乘客迎面相遇时,工作人员应放慢脚步,面带微笑目视乘客,表示致意,并实时伴随礼貌的问候用语。以规范的"右侧通行"原则,让乘客先行。

(2)陪同引领乘客时,如果与乘客同行,应遵循"以右为尊"的原则,工作人员应走在乘客的左侧。引领乘客时应走在乘客的左前方两三步的位置。行进步速需与乘客步幅保持一致。

(3)进出升降式电梯,无人驾驶电梯时,乘客后进先出,有人驾

图2-14 行姿

驶电梯时乘客先进先出。

(4)搀扶帮助他人时,注意步速与对方保持一致。在行进过程中适当停顿,询问乘客身体状况。

3)行姿禁忌

工作人员在工作岗位上不应出现以下行姿,要尽量控制和克服不良步态的出现。

(1)走路"内八字"或"外八字"。

(2)蹬踏和拖蹭地面,跺脚走路。

(3)步伐过快或过慢。

4)行姿的训练方法

(1)画直线或沿着地面砖的直线缝隙进行直线行走练习。

(2)顶书练习,要求练习者以立正姿势站好,出左脚时,脚跟着地,落于离直线5cm处,迅速过渡到脚尖,脚尖稍向外,右脚动作同左脚,注意立腰、挺胸、展肩。

4. 蹲姿

蹲姿是由站姿转换为两腿弯曲,身体高度下降的姿势,常用于工作人员捡拾物品。

蹲姿基本要求及禁忌

1)蹲姿的基本要求

站在所取物品的旁边,一脚前、一脚后,弯曲双膝,不要低头且双脚支撑身体,蹲下时要保持上身的挺拔,体态自然。

2)常见蹲姿

(1)高低式蹲姿(见图2-15)。特点是两膝一高一低。女士两腿膝盖相贴靠,男士膝盖朝向前方。

(2)交叉式蹲姿(见图2-16)。仅限于女士。蹲下时双膝交叉在一起,两腿交叉重叠,后腿脚跟抬起,脚掌着地,上身略向前倾。

图2-15 高低式蹲姿　　图2-16 交叉式蹲姿

3)蹲姿禁忌

(1)行进中突然下蹲。

(2)背对他人或正对他人蹲下。

(3)女士着裙装时下蹲毫无遮饰。

(4)正常工作中蹲姿休息。

4)蹲姿的训练方法

(1)加强脚踝、膝盖等关节的柔韧性,练习提腿、压腿、活动关节等动作。

(2)蹲姿控制练习,要有意识地控制平衡,保持蹲姿,形成好习惯。

5. 引导手势

1)引导手势基本要求

引导手势(见图2-17)的运用要规范。在引路、指示方向时,五指并拢,小臂带动大臂,小臂与地面保持平行。根据指示距离的远近调整手臂的高度,身体随着手的方向自然转动,收回时手臂应略成弧线再收回。在做手势的同时,要配合眼神、表情和其他姿态,才能显得大方。切忌用单个食指指示方位。

引导礼仪

图2-17 引导手势

2)引导手势适用场合

(1)走廊引导法:接待工作人员在客人两三步之前,走在客人的左侧。

(2)楼梯引导法:引导客人上楼时,应让客人走在前面;若是下楼,则是接待工作人员走在前面,客人在后面,上下楼梯时应注意客人的安全。

(3)电梯引导法:引导客人进入电梯时,接待工作人员先进入电梯,等客人进入后关闭电梯门,到达时按开门按钮,打开电梯门,让客人先走出电梯

6. 表情

在与乘客交流中,工作人员的面部表情可以给人以最直接的感觉和情绪体验。当表情与语言、行为表示一致时,就会拉近工作人员与乘客间的距离。同时,好的表情也能给乘客带来好的心情和良好的沟通。

1)表情礼仪的基本原则

在与乘客进行交流时,表情的应用要遵循以下4个原则。

(1)谦恭。谦恭是工作人员主动向客人表示尊敬的一种方式,是服务对象首要的心理需求,也是评价服务水平的重要标准。

(2)友好。友好是服务人员主动向客人表示希望与之沟通和欢迎的表现形式,是顺利完成交流的重要基础。

(3)适时。适时是要求工作人员的表情、神态,要与所处的场合和工作情景相协调,要求

工作人员要有较强的应变能力和对情景气氛的感受能力。

（4）真诚。所有的语言和行为,如果不是建立在真诚的基础上,都会背离服务目标走向虚伪,而虚伪必将导致服务失败。

2）表情礼仪的基本要素

（1）目光。

眼睛是心灵之窗,眼神能准确地表达人们的喜、怒、哀、乐等一切感情。客运服务人员应学会正确地运用目光,为乘客创造轻松、愉快、亲切的环境与气氛,消除陌生感,拉近距离。

①正视乘客的眼部。接待乘客时,无论是问话、答话、递接物品、收找钱款,都必须以热情柔和的目光正视乘客的眼部,向其行注目礼,使之感到亲切温暖。

②视线要与乘客保持相应的高度。在目光运用中,平视的视线更能引起人的好感,显得礼貌和诚恳,应避免俯视、斜视。俯视会使对方感到傲慢不恭,斜视易被误解为轻佻。如站着的客运服务人员和坐着的乘客说话,应稍微弯下身子,以求拉平视线;侧面有人问话,应先侧过脸去正视来客再答话。

③运用目光向乘客致意。当距离较远或人声嘈杂而言辞不易传达时,客运服务人员应用亲切的目光致意。

④接触时间要适当。据心理学家研究表明,人们视线相互接触的时间,通常占交谈时间的30%～60%。时长超过60%,表示彼此对对方的兴趣大于交谈的内容,特殊情况下,表示对尊者或长者的尊敬;时长低于30%,表示对对方本人或交谈的话题没什么兴趣,有时也是疲倦、乏力的表现。视线接触时,一般连续注视对方的时间最好在3s以内。在许多文化背景中,长时间的凝视、直视、侧面斜视或上下打量对方,都是失礼的行为。

⑤接触方向要合适。接触方向可以分为视线接触三区。上三角区（眼角至额头）,处于仰视角度,常用于下级对上级的场合,表示敬畏、尊敬、期待和服从等。中三角区（眼角以下面部）,处于平视、正视的角度,表示理性、坦诚、平等、自信等。下三角区（前胸）,属于隐私区、亲密区,不能乱盯。

（2）微笑。

微笑服务的要求

笑是人类最美好的形象。因为人类的笑脸散发着自信、温暖、幸福、宽容、慷慨等情绪。轻轻一笑,可以招呼他人或者委婉拒绝他人;抿嘴而笑能给人以不加褒贬、不置可否之感;大笑则令人振奋、欣喜、激动。

作为客运服务人员,自觉、自愿发出的微笑才是乘客需要的微笑,也是最美的微笑,这种微笑是发自内心的、轻松友善的微笑。客运服务人员在微笑中不仅可充分而全面地体现自信、热情,而且能表现出温馨和亲切,给乘客留下美好的心理感受。

①微笑的种类。

温馨的微笑（见图2-18）。只牵动嘴角肌,两侧嘴角向上高于唇心,但不露出牙齿。适用于和陌生乘客打招呼时。

会心的微笑（见图2-19）。嘴角肌、颧骨肌与其他笑肌同时运动,牙齿变化不大但要有眼神交流和致意的配合。适用于表示肯定、感谢时。

灿烂的微笑（见图2-20）。嘴角肌、颧骨肌同时运动,露出牙齿,一般以露出6～8颗牙齿为宜,适用于交谈进行中。

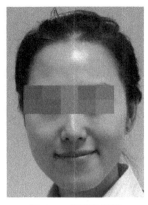 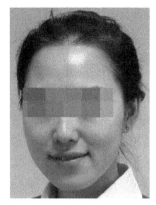 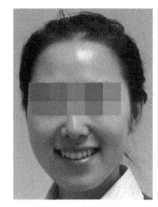

图2-18　温馨的微笑　　　图2-19　会心的微笑　　　图2-20　灿烂的微笑

②微笑禁忌。

不要缺乏诚意,强装笑脸。

不要露出笑容随即收起。

不要仅为情绪左右而微笑。

不要把微笑只留给上级、朋友等少数人。

3)表情礼仪的练习方法

(1)发"一""七""茄子""威士忌"等音,使嘴角露出微笑。

(2)手指放在嘴角并向脸的上方轻轻上提,使脸部充满笑意。

(3)以对着镜子自我训练为主,来调整和纠正"三种"微笑。嘴角需要同时提起,不要露出很多牙龈。

(4)如图2-21所示,用门牙轻轻地咬住筷子,嘴角两边都要翘起,并且使嘴角两端与筷子平行,保持这个状态10s,抽出筷子,练习维持当时的状态。

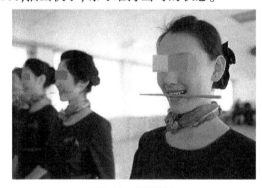

图2-21　微笑练习

三、语言语态

1. 服务用语

语言是为乘客服务的第一工具,客运服务人员与乘客的交流主要是借助语言进行的,它对做好服务工作有十分突出的作用。得体的语言会使乘客倍感亲切,反之则会截然不同。因此,客运服务人员在工作中应做到:亲切和蔼,语言文雅,使用普通话。

服务用语要求

城市轨道交通客运服务人员必须规范用语,做到主动热情,有问必答。服务过程中,应使用普通话(服务人员在为乘客服务时必须使用普通话,只有当对方使用方言时,服务人员方可用相应的方言提供服务),口齿应清晰;对车站、车厢进行人工广播时必须使用普通话,语速中等,语调平缓,音量适中,吐字清晰,内容简洁明了。服务用语应文明、简练、规范、通俗易懂,对乘客的称呼应礼貌得体。

与乘客交流时,说话清晰,声调柔和,声音不过高也不过低,做到热情接待、热心督办、耐心解答、语言文明、急乘客之所急、想乘客之所想;对乘客的讲话要全神贯注、用心倾听,眼睛要看着乘客的面部(但不要长时间注视乘客),要等乘客把话说完,不要打断乘客的谈话,不要有任何不耐烦的表示,要停下手中的工作,眼望着对方,面带笑容,要有反应。不要心不在焉,左顾右盼,漫不经心,不理不睬,对没有听清楚的地方要礼貌地请乘客重复一遍。

为乘客服务时使用"您好""请""谢谢""对不起""再见"十字文明用语。表示歉意时常用的词语有"对不起""请原谅""很抱歉""打扰了"给您添麻烦了"等。车站工作人员应坚持使用"敬语""暖语""谦语"等尊敬的语言、温暖的语言、谦和的语言。应掌握与服务岗位相关的简单英语会话。提倡使用双语服务(普通话及英语)。

为乘客服务时应执行"首问责任制"。当乘客提出某项暂时无法满足的服务要求时,应主动向乘客讲清原因,并向乘客表示歉意,同时要给乘客一个解决问题的建议或主动联系解决,要让乘客感到虽然问题一时未能解决,但受到了重视,得到了应有的帮助;在有原则性、敏感性的问题上,态度要明确,但说话方式要婉转灵活,既不违反公司规定,也不伤害乘客的自尊心。切忌使用质问、怀疑、命令、顶撞的说话方式,杜绝蔑视语、嘲笑语、否定语、斗气语,要用询问、请求、商量、解释的说话方式。

作为客运服务人员应做到:不讲有伤乘客自尊心的话;不讲有伤乘客人格的话;不讲怪话、埋怨乘客的话;不讲粗话、脏话、无理的话和讽刺挖苦的话。

客运服务人员忌用责难的语言、侮蔑的语言、冷漠的语言、随意的语言。

服务用语标准见表2-2。

用语不当造成乘客误会事件

服务用语标准　　　　　　　　　表2-2

序号	岗位	服务项目	态度、用语
1	通用	乘客询问时	面带微笑:"您好,请讲。"
2		乘客问路	规范引路动作:"请走××号口""请走这边上站台候车。"
3		对重点乘客	主动上前:"您好,需要我帮助吗?"
4		纠正、劝阻乘客	"对不起,请……"
5		工作失误	"对不起,请原谅。"
6		受到乘客表扬时	"谢谢,这是我们应该做的。"
7		受到乘客批评时	"对不起,谢谢您的批评。"
8		乘客之间发生矛盾时	"请不要争吵,有问题我们可以商量解决。"
9		对配合工作的乘客	"谢谢。"
10		乘客人多,需穿行时	"对不起,请让让路,谢谢。"
11		检查危险品时	"对不起,请您将包打开,谢谢。"

续上表

序号	岗位	服 务 项 目	态度、用语
12	检票	对出示证件的乘客,验完后	"谢谢。"
13		专用通道放行	"请""对不起,请稍等。"
14		对持票、卡无法进出闸机的乘客	"请稍等,我帮您分析。"
15		对不会进站的乘客	"请将票(卡)放在感应区上,推杆进闸。"
16		对不会出站的乘客	"请将票(卡)放在感应区上,推杆出闸。""请将车票投入回收孔。"
17	站台	安全宣传	"请站在黄色安全线内候车。"
18		上车人多时	"请不要拥挤,分散上车。"

 知识链接

敬语的使用

敬语使用是表示对听话人尊敬礼貌的语言手段。敬语一般运用在以下一些场合:比较正规的社交场合;与师长或身份、地位较高的人的交谈;与人初次打交道或会见不太熟悉的人;会议、谈判等公务场合等。常用的敬语有:"请""您""劳驾""贵方""贵公司""谢谢""再见"。

常用敬语,主要在以下几个场景使用。

(1)相见道好。人们彼此相见时,开口问候:"您好""早上好"。在这里1个词至少向对方传达了3个意思:表示尊重,显示亲切,给予友情。同时,也显示了自己3个特点:有教养,有风度,有礼貌。

(2)偏劳道谢。在对方给予帮助、支持、关照、尊重、夸奖之后,最简洁、及时而有效的回应就是由衷地说一声"谢谢"。

(3)托事道请。有求于他人时,言语中冠以"请"字,会赢得对方理解、支持。

(4)失礼致歉。现代社会,人际接触日益频繁,无论多么谨慎,也难免对亲友、邻里、同事或其他人有失礼的时候。倘若在这类事情发生之后能及时、真诚地说一声"对不起"或"打扰您了",就会使对方趋怒的情绪得到缓解。

生活中还有许多敬语可展现客运服务人员的素质和修养。如,拜托语言"请多关照""承蒙关照""拜托"等;慰问语言"辛苦了""您受累了"等;赞赏语言"太好了";同情语言"真难为你了""您太苦了"等;挂念语言"你现在还好吗?生活愉快吗",这些都可以归为敬语范围。

2. 服务态度

在客运服务工作中,客运服务人员的服务态度对服务质量的优劣起着至关重要的作用。客运服务人员只有端正了态度,才可以做到全心全意为乘客服务。客运服务人员在工作中应做到全面服务、重点照顾。

1)全面服务

接待乘客要文明礼貌,纠正违章要态度和蔼,处理问题要实事求是。

接待乘客热心,解决问题耐心,接受意见虚心,工作认真细心。

主动迎送,主动扶老携幼、照顾重点,主动解决乘客困难,主动介绍乘车常识,主动征求乘客意见。

2) 重点照顾

对老、弱、病、残、孕及怀抱婴孩或其他一些有特殊困难的人,应体贴照顾,热情周到,满足乘客的特殊需要,并尽量解决乘客的特殊困难。但提供帮助应先征得他们的同意,等他愿意接受你的帮助并告诉你怎么做时再做。

在城市轨道交通乘客中,有一部分是老、弱、病、残、孕及怀抱小孩或其他一些有特殊困难的人。这部分乘客虽然为数不多,但却是站务员应重点服务的对象。由于这些乘客的自理能力或活动能力不及一般乘客,对乘行往往有特殊的需要,特别需要客运服务人员的帮助。因此,城市轨道交通客运服务人员应热情而周到地为他们服务,尽力满足他们的特殊需要。

满足乘客的特殊需要,要求客运服务人员首先要了解特殊乘客的困难和不便,体贴他们的难处,从感情上激发起为他们服务的热情,其次还要尽力设法予以特制照顾,积极为他们排忧解难。特殊乘客中有些耳目不便的,客运服务人员就要对他们多留心一点。对一些残疾乘客,客运服务人员还要注意说话用语,不要伤害他们的自尊心,以免产生不快。这些特殊乘客需要的满足,对于客运服务人员虽然是麻烦了一些,却最能体现城市轨道交通运营企业以人为本的服务理念。

解决乘客的特殊困难,满足乘客的特殊需要,是城市轨道交通客运服务人员的良好道德传统。广大客运服务人员应怀着极大的服务热情,针对乘客的特殊需要,在服务工作中以当好"老年人的儿女""婴孩的保姆""病人的陪护""残疾人的拐杖""盲人的眼睛""聋哑人的耳目",规范自己的服务工作,从而体现城市轨道交通客运服务人员高尚的职业道德情操。

坚决杜绝客运服务中忌讳的五种服务态度:不热情的态度、不耐烦的态度、不主动的态度、不负责的态度、不尊重的态度。

四、工作纪律

城市轨道交通运营企业实际是一个半军事化的企业,特别是当前网络化运营的框架下轨道交通更应强调各部门联合协作,树立"一盘棋"的全局观念,因此纪律要求特别高。对于每位客运服务人员来说,纪律观念不可忽视。在日常工作中应做到:坚守岗位,服从指挥,严守规章制度,执行作业程序。

1. 坚持点名制度

班前点名:按时参加班前列队点名,接受任务,明确责任,检查仪容,进入工作状态。

班后总结:按时参加班后总结,对照岗位工作标准,进行考核。总结本班工作中的经验教训,同时学习业务知识,不断改进工作。

2. 严格遵守职业纪律、营运纪律、劳动纪律三项行为规则

(1) 自觉遵守职业纪律:不得发生收款不给票、多收钱少给票、拾到失物或乘客找零未拿不上交等违反职业纪律的错误行为。

(2) 自觉遵守营运纪律:服从车站站长安排,遵守本岗工作标准、作业纪律。

(3) 自觉遵守劳动纪律:

① 有较强的"时间观念",不迟到、不早退;

② 执行岗位纪律。

应提前15min到岗,严格执行交接班制度,交清本工作范围内的设备、卫生及各类相关事项。

不得擅离职守,在岗到位,履行岗位责任,不许聚堆聊天、互相开玩笑及大声喧哗。

不在岗位上会客和办私事。

不在岗位吃零食、看书看报及做与本岗无关的事情。

班前及值班用餐不准饮酒,不准在不许吸烟的场合吸烟,不准乱扔、乱倒杂物。

不许怠慢乘客,无理不强争,得理要让人。

上班时间应时刻保持警惕,确保票卡、票款及乘客的安全。

五、安全要求

安全是客运服务工作的核心,是最大的服务质量要求。所有工作都必须在安全的条件下进行。为了确保运营安全,应坚持"安全第一、预防为主"的方针。

1. 安全保障制度

(1)应当建立维护站、车运营秩序、治安秩序的制度和措施。

(2)应当制定各岗位对各类突发事件的应急处置预案。

(3)保证安全通道、出入口畅通,各类安全器材应定期检查,使其时刻处于良好状态。

(4)遇雨、雪天气,应及时清除出入口和站台的积水、积雪,并采取措施,保证乘客安全。

(5)站内禁止吸烟、违章使用明火、电加热器具。

(6)严禁携带和存放易燃、易爆、有毒等物品。

应对客运服务人员进行经常性的消防安全教育,使其熟知本站及列车各种消防器材的存放位置和使用方法。

2. 客运服务人员安全职责

(1)疏导乘客乘降地铁列车。

(2)加强对车站站台的巡视,防止乘客跳下站台或进入区间。在遇到危及行车安全及人身安全的紧急情况时,必须及时采取紧急措施。

(3)加强对车站的巡视,对在出入口、站厅、站台长时间逗留、坐卧的乘客和闲杂人员进行劝阻。

(4)遇到非正常情况,执行各岗位突发事件应急处置预案,积极主动,做好疏导工作。

(5)对违反"轨道交通安全管理条例""乘客守则"的乘客有权予以制止,劝阻无效的,交相关人员处理;对其他违法行为,交由公安部门处理。

六、业务要求

城市轨道交通客运服务人员必须掌握本岗的工作技能,刻苦钻研业务,才能在服务工作中一切从维护乘客的利益出发,更好地为乘客服务。客运服务人员应熟悉与轨道交通相关的法律法规、客运规章和乘客守则等各项规定。

客运服务人员应做到:

(1)熟知城市轨道交通服务规范;

(2)熟知岗位责任制和作业标准;

(3)熟知城市轨道交通周边及沿线简况。

七、执法要求

1. 基本要求

（1）严格按照《××市轨道交通管理条例》《××地铁票务规则》执法,公平公正、不偏不倚。

（2）文明礼貌执法,尽量减轻乘客不满,执法时遇乘客意见较大或表示要投诉等情况须及时向服务总台报备。

（3）执法时应对乘客的疑问、不满进行耐心的解释,应避免涉及与执法事件本身无关的言论。

2. 执法语言

（1）在要求乘客出示车票检查时,说:"××,您好,请出示您所使用的车票。"检查结束时,说"多谢合作""谢谢"等。

（2）乘客出现态度异常时,为减少给其他乘客造成不便,应尽量远离公众场合,并向乘客耐心解释公司规定,如"××,请到这边来,请慢慢讲""根据《××市轨道交通管理条例》第××条规定,××,请您配合我们的工作"等。

（3）要求乘客补票时可以向乘客解释说:"您好,由于您违反了《××市轨道交通管理条例》第××条规定,我们将对您做出补票处理,请您配合。"

（4）按法定程序实施处罚时,说:"××,您已违反《××市轨道交通管理条例》第××条规定,我们将按相关规定和法定程序对您实施行政处罚,请您配合。"

（5）在做询问笔录时,说:"您好！现就××问题向您进行询问。"询问笔录做好后,说:"××,请您在笔录上签名,谢谢。"

（6）在要对当事人相关物品作保存时,说:"××,根据规定,我们要对您××物品依法进行保存,请核对物品情况,如核对无误,请签字。"

（7）在向当事人当场收缴罚款时,说:"××,请您缴纳××元罚款。谢谢配合。"

（8）在告知当事人到银行缴纳罚款时,说:"××,请您持决定书在规定时限内到××银行缴纳罚款。"

（9）将行政处罚决定书交给乘客时,说:"如果您对处罚决定不服,可以在接到本决定书次日起 60 日内向××市建设委员会(或交通委员会)申请复议或在 3 个月内向人民法院提起诉讼。在复议或诉讼期间,不停止本决定的执行。"

八、其他要求

1. 卫生要求

城市轨道交通车站是人来客往的公共场所,保持车站整洁,以优美的环境向乘客提供良好的候车环境是客运服务工作内容之一。每位客运服务人员都应树立"维护车站卫生人人有责"的观念并保持本岗位的清洁整齐。

城市轨道交通车站环境卫生要达到"窗明地净,四壁无尘,内外整洁,不留死角"。

1）车站环境卫生标准

（1）车站站厅、站台、楼梯、通道应保持"四无"(无痰迹、无污垢、无杂物、无积尘)。

（2）出入口外的地面按"门前三包"要求,保持清洁。

（3）车站出入口、站厅、站台、通道要保持畅通,任何单位和个人均不得在上述范围内停放车辆、堆放杂物。

(4)不留卫生死角。

(5)运营时间内,在乘客乘车区域内,不应悬挂与运营活动无关的物品。

(6)车站设置的各类标志不应产生倾斜、卷翘、破损现象。

(7)车站张贴、悬挂的各类公示牌应整齐,不应有破损;过时的规定、公告等应及时更新、更换。

(8)车站临时张贴的宣传标语、招贴画等,在张贴期间破损的应及时更换,按期撤除、清理。

(9)车站壁画应洁净,不应有残、蚀、剥落现象,不应有积尘、污垢。

(10)车站宣传字画应有艺术性,并保持完好、美观,不应产生卷曲、褶皱现象,不应产生脱色、水渍。

2)车站设施卫生标准

(1)乘客座椅、不锈钢栏杆、扶手、公告栏、消防设施箱柜及车站工作亭等表面必须无积尘、无污迹。

(2)玻璃窗必须明亮,无印迹、无花雾。

3)其他区域卫生标准

(1)茶水间地面清洁、无积水,水池清洁、无杂物、无异味。

(2)厕所无污物及堵塞物,地面清洁无积水。

(3)废物箱内垃圾应低于投掷口,箱内箱外保持整洁。

(4)各种物品、工具要按规定位置摆放,不得妨碍列车运行和乘客通行,不得发生有碍站容、站貌的现象。

(5)车站商业网点外观整洁、内部物品(含商品)摆放整齐。

4)城市轨道交通列车的环境卫生要求

地铁列车整体应做到玻璃洁净、清洁舒适、协调美观,车厢内卫生做到无污垢、无杂物、无沙尘、无水渍,保持干爽洁净;车身卫生做到无污垢、无水渍、无明显灰尘,洁净明亮;车顶卫生做到无明显油垢、无灰尘,洁净。

(1)投运列车在发车前,应做好清洁工作,确保列车外观的清洁;车厢内窗明座净、地板无纸屑、无污渍。

(2)车厢内各种宣传品与张贴栏应保持完好、齐全,过期、无效、破损的张贴应及时清除或更新。

(3)运行列车在终端站应由专人利用列车折返的时间进行清扫,至少保证终端站发行的列车内部及地面无纸屑、无污渍。

(4)对行车过程中,乘客在车厢内的突发性不洁事件,如乘客呕吐、物件散落、饮料泼洒等,应组织人员及时跟车处理。

(5)确保车厢内的照明、通风、空调等符合有关规程的要求,为乘客提供舒适的内部乘车环境。

(6)列车应定期清洗,保持车厢外立面清洁,无锈蚀、无污垢;车厢门窗、玻璃、扶杆、吊环、灯具、出风口、座椅应随时保持清洁。

(7)车厢内外相关服务标识应完好,各类显示设备应保持清洁。

(8)根据需要对列车进行定期消毒。

(9)列车应保持空气清新,车厢内的温度、新风量应符合相关规定要求。

5)客运服务人员的卫生要求

客运服务人员应持有效的健康证上岗,患有传染性疾病时,不应从事直接为乘客服务的工作。

6)站内维修施工时的环境卫生要求

站内维修、施工作业时应注意:

(1)按照客运工作需要设置相关的警示、提示标识,并保持周边环境卫生,作业完毕后,应将现场清理整洁。

(2)施工作业需要在站台存放工具、工料时,应在车站指定地点放置整齐,施工结束后,应对占用场地进行彻底清扫,恢复原貌。

(3)在站内实施土建及设备、设施的拆装作业时,应对现场进行有效遮挡,遮挡物、标识牌应整洁、无破损。

2. 物品摆放要求

车站客运物品摆放要求:整齐、有序,不得影响列车运行、乘客通行和车站站容。各种服务设施、清扫用具应放在墙脚、隐蔽处或按规定地点摆放,不得影响列车运行、乘客通行和车站站容。室内物品摆放要整齐,公用物品要放在规定位置,个人物品要放在个人衣箱中,个人所携带的饭菜要摆放整齐。

对升降梯等设施及用具应加固、加锁,不能加固、加锁的应放在易观望处。各车站服务于乘客的休息椅、垃圾箱、报架等设施要按规定数量摆放。非站属物品,应督促有关工种进行清除或协助放置在不妨碍列车运行的隐蔽处。售票亭和检票亭内的各种设备要摆放整齐,并保持物品的清洁。

3. 乘客意见箱、意见本的管理

乘客意见箱、意见本实行定置管理,运营时间必须放在指定位置,未经批准不得擅自挪动。乘客意见箱应安装在站厅显眼位置,乘客意见本悬挂在意见箱旁,封面朝外,附办公笔。车站工作人员必须加强对乘客意见箱、意见本的巡视,确保意见本、办公笔等能正常使用。

知识链接

有效沟通的技巧

研究表明,人们工作中70%的错误是由于不善于沟通或者说是不善于谈话造成的。良好的沟通能力是事业基础的一个要项。美国保德信人寿保险公司总裁说:"能简明、有效地交代自己的意思,又能清楚地了解别人的用意,就拥有最好的机会。"石油大王洛克菲勒说:"假如人际沟通能力也是同糖或咖啡一样的商品的话,我愿意付出比太阳底下任何东西都珍贵的价格购买这种能力。"

沟通是个外来语,原意是分享和建立共同的看法。行为学者山佛德认为,沟通是信息传递和被人了解的过程,包括三个重点:①通常发生在有两人或两人以上的团体之间;②含信息的传递;③通常有其理由。管理学中,西蒙给沟通下的定义是:"信息沟通是指一个组织成员向另一个成员传递决策前提的过程。"没有信息沟通,显然就不可能有组织了,因为没了信息沟通,集体就无法影响个人行为了。《辞海》中的解释是:挖沟使两水相通,也指使彼此通连。简单地说就是人与人之间的信息交流。

一、沟通的步骤

事先准备—确认彼此需求—互相阐述观点—处理异议—达成协议(尽量让对方做出决议)—共同实施。

(1) 产生意念:知己。
(2) 转化为表达方式:知彼。
(3) 传送:用适当的方式。
(4) 接收:为对方的处境设想。
(5) 领悟:细心聆听回应。
(6) 接受:获得对方的承诺。
(7) 行动:让对方按照自己的心愿做事。

注意:在沟通过程中要尽量"以对方为中心",谈事实和道理,而不要自己推论。同时,还要善于不断找到话题,按照沟通脚本的设计,让对方做出结论。最后用赞美或表态式的方式,做出沟通的结论。

二、有效沟通的技巧

所谓有效的沟通,是通过听、说、读、写等思维载体,通过演讲、会见、对话、讨论、信件等方式准确、恰当地表达出来,以促使对方接受。

有效沟通的四大要素:提问、倾听、欣赏、建议。

1. 提问

提问题要有诀窍。提出的问题分为3种:封闭式的问题、开放式的问题、可选择式的问题。

提问的3种方式如下。

(1) 开放式提问——问题没有确切答案,但是能针对回答得到大量信息。例如:"请问这里发生了什么事情?""请问您想要怎样解决这件事情?"。

(2) 封闭式提问——答案为是或否,或者特定问题。针对特定问题得到特定答案,以最快的速度锁定提问者想获取的信息。例如:"请问您怎么称呼?""请问您要去什么地方?"

(3) 可选择式提问——问句为选择疑问句,是一种引导式的提问方法。对对方带有一定的提示作用。例如:"请问您是要蓝色还是红色?""您认为他的行为是故意的还是疏忽大意所致?"

2. 倾听

在对方倾诉的时候,尽量不要打断对方说话,大脑思维紧紧跟着他的诉说走,要用心倾听。

改善聆听质量的建议:

(1) 抓住重点,留心细节(穿着、举止、语气,避免先入为主)。
(2) 让对方感到你在用心听他讲话(眼神交流、点头示意等)。
(3) 重要内容要复述得到确认(复述、引导)。

(4)不要随意打断对方的讲话。

(5)有目的地将对方引导到适合达成一致的话题上。

3. 欣赏

在倾听中找出对方的优点,显示出发自内心的赞叹,给以总结性的高度评价。

4. 建议

沟通的目的是达成意见或行为的共识。而建议是没有任何强加的味道,仅仅是比较两种或多种行为所带来的结果,哪个更加完善而优良,供对方自由选择。

三、沟通失败的原因

沟通的关键有以下三点。

第一,表现服务意愿。

要在与乘客最初的短暂接触中,在语言、动作、表情等方面给乘客留下一个"瞬间感觉",以表明"我愿意为您提供服务"。表现服务意愿的要点包括:保持积极的心理状态,使用文明礼貌语言;通过与乘客的短暂沟通,取得其信任;了解乘客的需求;服务规范并训练有素,表现对乘客的关怀、友善和重视等。

第二,体谅对方的情绪。

主动提出需要解决问题的乘客,一般是有所不满和困难,因此可能产生抱怨或申诉。我们要站在乘客的立场上,充分理解对方的心情,急乘客之所急,体谅乘客的心情。体谅对方情绪要点包括:目光注视对方;对对方的遭遇表示理解和同情;认真倾听,中途不打断、不插话;避免先入为主。

第三,承担解决问题的责任。

对于乘客需要解决的问题,应积极承担解决问题的责任,表现出主动、诚恳帮助乘客的态度。承担解决问题的责任包括:对于乘客提出的问题做好记录,说明你将认真对待;再次向乘客保证,他的问题可以得到解决;感谢乘客提出的问题,使你获得了宝贵信息,并使你注意到这个问题;表现出恰当的自信和积极主动;表现紧迫感,说明你将快捷地处理问题。

沟通失败的原因有以下几方面。

(1)缺乏自信,主要由于知识和信息掌握不够。

(2)人的记忆力有限。

(3)不能做到积极倾听,有偏见,先入为主。

(4)按自己的思路去思考,而忽略别人的需求。

(5)准备不足,没有慎重思考就发表意见。

(6)失去耐心,造成争执。

(7)时间不足。

(8)情绪不好。

(9)判断错误。

(10)语言不通。

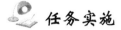 **任务实施**

1.下发任务单,明确任务内容,学生课前按要求完成预习任务。
2.教师先对重点知识和难点知识进行介绍,学生分组完成任务并制作成PPT。
3.选取具有代表性的PPT进行公开展示,自行总结完成该任务的经验和收获。
4.针对本任务中提到的案例或者实际生活中遇到、听到的案例,分组讨论服务改进措施并进行分角色情景演练。
5.教师和各组长承担本次任务的评价工作,评判同学们的任务完成情况。

任务3 城市轨道交通乘客失物处理要求

 任务描述

由于地铁车站和列车为公共场所,人来人往,有些乘客会遗漏一些物品在车站或列车上,也就是乘客失物。乘客失物种类繁多,并且状态也不一样,有些物品比较贵重,有些物品可能乘客丢失后都无所谓,但对于城市轨道交通车站员工,不管乘客失物重不重要,都必须严格保存和管理。本项目主要介绍了城市轨道交通车站客运服务人员对于乘客失物处理的基本原则及失物的登记、保管、认领、移交的具体程序。

 任务单

1.城市轨道交通乘客失物处理原则。
2.城市轨道交通乘客失物交接程序。
3.城市轨道交通乘客一般失物处理程序。
4.城市轨道交通乘客特殊失物处理程序。
5.城市轨道交通乘客失物认领程序。
6.无人认领失物的处理。

 知识准备

一、城市轨道交通乘客失物处理原则

(1)车站对失物实行专人管理。车站客运值班员负责本站遗失物品的登记、保管、认领、移交。

(2)遗失物品的清点、检查、登记、认领应由双人(客运值班员以上人员)同时进行。

(3)失主认领遗失物品时,应描述失物特征,出示有效证件,车站当值客运值班员及值班站长现场核查无误并办理有关手续后,方可将失物交还失主。

(4)如遗失物品为违禁品、危险品、机要文件、大额现金时,应立即转交地铁公安处理。

(5)遗失物品未交还失主前,应妥善保管,任何单位和个人不得侵占和挪用。

(6)车站只办理当天失物的认领工作,隔日的失物认领统一到失物处理中心办理。(若城市轨道交通运营公司未设置失物处理中心,则按该运营公司规定执行。)

(7)遗失物品在失物处理中心保管超过3个月的,按无人认领失物处理。

二、城市轨道交通乘客失物处理工作程序

1. 失物交接

1) 城市轨道交通车站内拾获遗失物品时的交接程序

在城市轨道交通车站范围内拾获遗失物品时,由拾获人到车站控制室与车站人员(须为2名车站当值客运值班员及以上人员)当面清点、检查失物,并详细填写"车站失物处理登记单",双方签名确认。

2) 司机在列车上拾获遗失物品时的交接程序

司机在列车上拾获遗失物品时,应集中在终点站办理移交手续。司机通知终点站站台当值人员,由两名车站人员与司机在站台屏蔽门端门处进行交接。如司机因折返时间有限,可与车站人员对失物进行简单交接,收条上只注明"××物品一件(批)"或"现金××元",双方签名确认。失物的详细清点和核对在交接后由车站人员在车站控制室按规定进行。

2. 失物处理

1) 一般失物处理程序

(1) 车站客运值班员与失物拾获人当面检查、核对失物,并详细填写《车站失物处理登记单》,注明失物数量及特征,双方签名确认。

遗失物品查找服务

(2) 根据"车站失物处理登记单"填写"失物标签",并粘贴在失物上。

(3) 有失主联系资料的,先即时通知失主到车站认领失物。如无失主联系资料,车站应对失物做好妥善保管。

(4) 当天如无失主认领失物,车站应在当日运营结束前利用末班车(也可在第2天)将本站失物移交失物处理中心。

2) 特殊失物处理程序

信(文)件、现金、危险品、违禁品和易腐物品等属于特殊失物,按以下程序处理。

(1) 信(文)件。

有"特快专递""挂号""机密""绝密"等字样或未付邮资的信(文)件,填写"车站失物处理登记单"后立即交站内地铁公安签收处理。

已付邮资的一般信件由车站代为投寄。

其他信(文)件按一般失物处理。

(2) 现金及其他有价票据。

2000元以内现金由车站当值值班站长与车站当值客运值班员双人核实,填写"车站失物处理登记单"后装入信封密封,并加盖个人私章后妥善保管。当日无人认领时,随"车站失物处理登记单"移交失物处理中心(若城市轨道交通运营公司未设置失物处理中心,则按该运营公司规定执行)。

对现金总额在2000元以上及现金及有价票据总额在2000元以上的,车站应要求地铁公安介入协助,在填写"车站失物处理登记单"后移交地铁公安签收处理。

(3) 危险品及违禁品。

发现枪支、弹药、汽油、硫酸等易燃、易爆、腐蚀、剧毒物品时,车站人员在填写"车站失物处理登记单"后立即移交地铁公安签收处理。

(4)食品与易腐物品。

食品与易腐物品不移交失物处理中心,可由车站自行处理。

有包装的食品保管期限为72h,如无人认领由车站自行处理。

无包装的食品及易腐物品(如肉类、蔬菜等),保管到当天关站时,关站后由车站自行处理。

三、城市轨道交通乘客失物认领程序

1. 一般失物认领程序

(1)由认领人提供失物名称、遗失地点、遗失时间,车站或失物处理中心初步确认是否有认领人所提供的相符物品。

(2)如有则请认领人提供两项以上最能表现失物特征的证明,如特征相符则由车站客运值班员及值班站长共同确认并办理认领手续。

(3)认领人须凭本人身份证或其他有效身份证明办理领取手续,认领时要求认领人如实填写相关资料,并由双方在"车站失物处理登记单"上签名确认。

(4)各车站只办理当天失物的认领,其认领手续按相关规定办理。

(5)车站失物当天若无人认领时,应由当值客运值班员会同本站当值值班站长确认登记后交失物处理中心(若城市轨道交通运营公司未设置失物处理中心,则按该运营公司规定执行)。

2. 现金的认领程序及要求

(1)车站拾得现金后,能及时找到失主的,按上述规定办理认领手续。其他情况下,现金的认领一律在乘客失物处理中心办理(若城市轨道交通运营公司未设置失物处理中心,则按该运营公司规定执行)。

(2)乘客认领现金时,确认认领人身份后方可办理认领手续,双方在"车站失物处理登记单"上做好登记签收后,即时与失主办理交接。

(3)认领现金时,"车站失物处理登记单"认领事项中的证明人必须是车站站长或车站当值值班站长签名方为有效,其中500元以上2000元以内的现金认领,其证明人必须是车站站长。

(4)失物处理中心在办理500元以上2000元以内的现金认领时,必须对"车站失物处理登记单"第二联进行复印备查。

四、城市轨道交通乘客失物存放及保管

若城市轨道交通运营公司未设置失物处理中心,则按该运营公司规定执行。

(1)失物处理中心必须对接收到的失物建立电脑台账,并对失物进行分类存放。

(2)贵重物品,如钱包、手机、首饰、有价票据、现金存款单等,必须存放于保险柜内。其他物品,如雨伞、文件、证件等,可存放于储物架或文件柜内。

(3)失物处理中心工作人员每季度必须对存放失物进行清理、造册,并按有关规定进行处理。

五、无人认领失物的处理

失物在处理中心保管时间超过3个月的,按无人认领失物办理(若城市轨道交通运营公

司未设置失物处理中心,则按该运营公司规定执行)。

(1)对无人认领的地铁车票、现金,每月统计一次上交有关部门进行处理。共同交接时,通知相关负责人到场监督双方交接。

(2)对无人认领的银行磁卡,交还各发卡银行进行处理,银行不受理时由失物处理中心所在车站站长或值班站长及一名车站工作人员,将银行磁卡剪去一角交由车站保洁处理,但应通知相关负责人在场监督处理过程。

(3)对于无人认领的普通证件、普通文件每半年清理一次,由处理中心所在车站站长或值班站长及一名车站工作人员清理后交由车站保洁处理,但此过程必须有人监督其处理。

(4)其他无人认领失物每半年清理一次,由失物处理中心统一造册,由相关负责人联系民政局或可接受捐赠部门进行处理。失物处理中心在交接无人认领失物时,相关负责人在场监督。

六、其他

(1)车站站长应经常检查遗失物品的登记、保管、移交情况,发现问题及时处理。
(2)车站应保持"车站失物处理登记单"页码的完整,页脚编号不能出现少、断的情况。
(3)失物处理中心与其他相关部门交接任何失物后必须保存相关记录,以便日后备查,并要及时通知相关部门人员监督执行交接过程。

 案例解析

某日,某地铁站正在应对客流高峰,却被迫临时封闭了 B 号出入口,一个疑似蛋糕的纸盒被工作人员用隔离带围了起来,工作人员紧急疏散围观乘客,警察和地铁安保人员仔细观察这个纸盒。同时,安保人员调取了站内监控录像仔细察看,最终确定了这一纸盒是一位乘客遗失的蛋糕。后乘客回到地铁站将蛋糕取走,该站 B 口通行恢复正常。

[解析] 地铁站工作人员遇到遗留在车站的可疑失物,能够保持高度警觉,通知保安和警察处理,采取封闭出入口、拉隔离带等措施,保障了乘客安全。虽然最后确定是"乌龙事件",但车站员工的做法还是非常可取的。

任务实施

1.下发任务单,明确任务内容,学生课前按要求完成预习任务。
2.教师先对重点知识和难点知识进行介绍,学生分组完成任务并制作成PPT。
3.选取具有代表性的PPT进行公开展示,自行总结完成该任务的经验和收获。
4.针对本任务中提到的案例或者实际生活中遇到、听到的案例,分组讨论服务改进措施并进行分角色情景演练;
5.教师和各组长承担本次任务的评价工作,评判同学们的任务完成情况。

项目 3　城市轨道交通客运心理服务

 教学目标

1. 具备根据城市轨道交通乘客的行为方式、面部表情、语言特点判断乘客的心理状态的能力。
2. 具备依据乘客心理状态开展有针对性的良好服务的能力。
3. 员工能根据自身心理状况控制自己情绪,减少服务投诉的能力。
4. 了解乘客共性心理、个体心理、群体心理、客运服务人员的服务情感和意志品质。
5. 掌握客运服务人员心理健康知识。
6. 掌握乘客出行心理活动因素及满足乘客出行心理服务措施。
7. 提高员工的自我修养,具有符合城市轨道交通运营需求的思想和行为。
8. 具备客运服务能力;善于控制情绪,提高乘客的满意度。

 项目描述

本项目是为更好地实现城市轨道交通客运任务所需要的一项技能性工作。心理因素是影响人们社会生产活动的重要因素。要把城市轨道交通客运任务完成好,就需要把握人们在各种活动中产生的心理现象的根源。只有充分了解了员工心理、乘客心理,才能有针对性地采用各种解决问题的服务技巧,使问题得到妥善解决,从而使乘客出行有一个愉快的心境,也使员工能够提升自己的服务水平。这一项目主要是使客运服务人员在把握城市轨道交通员工心理和乘客心理方面得到锻炼。

任务 1　城市轨道交通乘客心理特征分析

 任务描述

城市轨道交通车站客运服务人员的工作是直接与乘客打交道的工作,提高客运服务质量是客运人员的首要任务,这就要求客运服务人员对客运岗位工作的重要性有一个客观的认识,并在服务中把握乘客的各种心理,灵活妥善地处理好各种矛盾。

 任务单

1. 能够根据城市轨道交通乘客的行为方式、面部表情、语言特点判断乘客的心理状态。

2. 能够依据乘客心理状态开展有针对性的良好服务。
3. 了解乘客共性心理、个体心理、群体心理。
4. 了解乘客的服务期望。
5. 能够根据乘客的心理状态做好客运服务工作。

 知识准备

随着社会经济的发展和人民文化生活水平的提高,人们对乘车的需要不断增长。不同的乘车目的伴随不同的心理活动。乘客乘车能否顺利实现,很大程度上取决于轨道交通运营企业所提供的服务水平对乘客需要的满足程度。为了满足乘客对运输服务的安全、准点、快捷、舒适等方面的要求,城市轨道交通运营企业需要从运输工具及客运服务质量等方面入手,树立轨道交通运营企业的形象,提供全方位的优质服务。

一、乘客乘车的共性心理

乘客乘车的心理活动,贯穿了从他产生乘车需要开始,到他到达目的地结束出行为止的整个过程。乘客乘车的共性心理是指所有乘客在乘车过程中从开始买票到乘车终了,经过各个环节,遇到各种情况,所具有的相同的心理活动。一般来讲,人们出门乘车首先要考虑选择乘坐哪种交通工具,其共性的心理主要表现为:对交通工具的安全、经济、迅速、方便等方面进行比较,然后再对舒适程度、服务质量等方面进行比较,分析哪种交通工具乘车条件优越,最后选定交通工具。乘客在乘车中的共性心理,是相当复杂的。下面对乘客共性心理活动进行一般性的分析。

1. 安全心理

乘客乘车最根本的需要就是安全的需要,它包括人身安全和物品安全两个方面。为保证乘客乘车安全,乘客常综合考虑自然环境状况、社会治安情况和运输工具的安全性等内容,再做出是否出行的决定。

安全就是不发生任何危及人身和财物的意外事故,也就是不会发生人身碰挤伤、摔伤等伤害情况,乘车中所携带的财物、文件资料能够保持完整,不会发生任何丢失或损坏的事情。

在乘客运输服务过程中,努力实现乘客出行安全心理要求,是所有客运服务人员的首要工作。这要求城市轨道交通运营企业应加强社会、车站和列车的治安管理,从技术装备上提高运输载体的安全性,从安全管理上提高客运服务人员对不安全因素的预测和及时处理等方面的能力。

2. 顺畅心理

乘客到车站购票,能够顺利地买到自己需要的车票;上车时,人虽然多,但能够顺利地找到座位;列车在运行途中,列车无意外运行事故,能保证列车正点到达终点站;准备换乘时,有充裕的时间赶上接续换乘的交通工具等。这些都是乘客出行的顺畅心理要求。

要满足每位乘客的顺畅心理要求,做到时时顺畅、事事顺畅是不现实的。但是,从运营企业服务管理角度,应尽最大的努力满足乘客的需要。在为满足乘客需要而做工作的同时,还要做好宣传工作。对乘客要有良好的服务态度,遇到不能满足乘客要求的事情,要进行耐心解释,使乘客明白为什么需求没有得到满足。在乘客乘车的过程中,由于城市轨道交通运营企业的原因而发生的延误,影响到乘客出行的顺利进行,乘客有权了解发生的原因,城市轨道交通服务人员必须把事情的真相通告给乘客,让乘客心里有数,使其能够对自己下步的行为预先进行计划。

3. 快捷心理

随着社会的发展,人们的时间观念发生了重大变化,快捷成为乘客的一个主要要求。缩短乘车时间,迅速到达目的地,不仅使乘客节约时间,也减少了出行疲劳。

4. 方便心理

方便的需要表现在购票、进出站、上下车以及中转乘车等方面的便捷性。"方便"要求减少乘车中的各种中间环节,达到"快捷"的目的。法国巴黎的地铁公司曾经提出从城市的任何一个地点到地铁车站的距离不超过500m的口号,这是从最方便市民乘坐地铁的角度考虑的。

乘客出行,希望处处方便,这是一种很普遍的共性心理。为了适应乘客的方便心理,需要采取一些措施,如票务处多开售票窗口,乘客进站妥善安排检票通道或检票人员,站内通道设置引导牌,及时通告到站信息等。从质量上,乘客希望城市轨道交通运营企业提高办事效率、简化手续、改善服务态度等。满足乘客的方便心理要求,其要点是使乘客感到处处、事事、时时方便,节省时间,能够使事情顺利办成。

5. 经济心理

经济心理表现在乘车需要的满足程度与所付出的费用和时间相比较,希望在一定的需要满足程度之下,所付出的费用和时间最少。但乘客在乘车出行中对经济性的考虑,一般是将两个因素结合在一起:一是花钱的多少;二是由谁出钱,是自己还是他人。

6. 舒适心理

随着经济的发展和人们生活水平的提高,乘客对乘车的舒适性要求提到重要日程,对乘车环境的要求也相应提高。这种需要的强度和水平受多种因素影响,特别是乘客乘车时间的长短往往起决定作用。

7. 安静心理

乘客出门乘车,离开家或工作场所,来到车站,与其他乘客一起乘车,一直处于动荡状态中。在嘈杂的环境中,尽量保持安宁,减少喧哗,动中求静,这是人之常情,是大多数乘客的共同心理需求,尤其是在人较多的站台和车厢内,需求更为迫切。

要保持乘客出行中的安静环境,一方面乘客本身要约束自己,不要大声说话、来回走动等;另一方面客运服务人员有责任加强对乘车环境的管理,积极地组织诱导和制止不利于安静的事件,避免乘客大声喧哗、吵闹,更要避免与乘客发生争吵,影响乘客休息。心情安静与否,在一定程度上取决于人对环境的感受。一个井然有序的环境,可以使人心平气和,心情平静。因此,要求加强对环境有序性的管理,这种有序性包括两个方面:一是物的有序性;二是人的有序性。另外,保持车站公共场所的清洁、卫生也是有序性的一种表现。清洁、卫生的环境使人心里愉快,心情平静;脏、乱、异味弥漫的出行环境,会使人心里烦躁,心情郁闷,不能平静。

8. 对优质服务的期待心理

这主要是指对服务水平的期望,体现为乘客的感知质量,也就是舒适感、方便感、亲切感、安全感和物超所值感。如首末车时间、发车间隔时间(平峰发车间隔、高峰发车间隔)、客运服务人员服务态度、报站是否及时、到站停车、行车安全等;乘候环境(车内卫生、车内设施、车站设施、位置等);整体感知。同时,多数乘客都有愿意得到客运服务人员本职工作以外的增值服务心理。

9. 求尊重的心理

这就是常说的"面子思想"。在乘车过程中获得尊重与友好,是每位乘客的心理愿望和需求。同时,尊重也是相互的,只有你尊重了对方,对方才能尊重你的劳动成果。

10. 乘客以自我为中心的习惯心理

人们往往站在自己的立场、从自己的利益出发来考虑问题,并且认为是正常的。如很多人都有的乘车心理:总希望一到站台车就来,赶车的人多最好第一个挤上车。可是,当上车后,态度完全变了,眼睛看着那些挤在车门前的人,心里想的却是:"挤什么挤嘛,这趟上不来,还有下趟嘛!"此时的心态,与还未上车时候的心态完全是两码事了!

 案例解析

带小孩的女性家长在进站时被提示不能携带氢气球进站。家长因为小孩哭闹强烈要求工作人员放行,被拒绝后强行闯闸。工作人员不得不拉拽乘客背包,结果乘客投诉,认为工作人员在大庭广众之下侵害了其人身安全,并有辱尊严。

[分析] 首先,家长安抚小孩出于人类本能。其次,当私人物品被其他人接触时产生了自我防御的安全需求。最后,工作人员的举动让乘客觉得自尊受到伤害,这是尊重需求。

二、乘客乘车心理需要的规律性表现

乘客乘车需要,都呈现一定的规律性,概括为以下三点。

1. 需要的档次性

随着需要的满足,需要的档次在提高。对于乘客来讲,在把乘车的需要转变为行动前,总是先把需要水平定在一定的程度上。这样,在其行动时,就会出现以下两种情况。

(1)水平定得太高,乘车条件不允许,需要不能得到实现。如果出现这种情况,乘客的乘车受到挫折,乘客可能会产生两种反应:一是中止乘车,二是将需要水平降低,然后再看乘车条件是否允许。

(2)乘车条件能够满足需要水平的实现,这样乘客乘车的行为能够进行下去。但乘车能够进行下去的同时,乘客下一步的需要水平也会相应地提高。因此,需要的满足,经历了由简单到复杂、低级到高级、物质到精神的发展过程,相互联系又呈现阶梯式上升。

例如:乘客在对乘车条件分析的基础上,将乘车需要水平定为顺利地买到所需的车票,如果到售票处很容易地买到了车票,这时他就可能想最好到车上能够有座位;如果车上人多没有座位,而他又必须乘车,这时就会想到没有座位也行了。

2. 需要的强度性

乘车需要的强度受多种因素影响和制约,尤其是在乘车的目的、距离、时间以及服务人员的服务态度和质量等方面。

3. 需要的主次性

在乘客乘车的过程中,心理活动反映出的需要不是单一的,而是有许多种。各种需要之间又不是并列的、不分主次的关系。在乘车的每一阶段总有一种或两种需要处于主导地位,其他需要处于从属地位。例如乘车前,购票需要是第一位的,车票买不到,其他乘车的需要都不能实现;买到车票后,有关乘车安全、生理等方面的需要则成为主导地位。

所以,要掌握乘客心理活动规律性变化,为深入细致地做好服务工作创造条件。

三、根据乘客出行动机提供服务

动机是激励人为达到一定目的去行动的内在原因,动机产生于人的需要。乘客出行的动机可分以下几类。

1. 出行的生理需要动机

出于生理需要的乘客一般是为了健康、减轻劳累,实现方便、舒适的位移,快捷地到达目的地。乘客要求上下车方便,客运服务人员服务周到。

2. 出行的安全需要动机

出于安全需要的乘客一般是为了防止碰撞、拥挤,确保出行安全。乘客要求客运服务谨慎。

3. 出行的社交需要动机

出于社交需要的乘客一般是为了开会、公务、商务、赴宴、探亲访友等人际交往。乘客要求客运服务迅速方便、及时准确、主动热情、站容整洁。

4. 出行的尊重需要动机。

出于尊重需要的乘客要求客运服务特别注意礼貌礼节、车况良好、站容整洁、服饰得体、服务彬彬有礼。

所以,根据乘客的出行动机,了解乘客的出行要求,而后根据乘客的要求提供相应的服务。

四、满足乘客主要类型的共性心理需要服务

1. 紧张防范型

这类乘客主要是农民工、家庭妇女、学生、老人,平时较少单独乘车。心理特征主要表现为:自卑、谨慎、服从、防范心特别重。心理代表性问题是:我会不会吃亏?

2. 主导型

这类乘客主要是政府普通官员、事业单位中下级干部、企业管理人员、教师、律师、财务、记者、离退休干部。心理特征主要表现为:优越感,多方观察,有主见但不轻易表态,特别注重安全。他们喜欢用审视的眼光看待身边的人和事,希望能得到与自己身份地位相称的礼遇,对客运服务人员的仪态是否恭顺、言辞是否谦和、态度是否礼貌很是计较。心理代表性问题是:你行不行?

3. 情绪波动型

这类乘客主要是家庭发生灾祸、感情失意或者经商失利、官场失宠、下岗失业等心理严重受挫折的个别人群。这类人气冲冲地乘车,会被一点小事或一句不适当的话语而激怒,言语粗暴,似乎在指责一切问题都是由你引起的。心理特征主要表现为:找茬儿发泄愤懑与怨气。心理代表性问题是:你理不理解我?

4. 身体不适型

这类乘客主要是老弱病残孕等。心理代表性问题是:你帮不帮我?

客运服务人员天天都会遇到不同类型的乘客,天天会遇到新问题。那么,就要求客运服务人员除了要满足乘客的普遍心理需求之外,还要因人而异地处理好个别类型乘客带来的个别问题。让防范型乘客放松下来,让主导型乘客看到你"行",理解情绪波动型乘客,帮助

身体不适型乘客。礼貌地对待每一位乘客,用真诚和微笑,让所有乘客能够感觉到你是一个高素质的客运服务人员,感受你的真诚,感受你的忍耐力,进了车站就有一种回家的感觉,从而提高对城市轨道交通的忠诚度。

客运服务人员若能把乘客当成来家做客的客人,那么和乘客之间就不会再有纠纷。

五、满足乘客乘车共性心理需要的心理服务措施

为满足乘客乘车心理需要,要具备全方位的心理服务思想。全方位服务思想就是将乘客整个乘车过程中产生的所有心理活动综合在一起考虑,使乘客乘车的需要得到满足的一种服务思想。实施全方位心理服务可从以下几方面入手。

1. 加强乘客运输服务信息的宣传与信息的咨询

根据乘客乘车的需要预先或随时提供乘客所需要的各种信息,与乘客沟通,使其能够和城市轨道交通运输部门之间相互了解。

2. 做好与其他交通运输工具的协调配合

满足乘客集结、疏散、中转乘车的需要,加强城市轨道交通列车发生异常运行情况时对乘客的组织。

3. 加强客运服务人员的职业培训与管理

提高客运人员的管理水平、业务能力和职业道德水平,提供周到、热情、使乘客满意的服务,保证对乘客的进出站、上下车能够有效组织。

4. 改进城市轨道车站的设计

例如,改进车站的出入口,使其有利于乘客的进出。

5. 采用先进的技术设备

如自动售票系统、乘客自动引导显示系统、列车到发微机通告系统、乘客信息咨询系统、广播系统等,满足乘客对乘车信息、购票、上下车等方面的要求。

6. 缩短乘客乘车时间

从城市轨道列车车体的设计和运用方面考虑,要提高车体座位的舒适性,加强车厢内的通风、温度调节,增加车厢内的娱乐、广播电视设施;提高城市轨道列车运行速度,缩短乘客乘车时间。

对乘客共性心理需要的研究是城市轨道交通运输部门加强乘客运输管理,采取各种服务措施的基础。在城市轨道交通运输市场竞争不断趋于激烈的情况下,提高客运服务质量,努力树立城市轨道交通运营企业的形象,是提高城市轨道运营企业竞争力的重要措施。客运服务质量提高的标准,就是要从根本上满足乘客的需要。为乘客提供全方位的服务,需要对乘客心理活动进行系统地分析,了解乘客的需要,采取措施,这样会更有效地解决城市轨道运营中存在的问题。

六、乘客乘车的个性心理与服务

人们在乘车过程中的共性心理,是大多数乘客在乘车时普遍的、通常的心理要求。但对于每个乘客来说,由于自身条件、乘车条件、个人性格、爱好、观念的不同,又必然会有不同的心理要求,这就是乘客乘车的个性心理需要。例如学生的乘车心理,有的学生是好动不好静,而有的学生却是好静不好动。可见在乘客的共性心理需要中包含着个性心理需要,普遍规律中蕴藏着特殊性。乘客在乘车过程中,当乘车条件发生变化时,心理要求也会随着变

化。乘车者的心理活动除了受自身条件制约以外,还受客观事物多变的影响。所以,乘客的个性心理与共性心理相比较,是十分复杂的。

客运服务人员在服务工作中,既要掌握乘客出行的共性心理,又要探索和理解乘客的个性心理,才能避免服务工作的片面性和盲目性,才能做到更加主动、更有针对性地实现文明服务、礼貌待客。

由于广大乘客的个性心理复杂多变、形形色色、包罗万象,客运服务人员要全部了解、掌握是极其困难的,而且也没有这种必要。但我们应该注意综合一些具有较普遍、较典型、有代表性的个性心理,以便在日常服务中能够了解乘客的心理,提供有针对性的服务。

社会上的每一个人,都有可能成为城市轨道交通运输业的服务对象,从乘车的角度出发,适当将市场细分,从研究每一类乘客的心理需要来了解这一类乘客乘车的个性心理需要,是有效地解决问题的出发点。

由于乘客的年龄、性别、职业身份、兴趣爱好、出行的动机等各不相同,不同乘客的个性心理差异很大,因而对服务形成了不同的需求。广大客运人员经过多年研究,把乘客归纳成四种类型

1. 急躁型乘客

急躁型相当于胆汁质。急躁型乘客对人热情、感情外露、说话直率而快、言谈中表现自信,这种类型的乘客容易激动,通常喜欢与人争论问题,而且力求争赢。他们对服务的评价易走极端,在乘车中也常常显得粗心。在服务工作中,对急躁型乘客,言谈注意谦让,不要激怒他们,不要计较他们有时不顾后果的冲动言语,一旦出现矛盾,应当尽量回避。随时提醒他们别乱扔、乱放和丢失东西。

2. 活泼型乘客

活泼型相当于多血质。活泼型乘客表现为活泼好动,他们反应快,理解力强,显得聪明伶俐。他们动作敏捷、灵活、多变。乘车中他们对人热情大方,喜欢与人交往和聊天,喜欢打听各种消息。他们情感外露,并且变化多端,经常处于愉快的心境之中。在服务工作中,对活泼型乘客,同他们交往尽量满足他们爱交往、爱讲话的特点。在与他们交谈过程中,不要过多重复,以免产生不耐烦情绪。乘车中,服务人员应主动向他们介绍车站设施及娱乐场所,以满足他们喜欢活动的心理。

3. 稳重型乘客

稳重型相当于黏液质。稳重型乘客平时表现安静,喜欢清静的环境。他们很少主动与人交往,交谈起来很少滔滔不绝和大声说笑,情感很少外露,使人猜不透他们想什么或需要什么。但稳重型乘客自制能力很强,做事总是不慌不忙,力求稳妥,生活有固定的规律,很少打扰别人。他们反应慢,希望别人讲话慢些或重复几次,自己讲话也慢条斯理,显得深思熟虑。他们的注意力比较稳定,对新环境不易适应,不过一旦适应了又会对乘坐过的列车或打过交道的服务人员产生留恋之感。在服务工作中,对稳重型乘客介绍或交代事情时,应当注意讲话的速度,重点之处适当重复一下。一般情况不要过多地与他们交谈,如有交谈,尽量简单明了,不要滔滔不绝,以免他们反感。

4. 忧郁型乘客

忧郁型相当于抑郁质。忧郁型乘客感情很少向外流露,心里有事一般不愿对别人讲,宁愿自己想。乘车中表现性情孤僻、不合群、沉默寡言,不喜欢在公共场合与人交往和聊天。这类乘客对事情体验深刻,自尊心强,很敏感,好猜疑,想象力丰富。他们在遇到困难或挫折

时,会表现得非常痛苦,如丢失东西、身体有病或与人发生纠纷后,会长时间不能平静。他们讲话慢,有时又显得话很多,怕别人听不清楚产生误会,他们行动迟缓、反应慢。在服务工作中,对忧郁型乘客应当十分尊重,对他们讲话要清楚明了,和蔼可亲。尽量少在他们面前谈话,绝对不要与他们开玩笑,以免产生误会和猜疑。当他们遗失物品、生病时,应当特别关心和给予帮助,想办法安慰他们,使他们感到温暖。

 知识链接

看人先看脸

"看人先看脸,见脸如见心。"脸是人的价值与性格的外观,所谓脸面不仅是指人的长相,主要是指面部表情。面部表情是写在脸上的心,脸面是最重要的体态语言。

从面部最丰富的精神性表现中,可以看出乘客的心灵变化。面容是精神的体现,也是个性的象征。面部很容易表现出柔情、胆怯、微笑、憎恨诸多感情谱系,它是"观察内心世界的几何图"。而身体相对于面部,尤其相对于眼睛而言,却居于较次要的地位,尽管它也可以通过动作和造型来表达情感,如手的造型等,但仍然是不足以与面部相比拟的。因为面部与躯体就犹如心灵和表象、隐秘和暴露那样存在着本质的差异。

面部表情可分为最基本的六种:惊奇、高兴、愤怒、悲伤、藐视、害怕。表情后面是人的生活经历、学识修养、心态人格。面部表情是一种丰富的人生姿态、交际艺术。不同的人的脸色,又可以成为一种风情、一种身份、一种教养、一种气质特征和一种表现能力。

1)脸的表情与心理

(1)脸上泛红晕,一般是羞涩或激动的表现。

(2)脸色发青、发白是生气、愤怒或受了惊吓而异常紧张的表示。

2)眉的表情与心理

(1)皱眉一般表示不同意、烦恼甚至是盛怒。

(2)扬眉一般表示兴奋、惊奇等多种感情。

(3)眉毛闪动一般表示欢迎或加强语气。

(4)耸眉的动作比闪动慢,眉毛扬起后短暂停留再降下,表示惊讶或悲伤。

3)嘴的表情与心理

(1)嘴唇闭拢,表示和谐宁静、端庄自然。

(2)嘴唇半开,表示疑问、奇怪、有点惊讶,如果全开就表示惊骇。

(3)嘴唇向上,表示善意、礼貌、喜悦。

(4)嘴唇向下,表示痛苦悲伤、无可奈何。

(5)嘴唇撅着,表示生气、不满意。

(6)嘴唇绷紧,表示愤怒、对抗或决心已定。

4)其他面部表情与心理

(1)手扶额头,表示内疚、羞愧。

(2)下巴扬起,嘴角下垂,表示自责。

(3)猛然睁大双眼,表示惊讶。
(4)摸侧脸或摸耳朵,说明正在控制情绪,表示紧张。
(5)瞳孔在生理正常的情况下散大,表示生气、恐惧、性欲。
(6)上嘴唇向上翻,露出牙齿,表示厌恶(厌恶说明仇恨,比讨厌、轻蔑更可怕)。
(7)咬嘴唇,摸耳朵,说明控制欲在增长,表示焦虑。
(8)鼻孔外翻,嘴唇紧抿,表示有无法控制的怒气。
(9)单眼微眯,单侧嘴角微挑,表示不屑、轻蔑。

通过观察和训练,客运人员可从乘客的面部得到真实、准确的情感等信息,从而对乘客的气质、情绪、性格、态度等有所了解。因此,可根据乘客的"脸色"有的放矢地开展针对性的个性服务,避免不必要的冲突,减少乘客投诉,达到乘客满意的目的。

七、乘客心理特点及服务技巧

1. 不同职业心理特点及服务技巧

人们在社会生活中,因职业不同,造成所处社会阶层和生活方式不同,从而形成不同的心理特点和乘车需要。这种不同的心理特点反映在乘车过程中,便会对城市轨道交通运输服务工作产生不同的要求。因此,可以根据职业对乘客进行分类,分析不同职业各自所具有的心理,从而了解不同职业的乘客心理活动,有针对性地做好服务工作。根据职业的划分,不同职业的乘客乘车中的心理表现也不同。

1)工人乘客

工人乘客组织性、纪律性较强,在乘车时对乘车条件一般要求不高,比较重视乘车费用的发生。工人乘客在乘车中一般都能自觉地遵守城市轨道交通的有关规定,维护站、车秩序,并能积极协助和支持客运服务人员的工作。

2)农民乘客

我国农民约占社会总人口的80%。随着经济的发展,农村改革与农民生活水平的提高以及思想观念的变化,农民乘车的次数和人数在增多。农民出门乘车比较突出的特点主要表现在:出门携带物品较多;多数农民乘客因不常出门,缺乏乘车常识,在乘车中又很少提出要求;强调乘车的经济性,尽量减少乘车费用。根据其乘车的特点,突出的个性心理活动是个"怕"字,怕事、怕别人询问、怕买不到车票、怕上不去车、怕坐过站。他们想问,但犹豫不决又不敢问。有些农民乘客乘车听不懂站、车广播,听不清广播术语,不明白解释的内容。所以,客运服务人员应多掌握和体贴农民乘客的个性心理,主动、热情地为他们服务。

3)军人乘客

一般来讲,现役军人具有较强的纪律性、自觉性和组织性,能够主动维护站、车秩序,支持客运服务人员的工作。军人乘客在乘车出行中顺畅心理表现很明显,一旦发生问题,不希望在大庭广众之下处理。携带枪支、文件的军人、干部,希望在站内和在车上不发生意外。

4)干部乘客

干部大多具有一定的乘车知识,他们主要表现出方便和顺畅的心理需要。喜欢有个整洁、卫生的乘车环境等。他们很注意客运服务人员的服务态度、服务作风、服务水平,十分关心城市轨道交通运输工作,常愿意提出意见和建议。

5)学生乘客

学生乘客主要指的是大中专学生。学生处于青少年时期,精力充沛,思想活跃。在乘车中,乘车心切,急于想到目的地,总是尽量减少在车站等待乘车的时间。乘车中的心理行为表现在:喜欢聚集成群,好奇、好动;喜欢说笑、娱乐、热闹。客运服务人员对他们的行为应礼貌地多给予提示,以免影响别人,或给自己增添麻烦。

6)除上述职业以外的乘客

除上述按职业进行划分而谈到的乘客外,还有其他类型的乘客,例如港、澳、台、侨胞,外宾,家属,城市居民,无职业者等各阶层人士,每一类乘客在乘车出行中有一些共同的个性心理需要。通过分析这些共同的需要,可以有针对性地为他们提供服务,从而提高服务水平,创造好的经济效益和社会效益。

2. 不同年龄心理特点及服务技巧

乘客的自身条件是指乘客的年龄、性别、体质、籍贯等方面。

1)不同年龄乘客

(1)老年乘客。老年乘客都有安静心理,因行动不灵活,体力差,喜静不喜动。乘车要求不高,不爱给客运服务人员添麻烦;在乘车旅途中遇到困难,比较沉着。老年乘客是客运服务人员的重点服务对象,在服务中要多为他们提供方便,多给予照顾。

(2)中年乘客。中年乘客占乘客流量的比例较大。城市中的中年乘客一般具有丰富的乘车知识,农村乘客较差一些。中年乘客比老年乘客行动灵活,比青年乘客稳重。客运服务人员在满足中年乘客需要的同时,应虚心向中年乘客请教,接受他们对客运服务工作提出的意见和建议,据此改进服务方式,提高服务质量。

(3)青年乘客。青年乘客是指青少年、儿童乘客。他们乘车的好奇心强,喜动不喜静,非常活跃。

2)不同籍贯乘客

根据籍贯不同,可将乘客划分为两类:当地乘客和外地乘客。

(1)当地乘客。对乘车环境和当地情况比较熟悉,心理上没有顾虑,出行的问题少。

(2)外地乘客。对乘车环境和地域情况不熟悉,心理上顾虑较多,甚至听不懂地方口音,怕出差错。这部分乘客是客运服务人员重点服务对象,服务要热情、主动。

3. 残疾乘客心理特点及服务技巧

所谓残疾乘客,是指身体某部位或生理功能上存在缺陷,造成出行不便或与外界沟通困难的不健全者。残疾乘客因生理缺陷不同,乘车的心理特征也有所不同,客运服务人员的服务方式应各有侧重。

1)对聋哑乘客

聋哑乘客因生理缺陷,丧失了听觉能力和说话能力,客运服务人员一般只能借助手势或文字了解对方的乘车需求。做好聋哑乘客的服务,首先要了解对方不同于正常人的心理特征。

聋哑乘客的心理特征主要表现为:自卑、多疑、急躁。自卑:由于听觉能力丧失,聋哑乘客长年生活在无声世界里,从内心深处产生一种强烈的孤独感,不愿意和正常人接近,觉得自己比正常人矮一等。多疑:由于自身存在生理缺陷,在现实生活中处于弱者地位,对正常

特殊乘客服务要求(聋哑乘客)

人的防范心理极强,即使是友好善意的表示,也要报以怀疑和猜测的目光。急躁:由于聋哑乘客听不进、道不出,与正常人无法进行感情交流和思想沟通,乘车时也经常因语言障碍不能将目的地表达得一清二楚,从而产生焦急和不耐烦情绪,有时将客运服务人员对哑语的无知误解为故意刁难。

根据聋哑乘客的心理特征,客运服务人员在服务中应注意以下几方面。

(1)由于双方无法用语言沟通,客运服务人员应通过面部表情和手势,使聋哑乘客感觉到他的乘车意向受到了礼貌的对待和真诚的欢迎。

(2)在了解聋哑乘客去向时,为了确保准确无误,最好取出笔和纸,让对方写清楚。

(3)如果聋哑人是第一次乘坐地铁,客运服务人员应设法让对方了解购票方式及计费方式,主动帮助乘客购票、进出闸机及上下车。

(4)由于语言无法沟通,客运服务人员对聋哑乘客实施微笑服务就显得格外重要。

(5)客运服务人员在接待聋哑乘客时,要像对待正常乘客一样,不应有丝毫怠慢、冷淡或不耐烦的表现,更不得模仿聋哑乘客的动作,取笑、嘲笑对方。

(6)为了做好聋哑乘客的服务工作,客运服务人员应学习了解一些简单常用的哑语会话知识,特别要掌握表示友好、欢迎的手势,以便更好地与聋哑乘客沟通感情,建立信任。

2)对盲人乘客

盲人乘客因双目失明,失去视觉能力,一般只能依靠拐棍走路,行动很不方便。但是,他们的听觉、触觉都异常灵敏,凭借耳听、手摸可部分弥补生理上的缺陷。

特殊乘客服务要求(盲人乘客)

盲人乘客的心理主要表现为:忧郁、谨慎、防范心重、依赖性强。忧郁:这是盲人悲伤境况形成的一种心态。与聋哑人的焦躁情绪不同,盲人长期生活在黑暗之中,容易形成沉闷忧郁的性格。但对别人讲话十分敏感,领悟性也极强,他们主要通过客运服务人员讲话的语气和音调来判断或揣摩对方待人是否和气、心地是否善良、服务是否周到。谨慎:盲人双目失明,丧失了对外部世界的观察能力,因此处处格外小心,生怕出错而招来麻烦。防范心重:盲人一般都遭遇过恶作剧,可能会本能地产生一种戒备心理。依赖性强:由于双目失明,行动不便,盲人很难独立完成乘车,无论上车、下车,都需要客运服务人员的帮助,因此应保证盲人乘车的安全。

根据盲人乘客的心理特征,客运服务人员在服务中应注意以下几方面。

(1)看见盲人乘车时,客运服务人员应主动迎上前去,牵着拐棍,将盲人引向闸机、站台并送上车。行走中不要催促,遇到障碍要提醒对方注意。

(2)由于盲人主要依靠声音判断外界事物,因此,客运服务人员讲话要格外和气、亲切,在称谓上也尽量用尊称,从而消除对方的戒备心理。

(3)盲人乘车前爱问这问那,这是唯恐上当受骗心理的一种表现,客运服务人员应予以理解,做到有问必答。

(4)车到目的地时,客运服务人员要主动搀扶盲人下车,如果需要可牵引拐棍送一程,直到盲人行走十分安全时再返回。

(5)盲人乘车业务是件费心费力的差事。客运服务人员应从工作职责和人文关怀出发,体贴对方的出行困难,将盲人乘客的服务工作做好。

3）对瘸拐乘客

瘸拐乘客是指因病因伤致残，造成截肢或腿部发育不健全的乘车者。瘸拐乘客的心理特征主要表现为：自卑、行动迟缓和自尊心强。自卑：瘸拐乘客存在明显的生理缺陷，容易产生悲观失望的情绪。瘸拐乘客最反感人们用异样的眼神打量自己，这种歧视或轻蔑的目光往往会激发出不可节制的愤怒作为回应。行动迟缓：瘸拐乘客乘车都希望最大限度地缩短行走距离。自尊心强：瘸拐乘客尽管身带伤残，但由于怕被人瞧不起，他们都不愿给别人添麻烦，除非万不得已，不会主动向他人求助。

特殊乘客服务要求（瘸拐乘客）

根据瘸拐乘客的心理特征，客运服务人员在服务中应注意以下方面。

（1）当遇见瘸拐乘客乘车时，客运服务人员应尽量将上前搀扶一把，并主动帮助他们进出站。

（2）瘸拐乘客如果拒绝帮助，坚持自行上车，客运服务人员应对这种自强自立精神表示赞赏。尽管对方腿脚不便，动作迟缓，客运服务人员仍然要有耐心，做到不急、不躁、不烦。

（3）客运服务人员在与瘸拐乘客谈话时，态度应显得格外礼貌热情，使对方感受到友善和尊重，不因存在生理缺陷而受到歧视或冷遇。

（4）瘸拐乘客下车时，客运服务人员在对方提出要求送一程时，也可以送一程。要让瘸拐乘客高兴而来，满意而去。

（5）在接待瘸拐乘客的过程中，切记不可拿对方的生理缺陷开玩笑，这是残疾人最忌讳、最反感的。弄得不好会激化矛盾，酿成恶性服务事故。

4. 乘车中遇特殊情况乘客的心理特点及服务技巧

1）上错车、坐过站、下错车的乘客

乘客在乘车中发生这方面的失误，本身有一定的责任。但从另一方面来看，也反映城市轨道交通运输服务中出现的一些问题，服务做得不周到、不细致。在发生此类情况后，乘客心情焦急、慌乱，希望客运服务人员帮助妥善安排。客运服务人员应一面安慰，稳定其情绪；一面积极想办法帮助解决，防止发生其他意外。

2）超负荷列车中的乘客

在列车超负荷情况下，会带来许多问题，例如车厢内拥挤、乘客无座席、空气不流通、闷热、有异味等。这种情况下，乘客有怨气、心情烦躁，乘车时间越长表现得越严重。这时，应注意站车内的环境，尤其是保持适当的通风和适宜的温度；做好对乘客的组织工作，使站车内有序。

3）携带违禁物品进站上车的乘客

携带违禁物品进站上车，有两种情形。

（1）不知自己所携带物品为违禁物品，误带进车站，看到、听到严禁乘客携带违禁物品进站上车的宣传后，犹豫不决，不知如何处理。

（2）乘客有意将违禁物品携带上车，他们担心被查出，对客运服务人员有害怕心理。

客运服务人员对那些在乘车时表现犹豫、徘徊、坐立不安的乘客，应主动观察和询问，这样既可以查出违禁物品，防止意外事件发生，又可以了解到其他情况，提供适当的服务。

4）丢失物品的乘客

乘客丢失物品之后，表现出着急、焦虑、埋怨、后悔、心情沉重、不知所措等心理活动和行为。客运服务人员要对丢失物品乘客进行安慰,注意乘客的动态,防止发生意外;同时,积极配合公安人员寻找、破案。

5) 对乘车条件不满意、不如意的乘客

在乘客乘车过程中,总会出现一些对乘车条件不满意的事情,在这种情况下,常表现出埋怨、气愤、不满情绪。对此,客运服务人员一方面检查自己工作中存在的问题,采取适当的方法改进;另一方面应耐心解释,争取乘客的谅解。

6) 遇到意外事件的乘客

遇到意外事件可能由两方面的原因造成:一是乘客的原因造成意外事件;二是城市轨道交通运输服务部门的原因造成意外事件。对城市轨道交通运输服务部门造成的意外事件,如发生列车事故、遇到自然灾害等意外情况,会影响乘客正常乘车,甚至威胁乘车安全。这时,乘客焦虑不安,心情烦躁,希望运输部门尽快排除险情,恢复列车运行。客运服务人员应沉着、冷静,稳定乘客情绪,积极妥善处理。

7) 在严寒、酷暑的气温下乘车的乘客

适宜的温度下乘车,会减少出行疲劳,使乘车轻松、愉快。严寒或酷暑都会增加乘客的生理和心理负担。在严寒环境下,乘客希望供暖系统良好,使车站、车厢温度高一些。在酷暑环境下,乘客希望空气调节系统良好,降低车站、车厢温度,能够买到饮料以及其他防暑降温物品。

八、乘客群体心理与服务

1. 乘客群体的特点

乘客在城市轨道交通运输服务部门内停留的时间比较短,乘客流动性比较大,人与人之间很少有思想交流,即使人与人之间有一些交流,也只是一般的聊天,不涉及思想深处的感受。因此,乘客群体有其独特的特点。

1) 松散大群体

乘客群体是松散大群体,没有形成统一的规范制约人的行为。在这一群体中,人们受社会舆论、道德和观念的制约,起作用的是公平感、正义感,当遇到涉及部分或全体乘客利益的事情时,才会形成一致的统一行为。例如,当客运服务人员与某一乘客发生摩擦时,如果客运服务人员一直保持和蔼、礼貌的态度,对于周围不知道产生摩擦原因的其他乘客,他们有的可能站在该乘客一方,有的可能站在客运服务人员一方,有的可能保持沉默不表态;但如果客运服务人员的态度比较强硬,不礼貌,则会造成周围大多数的乘客站在该乘客一方,联合起来对该客运服务人员进行批评、指责。因为,这时他们把该乘客所处的位置与自己进行了调换,即如果自己是那位乘客,遇到客运服务人员这样的态度,也是自己所不希望的,同情心及正义感使其他乘客站在了一起。

2) 紧密小群体

在乘客大群体中存在一些相识或结伴同行的几个乘客所组成的小群体,尤其是一些出行团体在一起出行。由于相识,在乘车中他们之间的感情要比与不相识的乘客之间的感情深得多。因此,在乘车中,他们成为行为一致的群体,尤其是他们其中的某位与其他乘客或与客运服务人员发生摩擦时,他们更加表现出态度与行为的一致性。

2. 对乘客群体心理的服务

1) 加强对紧密小群体的管理

由于相同的乘车目的,紧密小群体内的各成员具有相同的言行,因此,尽量使小群体成员在车站、车厢内都能在一起;避免与小群体内部人员发生争执,在他们中有人提出不合理的要求时,尽可能和蔼、礼貌地给予解释和说明;遇到严重问题又必须解决时,在公正而讲道理的基础上,给予严肃处理。如果在车站内发生问题,尽量把他们与其他乘客分离开,一方面可以避免对其他乘客产生坏的影响,另一方面可以削减他们的气势,使问题得以有效处理。

2)用亲切、和蔼、礼貌的态度为大群体服务

大群体的一致行为往往是在乘客与乘客之间或乘客与客运服务人员之间发生冲突时产生。因此,亲切、和蔼、礼貌的态度可以为乘客营造一个轻松、愉快的乘车出行环境,可以避免一些冲突的发生。客运服务人员一定要加强自身的修养,避免与乘客发生冲突。对乘客大群体的服务,要从乘客共性心理需要和乘客个性心理需要两方面提供相应的服务。

在解决乘客问题时,最好的办法是利用乘客群体内部的相互制约关系。例如,某位乘客吸烟,客运服务人员去制止。在语言的运用上,不是我让你做什么,而是你的行为会影响其他乘客的健康。这样就能将乘客和客运服务人员之间的关系转变为乘客之间的关系,会起到约束作用,也有利于问题的解决。

 案例解析

每年春节期间,一些大城市将有数百万名农民工从城市返乡。部分带着一年工钱回家过年的农民工,因害怕钱财被盗、被抢,精神高度紧张。因此,为确保农民工平安返乡,天津城市轨道交通部门在春节期间就邀请天津市健康咨询中心及各大医院的知名专家,将"心理压力缓解点"设在现场,从心理上、生理上分析乘客突发精神疾病的根源。

[解析] 很多乘客在乘坐地铁的过程中存在着各种各样的心理活动,城市轨道交通部门在通风良好、环境宽敞之处设置"心理压力缓解点",把事先发现眼神、言行举止反常,精神处于崩溃边缘的乘客,安置在这里。让这些重点乘客喝上一杯热茶,加上专家的精心开导,使其紧张的情绪得到缓解。提前把这些乘客同其他乘客分开,可以避免其发病后伤害到其他乘客。

九、乘客的服务期望

1. 乘客的服务期望

按照满意度理论,乘客对服务的满意度取决于实际服务的提供与乘客期望值的差距,如果提供的实际服务高于乘客期望值,则乘客满意,反之则不满意。作为城市轨道交通运营企业来讲,要提升乘客服务水平,就必须重视研究乘客心理状态与服务需求,要能够明确乘客的服务期望,有针对性地改进乘客服务工作,更新服务理念与服务管理,全面提升乘客的出行舒适度与乘客满意度。不同的乘客对城市轨道的客运服务持有不同类型的服务期望状态:一是理想服务,二是适当服务,三是预测服务。理想服务,反映乘客希望得到的服务;适当服务,反映乘客愿意接受的服务,是最低的可接受的期望,它处在服务合理区的底线之上,是乘客承认并愿意接受服务差异的范围;预测服务,反映乘客认为其可能得到的服务。例如一位乘客,根据以往节假日期间乘车的经验,认为乘车人会很多,相应服务也很差,因此只期

望能顺利乘车即可。但由于今年节假日增开了列车,他不但乘车有了座位,而且服务与平时相比也没有下降,使他很顺利地到达目的地,那么他对城市轨道交通服务的满意度就相当高。在这个例子里,乘客的理想服务期望就是能像平时一样顺利乘车;适当服务期望就是能上车就可以,哪怕整个旅途服务质量有所下降也能接受;预测服务就是乘客对节假日期间自己乘车状况的一种可能性的考虑。

服务水平的高低直接影响乘客心理感受。高于理想服务水平,乘客会非常高兴并感到吃惊,服务将以积极的方式引起乘客的注意;低于适当服务水平,乘客感到受到挫折并对公司的满意度降低,服务将以消极的方式引起乘客的注意。

2. 影响服务期望的因素

影响服务期望的因素很多,一般可分为影响理想服务期望的因素、影响适当服务期望的因素和影响预测服务的因素。

1)影响理想服务期望的因素

影响理想服务的因素包括忍耐服务的强化和个人因素两类。忍耐服务的强化,一方面受到派生服务期望的影响,另一方面受个人服务理念的影响。派生服务期望指的是某乘客的期望受到另一群人期望的驱动,例如某一趟城市轨道交通列车出现故障,造成乘客长时间在车上滞留而城市轨道交通部门又没有解释原因,到了车站如果多数乘客倾向于城市轨道交通部门做出经济补偿的话,那么原先没有这种想法的乘客一般也会选择这种做法。个人服务理念指的是乘客对于服务的意义和乘客服务正确行为的根本态度。个人因素指的是每个乘客由于自身心理条件的不同,因此各自的理想服务期望也是不一样的。

2)影响适当服务期望的因素

影响适当服务水平的因素包含 5 个方面:暂时服务强化因素、可感知的服务替代物、自我感知的服务角色、环境因素和预测服务。

(1)暂时服务强化因素,通常是短期的、个人的因素,这些因素使乘客更加认识到服务的需要。乘客在个人迫切需要服务的紧急情况下会适当提高服务期望水平。当初始服务失败时,对补救服务的适当服务期望也将会提高。

(2)可感知的服务替代物,指乘客可以获得服务的其他提供商。如铁路遇到列车运行阻碍晚点超过 40 分钟,就应公开向乘客道歉。所以乘客在遇到城市轨道交通列车因突发事件造成乘客在车上长时间滞留时,也会对城市轨道交通部门的晚点提出相应要求。乘客可感知服务替代物的存在提高了适当服务的水平,缩小了容忍区域。

(3)自我感知的服务角色,指乘客对所接受的服务水平施加影响的感知程度。明确说明所期望服务水平的乘客,可能对城市轨道交通没能提供达到该水平的服务更为不满。乘客在服务中积极参与也影响该因素。乘客感觉到他们没有履行自己的角色时,其容忍区域会扩大。如果乘客在服务传递中对服务施加了影响,对适当服务的期望就会提高。

(4)环境因素,指乘客认为在服务交付时不由服务提供商所控制的条件。一般而言,环境因素暂时降低了适当服务的水平,扩宽了容忍区域,如节假日期间的乘客对于服务质量的下降会表现出相当的宽容。

(5)预测服务,指乘客相信他们有可能得到的服务水平。这种服务期望可以看作乘客对即将进行的交易或交换中可能发生事件的预测。

3)影响预测服务的因素

影响预测服务的因素包括:明确的服务承诺、含蓄的服务承诺、口头交流及过去的经历。

(1)明确的服务承诺,是城市轨道传递给乘客的关于正式和非正式的说明。明确的服务承诺既影响理想服务水平又影响预测服务水平。

(2)含蓄的服务承诺,是与服务有关的暗示。含蓄的服务承诺往往被与服务有关的价格和有形性控制。一般而言,价格越高,有形性印象越深,乘客的服务期望也越高。

(3)口头交流,由当事人而不是城市轨道发表的个人及非个人的言论,专家、朋友和家庭也是可以影响理想和预测服务水平的口头交流的来源。由于口头交流被认为没有偏见,所以是很重要的信息来源,特别是对于城市轨道交通运输这种在购买和直接体验之前难以评价的服务中,口头交流非常重要。

(4)过去的经历,是乘客在将经历与其最理想的服务进行比较。影响乘客服务期望的因素包括可控因素和不可控因素。明确的服务承诺和含蓄的服务承诺是影响乘客服务期望的可控因素。个人需要、暂时服务强化因素、可感知的服务替代物、自我感知的服务角色、口头交流、过去的经历、环境因素、预测服务是影响乘客期望的不可控因素。

3. 乘客对服务满意的感知

乘客满意是广义上的感知方式,是乘客的实践反映。它是判断一件产品或服务的特性或其本身的尺度,或者说它提供了一个与乘客相关实践的愉快水平。在服务过程中,乘客会从对服务的整体感觉上来对服务满意进行评估和追踪。影响乘客满意度的因素主要有产品和服务的特性、消费者情感、服务成功或失败的归因、对平等或公正的感知。服务质量是乘客对产品服务成分的感知,也是乘客满意的决定性因素。从心理学角度来看,服务质量主要由以下五个方面构成。

1)可靠性

可靠性是指准确可靠地执行所承诺服务的能力。例如车站客服中心的员工,由于乘客问询工作量大,工作单调重复,常常会出现不耐烦的情绪,工作变得消极。如果我们在选择人员时,考虑到黏液质的职工心理比较耐心细致,表达能力强,安排他们在这个岗位就会收到比较好的效果。

2)响应性

响应性是指帮助乘客及时提供便捷服务的自发性。城市轨道交通客运服务人员不论处在客运工作的任何工种上,都应该把乘客放在第一位,主动及时地解决乘客的困难,不能互相推诿、工作拖拉,给乘客造成不好的印象。

3)安全性

安全性是指服务人员的知识和谦恭态度以及表达自信与可信的能力。一个具有良好心理素质的城市轨道交通客运服务人员,往往会在工作中表现得自信成熟,让乘客值得信赖,也有利于城市轨道交通服务工作的组织。

4)移情性

移情性是指设身处地为乘客着想和对乘客给予特别的关注。客运服务人员在乘客服务时,应该设身处地地为乘客着想,把自己放在乘客的角度来处理乘客的要求和困难,特别是对于特殊乘客,应该给予特别帮助。

5)有形性

有形性是指有形的工具、设备、人员和书面材料的外表。城市轨道交通客运运输设备的更新以及服务礼仪水平的提高都对乘客产生积极的作用,有助于改善乘客的认识和态度,增强乘客对城市轨道交通的满意度和忠诚度。

服务是通过服务接触完成的,服务接触是一个"真实瞬间"的概念,如同为乘客满意和服务质量建立框架。每一次接触都是建立质量和满意感知的机会,乘客会对服务接触的满意与不满意进行描述和体会。

 任务实施

1. 下发任务单,明确任务内容,学生课前按要求完成预习任务。
2. 教师先对重点知识和难点知识进行介绍,学生分组完成任务并制作成PPT。
3. 选取具有代表性的PPT进行公开展示,自行总结完成该任务的经验和收获。
4. 针对本任务中提到的案例或者实际生活中遇到、听到的案例,分组讨论服务改进措施并进行分角色情景演练。
5. 教师和各组长承担本次任务的评价工作,评判同学们的任务完成情况。

任务2 提高车站客运服务人员心理分析能力

 任务描述

在城市轨道交通客运服务中,既要了解乘客的心理,又要把握客运服务人员的心理状态。如果客运服务人员的心理问题不解决,则其就会把个人的情绪带到工作上,使本不应该发生的不良服务发生。因此,把握客运服务人员的心理问题是城市轨道交通客运服务工作中必不可少的一项重要工作。

 任务单

1. 客运服务人员的职业动机类型。
2. 客运服务人员情感品质、意志品质和能力品质的具体内容。
3. 客运服务人员心理健康知识具体内容。
4. 乘客出行心理活动因素及满足乘客出行心理服务措施。
5. 为员工排解心理困扰、解决心理问题,提高心理健康水平,增加主观幸福感,从而提高其工作绩效。

 知识准备

城市轨道交通运输服务工作是一项综合的系统工程。客运工作完成的好与坏,客运服务质量的高与低,一方面受站车设备的现代化水平、城市轨道交通运输管理方式和工作组织、社会状况和自然条件等多种因素的影响和制约;另一方面又受城市轨道交通运输服务部门服务人员的心理品质的影响和制约,而且这一因素是所有因素中最为突出和最为活跃的因素。无论是设备的使用还是管理方法的制定,都需要客运服务人员去操作和实施,客运服务人员缺乏必要的修养,再先进的设备,再严密的计划,再科学的组织,也难以发挥其令人满意的效果。

一、客运服务人员的职业动机

动机支配人的行为,通过行为实现目标。动机代表着一个人的内在心理面貌,它在很大程度上决定着一个人的行动和性质。由于社会生活的多样性和复杂性,以及人的需要的差异性和多变性,就使得人们在从事某种活动时,往往有好几个动机同时发生作用。在同时发生作用的动机中,有主导动机和次要动机,明显动机和隐蔽动机,暂时动机和长期动机等。在城市轨道交通运输服务中,客运服务人员只有具备正确的职业动机,才能激发和保持工作积极性,提高客运服务工作质量。

1. 职业动机的类型

具体到每名客运服务人员,职业动机的具体表现很复杂。从实际情况来看,人们除了不同程度地具有为他人服务的动机外,还有一些从属的动机。

(1)为自身和家庭的生存、发展和享受,必须通过工作而获得收入。

(2)为谋求稳定的工作环境而选择了客运职业。

(3)对客运工作具有浓厚的兴趣。

(4)为了获得他人的表扬和尊重。

(5)为了争取提升、晋级或表扬,也包括免受批评和处罚。

这些动机的具体差异,是由于客运服务人员的觉悟程度、人生理想、价值观念、实践经验、文化修养等差异造成的。在具体工作中,有时几个动机,甚至相互矛盾的动机,在特定的场合会同时发挥作用。例如,有的客运服务人员,努力改进工作方法,提高工作质量,其中既有为乘客服务这个高尚的动机,也有"露一手"以引起领导重视的动机,甚至还可能掺杂着把其他同事比下去的动机。这种情况说明,动机的产生是个很复杂的心理现象。同时,动机又是发展变化的,一个动机消失了,另一个动机产生,低层次的需要满足后,随之产生高层次的需要,不同的需要产生不同的动机。另外,动机还经常出现受挫现象,动机受挫或者能够获得满足,会使人的动机弱化或强化。

2. 客运服务人员类型分析

将客运服务人员的心理成熟度和工作职业动机结合起来进行分析,可以大致地归纳出四种类型。

1)事业型

这类客运服务人员有高尚的职业动机,热爱本职工作,不斤斤计较报酬和荣誉,不怕艰苦和劳累,一心只想做好本职工作,力求在事业上有较高的成就,工作的积极性和主动性强。在这类客运服务人员的需要结构中,成就需要占主导地位,而生理需要和交往需要相对地不太强烈。其工作积极性稳定、持久。客运管理工作的重点是为具有事业型动机的客运服务人员创造工作条件,使其积极性和创造性能够得到充分的发挥。

2)自尊型

这类客运服务人员的职业动机处于一般水平,谈不上献身客运服务事业,但也决不甘居他人之后。这类客运服务人员自尊心较强,比较注重荣誉或"面子"。他们力求自己的工作符合规章要求,不让人说出不是来。在这类客运服务人员的需要结构中,交往需要和发展需要占主导地位。他们的积极性常常呈现波浪式变化,受到表扬时,劲头很足,遇到挫折时,则容易情绪低落,甚至垂头丧气。对待具有自尊型职业动机心理的客运服务人员,管理工作的重点是分析他职业动机的形成原因,有针对性地对其工作中取得的成绩给予适当的表扬,表扬时要选择有其他人员在场的场合;对其错误要及时给予批评,批评时的场合视问题的严重性而定,一般性的小问题要避免其他人员在场,问题严重时,也需要当众批评,但要做到批评得力,使其心服口服。

3）服从型

这类客运服务人员职业动机的层次不高,让我做什么,我就做什么。因此,从心理上安于现状,不思进取,满足于"过得去"。在这类客运服务人员的需要结构中,生理、安全、交往等方面的因素占主导地位。他们往往在考评、评比或上级检查工作等激励因素的作用下,表现出较高的积极性。因此,其工作积极性不能持久,带有"偶发性"。客运管理工作的重点是采取适当的方法调动这类客运服务人员的积极性。

4）逆反型

具有逆反型职业动机心理的客运服务人员,在工作中不服从指挥,不积极工作,反而影响其他客运服务人员的工作态度。其职业动机心理的产生原因有很多方面,例如对客运服务工作不喜欢,或者在家庭生活及社会中发生了一些不愉快的事情,造成心理障碍,产生一些消极情绪,把消极情绪带到工作中来等。因此,对具有逆反型工作动机心理的客运服务人员,客运管理工作的重点是分析其产生逆反型心理的原因,有针对性地进行教育,解决其心理问题;对其工作中存在的问题给予适当的批评,问题严重者停止其工作。

上述这些类型的划分是相对的,有时是相互交叉的,同时又是可以相互转化的。作为管理者的任务,在于对客运服务人员进行经常性思想教育,并且创造良好的情景条件,努力做好转化工作,使他们在工作实践中树立高尚的动机,帮助他们提高心理素质,促进他们保持稳定而持久的工作积极性。

二、客运人员应具备的心理品质

1. 情感品质

情绪和情感是客观事物是否符合人的需要、愿望、观点而产生的态度体验和行为反应。情绪和情感的产生需要一定的情境刺激。情境是指直接作用于人的感觉器官、具有一定生物学意义和社会学意义的具体环境,环境的刺激使人产生情绪和情感。情绪和情感通过人的表情和行为表现出来。情绪和情感是人的主观体验,是一个人对情绪和情感状态的自我感受。短时间内的主观体验叫情绪,比如喜悦、气愤、忧愁等;长时间内与社会性需要相联系的稳定的体验叫情感,比如理智感、道德感、美感等。

心境是一种微弱、平静而持续时间较长的情绪状态,比如心情愉快、舒畅或心情烦闷、抑郁不快,在一个相当长的时间内有持续性。这种情绪状态倾向于扩散和蔓延,在心境发生的全部时间内,它影响着人的整个行为表现,好像自己周围一切都染上了当时的这种情绪色彩。

心境在人的现实生活中有重要的意义,积极的、良好的心境能使人精神振奋,乐观地对待困难和挫折。消极的不良心境使人精神萎靡、意志消沉。培养良好的心境,克服消极的心境,是与意志、性格的锻炼分不开的。

激情是一种爆发式的、猛烈而时间短暂的情绪状态,如狂喜、暴怒、痛哭等。人能够意识到自己的激情状态,也能意识地调节和控制它。要善于控制自己的激情,做自己情绪的主人。培养坚强的意志品质、提高自我控制能力可以达到这个目的。比如在节假日、上下班客流高峰时,由于客流多、出行条件差,此时的乘客相对于平时就更加容易激动,如果城市轨道交通客运服务人员处理不好的话,就很容易引起冲突,对城市轨道交通运营企业造成不良的影响。

应激是出乎意料的紧迫情况所引起的急速而高度紧张的情绪状态。人在工作和生活中,往往会遇到突然发生的事情或偶然发生的危险,它要求人迅速地集中自己的智慧和经验,动员自己全部机体的力量,即时做出决定,以应付紧急情况,这时产生的特殊体验即是应激。例如站务员、客运值班员,由于经常与乘客打交道不可避免要遇到一些突发事件,使情绪处于应激状态。因此,保持适度的应激状态,能更好地发挥积极性,使思维的判断力明确,增强人的反应能力。而这些方面又都是通过实践锻炼而获得或增强的。

情绪是内心的主观体验,需要通过一定的形式表现出来,表现的方式即表情。表情主要有言语表情和动作表情两大类。比如我们一直强调"微笑服务",那么在服务过程中,客运服务人员为什么要微笑呢?其实微笑就是一种特殊语言——情绪语言,它在很多时候可以代替言语表情。在与乘客交往过程中,微笑对乘客的情绪有着主动作用和诱导作用,能使乘客产生信任,能引导乘客的情绪变得平和稳定;微笑是服务工作的润滑剂,也是服务人员与乘客建立感情的基础。

作为城市轨道交通客运人员,特别是一线服务人员,更应具备很好的情感倾向,即明确本职工作的性质,热爱自己的工作并能主动热情地为乘客服务。客运服务人员除了良好的感情倾向外,还要有深厚的、持久的、积极的情感。如果客运服务人员具备了良好情感,就自然会对所有的乘客热情接待、微笑和周到地服务,并乐于完成乘客提出的要求。同时在与乘客交流时,会虚心听取乘客的意见,不计较他们的口气轻重或意见是否合理。另外,服务人员应该学会控制自己的情绪与心境,要明确自己的社会角色,明确情感的对象是广大乘客,用理智的方法来控制自己的言行。除此之外,城市轨道交通客运服务人员还要学会理解乘客情绪,学习标准的服务表情进行微笑服务,掌握乘客情绪活动的规律,提前控制各种情感因素,进而提升自己的服务水平和乘客满意度。

要培养自己良好性格情绪,服务人员要重视自己性格的培养,要认清和把握自己的性格特点,扬长补短,使自己的性格更好地适应服务工作需要。特别是青年职工,更要把握青年兴奋性高、波动性大、封闭性和多样性的情绪特点。服务人员要想保持或培养自己良好的情绪,首先要有远大的抱负和志向,其次要增强适应生活的能力,最后要不断地调整适应能力。

2. 意志品质

意志是指人为了达到一定的目的,自觉地组织自己的行为,并与克服困难相联系的心理过程,是意识的能动表现。人在反映客观现实的时候,不仅产生对客观对象及其现象的认识,也对它们形成这样或那样的情绪体验,而且还有意识地对客观世界进行有目地改造。这种最终表现为行动的、积极要求改变现实的心理过程,就是意志过程。意志过程和认识过程、情感过程一样,也是人脑的机能。它能够自觉地确立目的,是人行为的特征之一,能够有意识、有目的、有计划地向着一定的和事先知道的目标前进。

意志对人行动的支配或调节作用表现为两方面。一方面,这种支配或调节是根据自觉的目的进行的;另一方面,正是通过这种对行动的支配或调节,自觉的目的才得以实现。

意志行为以行动的明确目的性为特征,正是有了这种目的,人才能发动有机体做出符合目的的行动,并且制止某些不符合目的的行动。意志行为的水平以及效应的大小,是以人的目的水平的高低和社会价值的大小为转移的。一个人的行动越有目的,他的目的的社会价值越大,那么他的意志水平就越高,行动的盲目性与冲动性也就越小。中外许多著名的科学家、艺术家,他们之所以能在自己的领域中取得成绩,一个重要的原因是具有明确的生活目的。

意志行为和克服困难相联系。并不是所有的随意行为都叫意志行为,意志行为总是和克服困难相联系。例如,一个人偶尔参加一两次晨间锻炼,这不是意志行为,但一个人坚持天天锻炼,风雨无阻,就需要坚强的意志努力。

困难有两种:一是内部困难,指思想上的困难,如存在相反的目的与愿望;二是外部困难,指客观条件的阻碍,如缺乏工作设备、工作和生活环境比较艰苦、存在外在的干扰和破坏等。人的意志既表现在对内部困难的斗争中,也表现在战胜外部困难的努力中。

服务人员的意志品质,存在着巨大的个别差异。良好的意志品质,表现为意志的自觉性、坚定性、果断性和自制性。

自觉性是指能深刻地认识行为目的的正确性和重要性,并主动地支配自己的行动使之符合该目的的意志品质。有高度自觉性的人能够按照自然界和社会发展规律,提出自己的行动目的,经常主动地使自己的行动服从于该目的。既不会鲁莽行动,也不会盲目附和。

坚定性是指在完成艰巨任务时坚持不懈地克服困难的意志品质。有高度坚定性的人,具有顽强的毅力,可以充满信心地为正确的目的而奋斗,不怕困难和挫折,善于总结经验和教训,既不被无效的愿望所驱使,也不被预想的方法所束缚。

果断性是善于迅速地辨明是非,迅速地做出决定和坚决地执行决定的意志品质。果断不同于轻率,它是以周密考虑和足够勇气为前提的。果断的人对自己的行为目的、行动方向和可能后果,都有深刻的认识和清醒的估计。所以,当事态发展到最紧急关头时,就能当机立断,及时行动,毫不动摇。

自制性是善于控制自我的意志品质。在意志行动中,欲望的诱惑、消极的情绪等都会干扰服务人员做出决定和执行决定。有自制力的人能够驾驭自我,克服自己的欲望和情绪干扰,迫使自己执行已经采取的、具有充分根据的决定,或者奋力地进取,或者坚持制止某些行为。

人们意志品质不是天生的,而是在后天生活实践的过程中逐步形成的。城市轨道客运服务人员意志品质的培养要有一个过程,即下决心、树信心、持恒心。在培养自己的意志品质中,最关键的是要战胜自己,即在克服困难中锻炼自己的意志,这些都需要服务人员从自身角度出发,注意培养自己良好的性格意志情绪。

3. 能力品质

1)关于能力

能力是一个人顺利地完成某种活动所必需的条件,是在心理特征方面的综合反映。

人的能力总是与人的活动联系起来,能力实际上是个体从事活动的能力。能力表现在相应的活动中,例如学习能力、认识能力、组织能力等,都是指从事相应活动的能力。能力与活动不是一一对应的关系,一种能力往往在多种活动中发挥作用。

一个人如果具有完成某种活动所需的各种能力,并且能够把这些能力很好地结合起来出色地完成这种活动,那就是说这个人具有从事这种活动的"才能"。"才能"就是各种能力的独特结合,是知识灵活运用的过程。如果完成某种活动所必备的各种能力在活动中能够得到最充分的发展和最完善的结合,并能创造性地、杰出地完成相应的活动,通常把具备这种能力表现的人叫作"天才"。天才离不开社会历史、时代的要求,离不开个人的勤奋和努力。

一个人的能力不可能样样突出,甚至还会有缺陷,但是人可以利用自己的优势发展其他能力来弥补不足,同样也能顺利地完成任务或表现出才能,这种现象叫作能力的补偿作用。例如,盲人缺乏视觉,却能依靠异常发达的触觉、听觉、嗅觉及想象力等去行走、辨认币值、识记盲文、写作或弹奏乐曲,有时表现出惊人的才能。又比如,有些人机械记忆能力比较薄弱或在成年后有所减退,但仍然可以依靠或发展自己特有的理解力、判断力去掌握各种知识或做出有分量的决策,并不比其他人逊色。所有这些都表明,才能并不取决于一种能力,而有赖于各种能力的独特结合。

2)能力的发展

能力发展主要是由环境、教育和实践活动所决定的。

环境主要是指物质和文化环境。研究表明,物质和文化环境的改善进一步促进了能力的提高。如果没有充足的休息、科学的饮食和愉快的心情,能力的发展将会受到限制。城市轨道交通客运服务人员由于处在一个连续的工作环境里,生理和心理都受到一定的影响,所以在日常生活中,更加要注意保持一个良好的心态和有规律性的饮食和休息,丰富自己的文化生活,从而为能力的提高打下一个良好的基础。

教育在能力发展中起主导作用。在教育过程中,学习掌握知识、技能的同时也在发展着能力。目前,城市轨道交通各级单位对职工的培训工作相当重视,已经形成了制度化。城市轨道交通客运服务工作不是一个简单的劳动,而是一门服务艺术。随着社会的发展,我们所面临的服务对象、服务环境已经发生了巨大的变化,在这种情况下,只有主动加强自身的学习,努力学习新技术、新技能,才能更好地满足乘客需求,提高乘客满意度。

环境和教育是能力发展的外部条件,而人的能力最终还是要通过主体的积极活动才能得到发展,在工作中,这表现为人的主观能动性。城市轨道交通客运服务人员必须认识到能力是在人的活动中形成和发展起来的,一个人的能力水平与他从事活动的积极性成正比。

3)客运服务人员具有的主要能力

一般来说,要给乘客提供良好的服务,城市轨道客运服务人员在服务工作中应该具备以下基本能力。

(1)感觉与知觉能力。

感觉是一种最简单的心理现象,它是人脑对直接作用于感官的刺激物的个别属性的反映,例如看到某种颜色、听到某种声音、闻到某种气味等。在动物心理进化过程中和在儿童心理发展的初期,都曾经独立地存在过,但是在正常成年人的心理活动中却很少独立存在。在成年人那里,除非在某些特殊情况下,如来不及看清物体的时候,才有单纯的感觉。感觉是认识的入口和开端,没有感觉便不会有比较高级和复杂的知觉、表象和思维。而知觉是客观事物直接作用于器官,在头脑中产生的对事物整体的反映。知觉以感觉为基础,但知觉作为一种活动过程,包含了相互联系的几种作用:觉察、分辨、识别和确认。它不是感觉的简单总和,而是在事物个别属性的基础上形成的事物整体属性。例如,我们想到地铁列车,哪怕没有见到实物,也能知道它是由动车和拖车组成的挂着一组较长的车列,有很快的速度和很大的牵引力,于是我们把这个事物反映成地铁列车,这就是知觉。

培养客运服务人员的感觉与知觉能力意义重大。感觉与知觉能力在客运服务人员日常工作中起着重要的作用。通过感觉与知觉,客运服务人员能够认识外界环境,从而了解事物的各种属性。通过感觉与知觉,还能认识自己机体的各种状态,有可能实现自我调节。没有感觉与知觉提供的信息,客运服务人员就不可能根据自己机体的状态来调节自己的行为。因此,必须加强感觉与知觉能力的培养与训练。一方面给别人一个好的感官印象,另一方面为进一步了解别人造就一个好的基础。

(2)注意与观察能力。

注意是指心理活动对一定对象的指向和集中。注意有两个特点:一是指向性,是指人们的心理活动有选择地朝向一定对象,而同时离开其余对象;二是集中性,是指人们的心理活

动不仅指向某种事物,而且坚持在这一对象上使注意活动不断深入。服务人员的注意能力有以下特性:

①注意的范围性,指在同一时间内服务人员所注意对象的数量,这是注意在数量上的特性。

②注意的紧张性,指服务人员心理活动对某个事物的高度集中,而同时离开其余的一切事物,这是注意在强度上的特性。

③注意的稳定性,指服务过程中服务人员注意在一定事物上所能持续的时间,这是注意在时间上的特性。

④注意的分配性,指服务人员在一定时间内注意力指向于不同的对象或活动注意的分配是有条件的,最重要的条件是在同时进行的两种活动中有一种活动必须是非常熟练的。

⑤注意的灵活性,指服务人员能够灵活地分配注意力,根据需要及时将注意力迁移到新的对象上去。

观察是有目的、有计划、比较持久的知觉。在城市轨道交通服务工作中,观察应该有明确的目的和任务。要细心体察、整理和总结观察结果,善于积累经验。通过观察及时了解乘客的需求、情绪以及乘客对城市轨道所提供服务的意见,从而有针对性地提供给乘客更恰当的服务。观察能力是通过培养和训练而获得的,服务人员通过自己的实践活动逐步形成而发展起来的。

客运服务人员要适应复杂多变的工作环境,清晰地反映乘客和工作中的情况,提高认识活动的效果,就必须具有良好的注意力和观察力。

对于客运服务人员,在日常工作中,尤其是客流较多、站车秩序不好的情况下,有良好的注意力和观察力,才能发现"问题",如发现携带违禁物品上车、发现特殊乘客等。只有发现问题,了解问题产生的原因,才能及时采取措施使问题得到有效的解决。因此,对客运服务人员良好注意力和观察力的培养,有其重要的意义。

(3)记忆与理解能力的培养。

记忆是一个人所经历过的事物在人脑中的反映,是人脑积累经验的功能表现。人在生活和活动中,对感知过的、思考过的事物总是或多或少、不同程度地保留在头脑中,即使这些事物不在眼前时,也可以重新显现出来,这个过程就是记忆。记忆中所保留的印象就是人的经验。个体经验的积累和行为的逐步复杂化是靠记忆实现的,离开记忆就不能积累和形成经验。

理解是运用已有的经验、知识去认识事物的种种联系,直至认识其本质、规律的一种逐步深入的思维活动。认识其本质和规律,只有不限于单纯通过感知觉或记忆的直接认识,而是通过思维活动,一般就可称为理解。理解是掌握知识的重要环节,有些知识需要记忆,而在理解的基础上进行,记忆的效果就高。

在城市轨道交通运输服务工作中,离开良好的形象记忆能力,就记不清乘客,尤其是重点乘客的相貌特征。缺乏语义记忆或语言逻辑记忆能力,就记不清站名、票价、作业程序等。缺乏运动记忆能力,就不能很快掌握各种作业技巧。缺乏情绪记忆能力,人就会变得麻木。对事物的理解力是认识事物本质所必需的,在信息传递的过程中,缺乏对信息的理解,就不能有效地利用信息。例如,同事给一个手势,没有理解这个手势的含义,就不能做他所指示要做的事情。因此,培养和锻炼良好的记忆能力和理解能力,是做好城市轨道交通运输服务工作、提高服务质量的重要基础。

(4)思维与想象能力。

思维是人脑借助于言语、表象和动作实现的对客观事物的概括的、间接的反映。它揭示事物的本质特征和内部联系,是认识的高级形式,它主要表现在人们解决问题的活动中。

想象是对头脑中已有的表象进行加工改造,创造出新形象的过程。形象性和新颖性是想象活动的基本特点。想象是在感知的基础上,改造旧表象、创造新形象的心理过程。

感觉和知觉是对客观现实的直接反映,而思维和想象是对客观现实概括性、创造性的间接反映。客运服务人员经常和乘客交往,会碰到各种各样的问题和矛盾。因此,客运服务人员具备敏捷的思维和丰富的想象力,可以灵活、妥善、创造性地处理各种矛盾和问题。

(5)表达能力。

表达能力是服务人员与乘客进行交往时运用语言、表情传递有关信息的能力,包括表情与语言两个部分。

表情主要是指服务人员的态度、手势和目光。譬如,态度是否傲慢、慌乱、冷淡、随便,手势的幅度是否过大,目光是否能表达自己的感情等。

语言主要是指服务人员是否使用规范的或普遍认可的语言形式。譬如,语言是否能简明扼要地表达思想,是否能注意到乘客的感受和体验,是否恰当和有条理等。

为了提高语言的表达能力,在日常生活中要经常训练自己,将感觉、知觉转化为概念,用概念构成思想并以语言的形式加以表达,进一步把思想用于实际,使抽象的知识上升为具体的知识。在这个过程中既掌握了知识,又发展了能力。在语言表达能力的教育中,应把直观生动思维、抽象思维和实践三者合理地结合起来,也就是把语言和实践、再现和探索、归纳和演绎、独立活动和人们指导下进行的活动合理地结合起来。

(6)劝说能力。

劝说能力是指在服务过程中,通过劝说使乘客态度有所改变的能力。在劝说乘客时,应该热诚、真实地面对乘客,富有同情心,要做到有针对性和耐心,注意劝说的场合和使用的语言,急乘客所急、想乘客所想,让乘客真正感受到城市轨道的人性化服务。

 知识链接

职工守则

1. 热爱党,热爱人民,热爱社会主义祖国,热爱客运事业,全心全意为乘客服务。

2. 坚持"乘客第一、服务第一、信誉第一"的服务方向,虚心听取乘客意见,接受乘客批评、监督,做到"文明经营,礼貌待人,方便乘客,优质服务"。

3. 热爱本职工作,努力学习政治文化,钻研技术业务,掌握为乘客服务的过硬本领。

4. 认真执行安全责任制和操作规程,严格遵守交通法规,文明行车,保证安全。

5. 保持车容、站容、仪容整洁。爱护公共财物,爱护车辆、设备,艰苦奋斗,勤俭节约。

6. 严格遵守党的国家和政策法令,严格执行客运规章制度,遵守劳动纪律和运输纪律。廉洁奉公,抵制歪风。拒腐蚀,永不沾。

7. 关心集体,爱护同志,互相配合,团结协作。

三、客运服务人员心理健康

心理健康是完整健康概念的组成部分。心理健康是良好心理素质的基础要求。从广义上讲,心理健康是指一种高效而满意的、持续的心理状态;从狭义上讲,心理健康是指人的基本心理活动的内容完整、协调一致,能顺应社会,与社会保持同步。

健康心理与人的思想品德的关系是十分密切的,这种关系集中体现在健康人格与思想品德的相互联系之中。人格也称个性。首先,人的思想品德结构中就包含有个性心理素质,如理想、信念和世界观本身就是个性心理倾向中具有核心意义的内容。其次,如良好的道德品质、积极的人生态度、努力刻苦的学习精神等,也都要以健康的心理素质作为基础和中介。因此,思想道德修养离不开健康的个性心理的培育。性格是人的心理活动过程中表现出来的比较稳定的成分,指人对客观现实的稳固态度以及与之相应的习惯化的行为方式的心理特征。性格不可避免地要受到一定的社会道德规范的约束,并对它有所评价。

1. 心理健康水平的判定

判断人的心理健康状况必须考虑年龄、性别、社会身份、情境等各种因素。某些行为发生在孩子身上是正常的,发生在成人身上则是变态的;某些行为发生在女性身上是可以接受的,而发生在男性身上则难以容忍;某些行为在特定的社会背景和条件下是正常的反应,而在其他情况下出现则被视为超常规的行为。

基于对这些因素的考虑,心理学家提出的判定心理健康或心理正常与否的基本标准,就是同等条件下大多数人的心理和行为的一般模式,也就是社会常模。学者将人的心理健康水平大致分为三个等级。

(1)一般常态心理者:表现为心理经常愉快,适应能力强,善于与别人相处,能较好地完成同龄人发展水平应做的活动,具有调节情绪的能力。

(2)轻度失调心理者:表现出不具有同龄人所应有的愉快,与他人相处略感困难,生活自理有些吃力。若主动调节或通过心理辅导专业人员帮助,可恢复常态。

(3)严重病态心理者:表现为严重的适应失调,不能维持正常的生活、工作。如果不及时治疗就可能恶化。

2. 心理健康标准

客运服务人员心理既有大众心理的一般特征,又具有自身的特点。客运人员心理健康标准是个有待研讨的课题。下面提出四点基本要求,供大家参考。

(1)心胸宽广,能容己、容人、容事;

(2)热爱生活,乐观向上,相信自己,也相信他人;

(3)对社会发展变化反应灵敏,并能积极地适应和参与;

(4)情感健康稳定,善于自我调节,有不怕困难挫折的毅力。

心理健康的基本要求是心理各个方面的均衡发展,是个人与社会的协调,最终形成完整统一的人格品质。青年是健康心理的奠基时期,此时塑造好优秀品质,对人的一生都会有重要的影响。

3. 正确理解心理健康的标准

正确理解和运用心理健康标准应注意以下几个问题。

(1)心理不健康与有不健康的心理和行为表现不能等同。心理不健康是指一种持续的不良状态,偶尔出现一些不健康的心理和行为并不等于心理不健康,更不等于已经患心理疾病。因此,不能只看一时一事就简单地对自己或他人做出心理不健康的结论。

(2)心理健康与不健康不是泾渭分明的对立面,而是一种连续状态。从良好的心理健康状态到严重的心理疾病之间有一个广阔的过渡带。在许多情况下,异常心理与正常心理、变态心理与常态心理之间没有绝对的界限,只是程度的差异。

(3)心理健康的状态不是固定不变的,而是动态变化的过程。随着人的经验的积累,环境的改变,心理健康状况也会有所改变。

(4)心理健康的标准是一种理想尺度,是从客运人员优秀的心理素质中总结出来的有代表性的特征,它不仅为我们提供了衡量是否健康的标准,而且为我们指明了提高心理健康水平的努力方向。每一名客运人员在自己现有的基础上做出努力,都可以追求心理发展的更高层次,不断发挥自身的潜能。

4. 提高客运人员心理健康水平的途径

1)减少过度的心理压力

客运服务人员作为城市轨道交通企业为广大乘客提供服务的直接承担者,肩负着安全运营、优质服务等多重工作任务,而心理适应能力不强造成了目前客运服务人员心理素质的种种问题。当前,客运服务人员的心理压力主要有以下几方面。一是服务环境的压力。目前,城市轨道交通乘客中那些普通上班族、学生、老人等经济收入相对较低、出行范围固定且单一的人群,对城市轨道交通客运服务的要求越来越高,不仅表现在硬件设施上,更重要的是对客运服务人员的服务水平和能力要求上。客运服务人员是被重视的群体,一举一动备受关注;又是被漠视的群体,常因一些小的纰漏而被乘客抨击。加之乘客维权意识不断增强,使一些乘客稍有不满就付之投诉,给客运服务人员造成少服务少麻烦的错误心理,同时引发了对服务环境恐惧而产生的心理压力。二是高强度工作量的压力。客运服务人员在日常客流高峰期以及节假日高峰期,劳动强度很大。长时间的固定姿势,大大地增加了其工作强度。高强度的工作压力会造成客运服务人员焦躁心理,而严重的焦躁心理是潜伏的危险因子。三是观念冲突的压力。现代社会飞速发展,企业对管理人才的要求越来越高,对客运服务人员的价值取向和心理预期产生了较大冲突,从而引发了客运服务人员在认识上的失调和观念上的动荡,如有的客运服务人员易烦躁、发牢骚,有的因个人技能与管理制度的差距而焦虑、无奈等,他们面临着冲破旧观念的束缚和树立新观念的心理压力。

压力指由刺激引起的,伴有躯体机能以及心理活动改变的一种身心紧张。适当的压力是心身健康所必须具备的条件,它有助于提高人的学习、生活效率,正可谓"人无压力轻飘飘"。但是紧张与松弛状态要维持在合理的平衡水准上。当平衡点趋近松弛状态,生活就会变得枯燥无味,生理活动也会停滞下来;当平衡点趋近紧张状态,生活就会变得具有冒险性、挑战性、刺激性,同时也可能影响身心健康。可以通过以下方法减少压力。

(1)通过一些心理压力测试量表来自我评价。从中发现自己在压力下反映出来的特点,并认识压力继续下去可能导致的后果。

(2)学会自我放松。通过自我默想,使意识范围逐渐缩小,排除外界干扰,全身松弛,纠正情绪的失衡状态,冷静地引导自己从烦恼、愤恨、紧张等消极情绪状态中解脱,达到内心的平静和安宁。

(3)在问题及后果还未引发之前将压力加以控制。方法有:坦诚倾诉,找亲朋好友诉说;调整工作节奏,在还没有达到极度疲劳时,将工作步伐缓慢下来;调整生活节奏,经常从事体育运动,打球、散步,调节身心;学会放松,每天用一定的时间平静和安定情绪,如听音乐、看漫画、观赏花草、打太极拳、参加自律训练等。这些方法都可以通过神经与肌肉松弛而达到消除压力的目的。有的人依赖药物、酒精、烟草等方法来应付压力是不足取的。

（4）学会分析矛盾，分解压力。对于压力，有的可以分解化大为小然后应对；有的可以分期分批，逐步解决；有的可以有取有舍，将压力适时转化。

（5）企业应对员工积极开展心理健康教育和心理素质教育。心理健康教育必须针对客运服务人员的工作特点和个性差异，实行全员受训模式。开展如心理健康测评、举办心理健康知识辅导讲座、开展团体心理辅导等形式，关注客运服务人员多方面的感受和需求，借助心理学工具、方法，帮助客运服务人员解决好来自工作、生活等方面的心理困惑，有效提升客运服务人员心理层面的主观幸福感，促进不愉快因素向积极有益的方面转变。

（6）营造良好的企业管理文化环境。工作环境的重点是工作软环境——人文环境和工作氛围。可以采取"宽严相济、恩威并重、刚柔并举"12字管理方针，对工作高标准严要求，但是宽选择，关心不放纵、奖励不吝啬；管事抓重点与结果，关注节点、流程与过程；讲原则但不死板、重规矩也可灵活；既说道理也讲情分。逐步消除客运服务人员与管理者之间的误会、增进相互理解、减少距离感和敬畏感。重视企业文化建设，大力开展丰富多彩、喜闻乐见、形式多样和积极向上的文化、体育、娱乐活动，丰富职工的业余生活，使客运服务人员在良好的企业文化氛围中身心得到放松、认识得到深化，使他们不因外部消极因素的影响和内部心理矛盾的冲突，而迷惘和彷徨。

2）学会应对挫折

在心理学上，挫折是指一种情绪状态，主要是指个体在从事有目的的活动过程中，由于遇到阻碍和干扰，使个人需要不能得到满足，动机无法实现而产生的紧张状态和情绪反应。人们的需要产生动机，动机一旦产生便引导人们的行为指向目标。但这种指向目标的行为，由于受到社会、政治和经济的制约，并不是任何时候都能达到目标的。行为的结果受到阻碍，达不到目标的情况是常有的，这就是挫折。特别在现今的服务环境中，认识什么是挫折，对改变员工的行为、提高职工的积极性具有重要意义。挫折产生可分为外在因素和内在因素两类。

（1）外在因素。

外在因素又可分为实质环境与社会环境。实质环境是指个人能力无法克服的自然环境，如无法预料的天灾地变、衰老疾病、天气影响等。社会环境是指所有个人在社会生活中所遭受到的政治、经济、道德、宗教、风俗习惯等人为的限制，例如因种族的不同，使一对相爱的男女无法结婚，或由于考试制度的关系，使一个具有特殊才能的人无法发挥其才能。

（2）内在因素。

内在因素包括个人的生理条件与动机的冲突。个人的生理条件，是指个人具有的智力、能力、容貌、身材以及生理上的缺陷疾病所带来的限制，如一个色盲者无法进医学院念书或担任某些特殊的工作。动机的冲突，是指个人在日常生活中，经常同时产生两个或两个以上的动机，假如这些并存的动机无法同时获得满足，而且互相对立或排斥，其中某一个动机获得满足，其他动机受到阻碍，则产生难于做抉择的心理状态。

城市轨道交通客运人员的挫折因素主要有学习挫折、家庭挫折、人际挫折、恋爱挫折、病残挫折、情绪挫折、专业选择挫折等。

不同的人对挫折的承受能力是不一样的。承受能力是对个体产生挫折感的最小刺激量，承受能力越低挫折感就越强。个人的抱负水平、容忍力影响着人的承受能力，其中容忍力是受到挫折时避免行为失常的能力,它受生理因素、认知因素、社会经验的影响。

人们受到挫折会产生各种行为,作为城市轨道客运服务人员来说,当受到挫折后,其原因不论是属于外在因素还是内在因素,都不应该把愤怒、攻击、不安、冷漠等情绪上的反应带到工作中去,应该努力控制自己的情绪,通过工作缓解自己的压力。

在生命的旅程中,谁也不能担保会永远成功。相反,人们可能会经常遇到挫折和磨砺。所以要成为优秀的客运服务人员,必须具备较高的心理耐力,在遇到挫折时,不会轻易产生悲观心理、动摇心理和畏难心理,而且能够勇敢地承受和战胜困难和挫折。即使遇到了意外打击或突如其来的灾难,也应处变不惊,泰然处之,用乐观、自信的态度和顽强的意志力去征服困难,最后走出困境。

3）适当使用挫折防卫机制

个人受到挫折后,挫折情境造成的对人心理上的压力,会使人产生紧张、愤怒、压抑或焦虑的情绪反应,并导致心理和生理活动的不平衡状态,如血压升高、汗腺分泌增多、胃液分泌减少等,长久下去便导致心身性疾病,如高血压、胃溃疡及偏头痛等,影响人的正常行为和活动能力。为了对付这种压力,减轻或摆脱焦虑情绪的困扰,解除紧张状态所带来的不安,恢复心理和生理活动的平衡,受挫者会自觉或不自觉地寻找和使用一些策略和方法,应付或适应所面临的挫折情境,以减少挫折和焦虑情绪对自己的损害,减轻心理所承受的压力,保护自我,战胜挫折。

因此,个人为了减轻心理压力或避免挫折可能带来的不愉快与痛苦,从而有意或无意中运用的种种心理防卫方式,被称为挫折的心理防卫机制(简称挫折防卫机制),对心理进行清洁,让不良情绪得到释放或转移。个人从其生活经验中寻其惯用的一套,成为其性格中的一部分,常见的有以下几种。

（1）合理化作用。个人无法达成其追求的目标,或其表现的行为不符合社会的价值标准时,给自己找出适当理由来解释。这个理由未必是真正的理由,而且第三者看来往往是不合乎逻辑的,但本人却能以此说服自己,感到心安理得。

（2）逃避作用。个人不敢面对自己预感的挫折情境,而逃避到安全的地方,即逃向另一现实。

（3）压抑作用。将可能引起挫折的欲望以及与此有关的感情、思想等抑制而不承认其存在,或将其排除于意识之外。

（4）代替作用。个人对某一对象所抱持的动机、感情与态度,不为社会所接受或遇到困难时,将此种感情与态度转向其他对象以取而代之。

（5）表同作用。个人为迎合供给需要满足的保护者(如父母、师长等),在思想上及行为上模仿他们,将自己与他们视为一体,照着他们的希望行动,如此可以减少挫折。

（6）投射作用。存在于个体内部的许多动机中,有些是自己不愿承认的,或者因为承认了之后引起内心的不安及厌恶感,因而在无意识中把这些动机及与此有关的态度、习性等排除于本身之外,而加到别人或物体上。

（7）反向作用。个体为防止某些自认为不好的动机呈现于外表行为,采取与动机相反的行动,即想借助相反的态度与行为,抑制内心的某些动机。

防卫方式具有调和自己与环境间矛盾的功能。它可降低情绪冲突,从自身内在具有危险的冲动中保护自己,缓和伤感的经验,减轻失望感,消除个人内在、外在因素的冲突,协助个体保持价值观与充实感,使个人有机会"退一步想"或"从另一个角度看"而产生解决问题的可能。个人应该学会运用防卫方式进行调和,面对不能调和的应主动地进行心理咨询,在心理医生的指导下缓解或消除心理上的痛苦,以最合理的方式处理好挫折。

挫折防卫机制的积极作用在于发挥个体的主观能动作用,减轻或排除精神压力,保持心理相对平衡,免受不良刺激的直接损害。挫折不是穷途末路,与其因挫折而愁肠寸断,伤了身心健康,莫不如放自己过去,适时适度地启用自我防卫机制,这样会有助于个人在巨大的挫折变化面前尽快稳定自己的情绪,从而为寻求解决矛盾的最佳办法留出时间和空间。

5. 客运服务人员心理预防

对于城市轨道客运服务人员的心理状况,应根据城市轨道服务工作的实际情况,从个人和单位的角度采取一些有效措施加以缓解与疏导。

1) 从客运服务人员个人角度

(1) 创造和谐的自然和社会环境,建立良好的人际关系,储备社会支持力量,提高适应社会和改造社会的能力。人际关系的实质就是人与人之间心理上的距离,即情感关系。人们通过正常的交往、沟通、参与、融合,建立起良好的人际关系,对身心健康具有重要的促进作用,反之,不协调的人际关系会造成心理失衡。

(2) 锻炼体魄和培养健康的人格。预防身心疾病有赖于躯体的强壮,要通过劳动、工作、学习、体育锻炼与合理营养,使机体功能处于最佳状态。培养健全的人格,对于身心疾病的预防具有重要的作用。

(3) 保持良好的情绪。情绪是身心联系的桥梁,保持良好的情绪反应,就是要建立良好的心理防御机制,使人在心理活动中,尤其是情绪失去平衡时,能够自觉或不自觉地以某种理由或方法去抵销、回避或否认内心所产生的紧张、不安和痛苦,从而恢复自身心理上的平衡和稳定。

(4) 及早发现,及早治疗。首先要采取有效的躯体治疗,以解除症状,促使康复。其次要采取精神药物治疗,如抗抑郁、抗焦虑药物的使用等。此外,还可以进行心理咨询与心理治疗。

2) 从单位的角度

(1) 调整工作安排。在日常工作中合理调整工作安排,尽量减少加班加点,对简单重复的工作,实行工作轮换制,以减少员工的精神疲劳度。在工作环境布置中,应采取科学布局,在视觉、触觉和设备布置上注意减轻员工疲劳,如保证充分照明、空气流通、尽量采用自然光等。

(2) 提供健康教育和体育锻炼机会。通过定期医疗检查和咨询帮助员工了解自身的各种健康问题,进行健康生活方式的教育,让员工知道体育锻炼、合理饮食和按时睡眠等的重要性;为夜班工人开办夜间工作健康知识讲座;在企业里提供健身器材鼓励员工在上班前、下班后和中间休息时参加锻炼;建立员工气功、武术、长跑兴趣小组等。

(3) 加强心理健康教育。在工作之余,需要对员工进行心理健康教育和心理干预。要帮助员工正确认识自己的工作环境和在工作生活中出现的不良反应,掌握一些基本的心理学知识和心理疏解方法。

(4) 员工帮助计划(EAP)。EAP 由美国人发明,最初用于解决员工酗酒、吸毒和不良药物影响带来的心理障碍,后来发展到在日常工作里,用来调整企业员工的心态、生态、形态和状态。实践证明,EAP 是一个相当有效的方法。

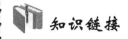

心理疲劳和员工倦怠

在城市轨道交通运输服务中,客运服务人员是居于第一线的,他们由于连续工作时间长,工作单调乏味,很容易产生心理疲劳。消除客运服务人员的心理疲劳和员工倦怠,加强心理卫生,对于激励服务人员的积极性、提高劳动生产率和服务水平有着重大意义。

1. 心理疲劳和员工倦怠

心理疲劳是指因心理、精神原因而非生理躯体原因导致无精打采、懒散无力,使反应速度、灵活性和准确度降低的心理机能消极状态。心理疲劳通常表现为自感体力不支、精力不济、反应迟钝且伴有注意力不集中、思维不敏捷、情绪低落、精神不振、活动效率降低、错误率上升,严重时还会引起头痛、眩晕、心血管和呼吸系统功能紊乱、食欲减低、消化不良以及失眠等。

心理疲劳一般发生在以下两种情景之中:一种是活动中紧张程度过高,致使心理活动异常、心理机能降低而显得不堪重负,难以承受精神压力而疲惫不堪;一种是长时间从事单调、乏味而令人厌烦的活动,致使兴致索然、情绪低落、活力降低而出现烦躁懒散、疲惫无力等。

心理疲劳与生理性疲劳、病理性疲劳不同。生理性疲劳与病理性疲劳尽管同心理疲劳一样也会导致工作能力减弱、工作效率降低、错误率增加等后果,但都是一种自然性防护反应。生理性疲劳是由身体的肌肉承担高强度或长时间的活动造成的,削弱的主要是人的体力,其表现是肌肉疲劳。病理性疲劳是由各种疾病引起的,削弱的主要是人的躯体机能,其表现是体虚乏力。心理疲劳则是肌肉活动强度不大也无躯体疾病,而纯粹由神经系统活动过于紧张或过于单调引发,削弱的是一个人的意志。

员工倦怠,指的是员工影响到工作效率和工作安全的身体和心理疲劳。心理疲劳很容易使员工产生员工倦怠。目前,有关员工倦怠的比例在我国没有明确的数据,美国《员工福利新闻》曾经报道:"47%的企业员工承认他们在过去三个月的工作中出现过极度疲惫的现象,31%的员工认为由于睡眠不足影响到了工作,还有29%的员工说每天起床上班时感到没有休息好。"随着经济的发展、城市建设步伐的加快、职业要求提高等原因,处在服务第一线的员工身心健康方面的问题开始暴露出来。

2. 心理疲劳和员工倦怠的原因

造成城市轨道交通客运服务人员的心理疲劳和倦怠的原因多种多样,但主要有两个方面的原因。

(1)由于城市轨道交通运输的连续工作时间较长,使得员工不得不打乱正常的生活作息时间,全天候地从事客运工作,可能出现慢性身心综合疲劳症。尤其在一些客运高峰时期,要求员工加班加点,或者在工作时对员工施加过多的心理压力,或者让员工做大量简单重复的工作等。这样,城市轨道交通运营企业在保证客运任务完成的同时,就自觉和不自觉地忽视了员工的身心健康,造成心理疲劳。

（2）由于客运服务人员在从事繁重工作的同时，没有及时根据工作调整自己的生活作息时间。例如，有些员工有深夜看电视或上网的习惯，晚睡晚起，还有的员工或吸烟喝酒过度，或饮食结构不合理，或缺少体育锻炼等，这些不良生活习惯除直接引起工作中的疲惫之外，还经常会造成不同程度的睡眠失调，间接地造成上班时的身心倦怠。

 任务实施

1. 下发任务单，明确任务内容，学生课前按要求完成预习任务。

2. 教师先对重点知识和难点知识进行介绍，学生分组完成任务并制作成PPT。

3. 选取具有代表性的PPT进行公开展示，自行总结完成该任务的经验和收获。

4. 针对本任务中提到的案例或者实际生活中遇到、听到的案例，分组讨论服务改进措施并进行分角色情景演练。

5. 教师和各组长承担本次任务的评价工作，评判同学们的任务完成情况。

项目4　城市轨道交通车站客运服务

 教学目标

1. 熟悉车站客运服务设施设备布置。
2. 熟悉车站客运服务标志标识系统布置及含义。
3. 掌握客运服务各岗位职责及岗位作业标准。
4. 具备熟练为乘客服务的业务能力。

 项目描述

在城市轨道交通车站客运服务中,客运服务人员需要熟练掌握车站各项客运服务设施设备的布置及使用,树立"全心全意为乘客服务"的思想,以"乘客至上、服务为本"为原则,确保乘客安全和列车正常运行,安全、准点、舒适、快捷地运送乘客至目的地。为此,本项目从乘客角度出发,选取乘客选择轨道交通出行需要经过的六个环节——进站、购票、进闸、候车、出闸、出站为节点,重点介绍在这6个环节中城市轨道交通客运服务人员的岗位职责及岗位作业标准,通过具体案例提高服务技巧。

任务1　城市轨道交通客运服务设施设备

 任务描述

城市轨道交通车站是客运服务人员为乘客提供服务的场所,也是乘客上下车、换乘的重要集散地,掌握城市轨道交通车站的设施设备布置及各种客运服务标志标识的含义和作用,对于提高服务质量至关重要。

 任务单

1. 车站的构造。
2. 终点站、中间站、换乘站客运服务工作重点。
3. 出入口标志标识系统含义及作用。
4. 站厅层标志标识系统含义及作用。
5. 站台层标志标识系统含义及作用。

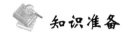
知识准备

一、城市轨道交通车站概述

1. 车站的功能

城市轨道交通车站是客流的节点,城市轨道交通车站是乘客出行的基地,乘客上下车以及相关作业都是在车站进行的,城市轨道交通车站也是列车到发、通过、折返、临时停车的地点,还具有购物、聚集及作为城市景观等一系列功能。城市轨道交通车站同时又是轨道交通运营设备集中设置的场所,主要包括线路、道岔、通信、信号、环控、自动售检票、自动扶梯及电梯、低压配电及照明、给排水及消防、防灾报警(FAS)、设备监控(EMCS)等设备系统。所以,城市轨道交通车站的选址、布置和规模等因素,不仅影响运营效益,而且关系到城市的运转。

2. 车站的分类

从不同的角度划分,可对车站进行不同的分类。

1)按信号系统功能划分

根据车站是否具有站控功能,可分为连锁站和非连锁站。

连锁站,是指具有信号连锁设备,一般可以监控列车运行、排列列车进路以及对列车进行控制的车站。连锁站通常有道岔。

非连锁站,是指没有连锁设备,一般不能监控列车运行以及不能排列列车进路的车站。非连锁站通常无道岔。

2)按车站运营功能不同划分

按车站的运营功能不同,可分为终点站(即始发站)、中间站和换乘站。

(1)终点站(即始发站):一般设置在线路两端终点的车站。除具有换乘的基本功能之外,还可供列车折返、停留和临时检修之用,终点站一般设有多股停车线。

(2)中间站:一般只供乘客乘降用。但有些中间站还设有折返线、渡线、存车线等,以便在列车故障时快捷有效地进行列车调整,尽快恢复正常的列车运行秩序。一般城市轨道车站大多属于中间站。

(3)换乘站:一般设置在两条及两条以上的有轨交通线路交叉点的车站。除了具有供乘客乘降的基本功能外,其最大的特点是乘客可从一条线路换乘到另一条线路,在最大程度上节省了乘客出站、进站及排队购票的时间,为乘客换乘提供方便。

3)按车站设置的位置不同划分

按车站建筑的空间位置,一般城市轨道交通车站可分为地下站、地面站和高架站。

4)按车站站台形式不同划分

根据车站站台的形式,可将车站分为岛式站台车站、侧式站台车站、混合式站台车站。

岛式站台车站:上行线、下行线分布在站台两侧。优点是站台面积可以得到充分利用,便于集中管理,车站结构紧凑,设备使用率高,方便乘客换乘等,如一岛式、两岛式。岛式站台如图4-1所示。

侧式站台车站:站台分别分布在上行线、下行线两侧。优点是站台的横向扩展余地大,双向乘客上下车无干扰,不易乘错方向。侧式站台如图4-2所示。

混合式站台车站:既有岛式站台,又有侧式站台的混合形式,如一岛两侧式、两岛一侧式等。

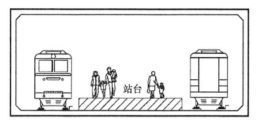
图4-1 岛式站台车站

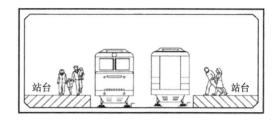
图4-2 侧式站台车站

二、城市轨道交通车站构造

车站是轨道交通客流的集散地，一般由以下部分组成：风亭、冷却塔，出入口，通道，站厅层，站台层，设备用房，管理用房，隧道(地下站)。

1. 风亭、冷却塔

风亭(见图4-3)是主要为车站提供换风的设施。一般分为活塞风亭、排热风亭和新风亭。风亭原则上按车站"两端布置，一端一组"设置。根据周边环境的条件采用独立式或合建式。

冷却塔(见图4-4)的作用主要是为中央空调提供散热，原则上按车站"一端布置，每站一组"设置。

图4-3 风亭

图4-4 冷却塔

2. 出入口

车站出入口是车站的门户，除了功能设计需要科学先进外，还需要具备美观大方等艺术特点。出入口是地面客流与城市轨道交通车站的衔接口，也是城市轨道管理辖区的分界点。出入口一般都设有一定数量和类别的导向标志引导乘客的出行。

车站位置确定以后，不管是地下还是地上轨道，车站出入口及通道的设计都很重要。一般情况下，如果车站设在地面交通道路的干道大型交叉口中，应按照地面道路的数量来设置出入口数量。

单独设置的车站出入口所在位置一般选在城市道路两侧、交叉口以及有大量人流的广场附近。出入口宜分散均匀布置，以便最大限度地吸引乘客。单独修建的地面出入口和地面通风亭，其位置应符合当地城市规划部门的规划要求，一般设在建筑红线以内，不应妨碍行人通行。此外，要考虑城市人流流向来设置出入口，不宜设在城市人流的主要集散处，以

出入口客运服务设施设备介绍

免发生堵塞,应设在较明显的位置,便于识别。

如果车站设在地面街道十字路口下方,地铁出入口应分别设在十字路口的4个角。如果是两条以上道路交叉口下方,为了避免乘客和行人横穿马路,一般应在各个角都设置出入口,如香港地铁的车站出入口最多可达十几个。如果车站位置在社区附近,则出入口位置尽量设在靠近社区出入口,最大限度地方便居民乘车。如果车站设在大型购物休闲地带,则车站出入口应设在与购物休闲出入口最近的地点,或者有些出入口可直接设在购物中心的一楼或地下一层,这样极大地方便了乘客,减少了地面露天行走距离。

车站出入口所在位置一方面要考虑到地下通道的顺畅,同时又不宜过长;另一方面也要考虑能均匀地、尽量多地吸纳地面客流。此外,出入口被称为生命线,还应考虑防灾设计要求。每个地铁车站,其出入口不得少于两个,且必须位于车站的两端。另外,车站出入口的设计还应考虑与周边物业接驳,尽量与地面交通车站、停车场靠近,形成较佳的换乘组合;尽量与地面建筑结合,可设在地面建筑物内,也可独立设置,并承担部分过街客流。

3. 通道

乘客从车站出入口到站厅层或从站厅层到站台层需要通过一定的通道,通道是联系城市轨道交通车站出入口和站厅层的纽带。不管是地下还是地上车站,一般从立体结构上分为三层或两层,大型换乘枢纽站分层更多,所以每层之间的联系通道设计也将直接影响站内乘客流线的组织。通道的设计应以乘客流动的路线为主要考虑依据,遵循两个原则,即减少进出站乘客流线的交叉和最大限度地缩短乘客从出入口到站台的行走距离。

通道主要由楼梯、电梯和步行道构成。由于地下或高架车站一般由地下两、三层或地上两、三层组成,因此各层之间都设有楼梯、自动扶梯或垂直电梯,以方便不同需要的乘客进出车站和乘车。

1) 楼梯

有些车站从出入口到立体一层的通道为步行楼梯,进站客流和出站客流混用,没有严格划分区域,这样当客流较大时就容易产生进出站客流对流的情形,对客流组织不利。有些车站既有步行楼梯也有自动扶梯,自动扶梯有效地将进出站客流分开,避免对流或拥挤。在人流量大的车站,一般步行楼梯中央设置栏杆,有效地将进出站客流引导分开,例如北京西直门地铁站出入口,人流疏解护栏一直延伸到地面街道数十米。

车站立体一层到立体二层之间的通道应按照进出站客流流线设计,严格分流,以免客流过量或产生紧急情况时进出站客流因对流而产生事故,因此对闸机的状态设置以及导向标志都应配合通道的设计。

通道坡度的设计也很重要。坡度大很容易造成乘客的疲劳感和不安全感;坡度太小会增加车站占地面积施工的工程量。因此,应科学地设计坡度,当通道台阶数量多时,在不同段设置缓解平台,同时应尽量减少工程量和占地面积。

楼梯一般采取26°~34°倾角,其宽度单向通告不小于1.8m,双向通告不小于2.4m,当宽度大于3.6m时,应设置中间扶手,且每个梯段不宜超过18步。楼梯在车站发生紧急情况时,主要用于车站向外疏散乘客,所以车站楼梯平时应保持畅通,任何物品不得堆放在楼梯处,任何人员不得滞留在楼梯处。

2) 电梯

电梯是垂直电梯、倾斜方向运行的自动扶梯、倾斜或水平方向运行的自动人行道的总称。垂直电梯其平台须离路面150~450cm;为方便轮椅使用者,应设置斜坡。每座车站至少有一个出入通道设置自动扶梯;当通道提升超过7.2m时,宜设上行扶梯;提升高度超过10m时,宜设上行、下行扶梯;站厅层与站台层之间宜设上行、下行扶梯;客流量不大且高差小于5m,可用楼梯代替下行扶梯;自动扶梯需沿整个车站平均分布。

自动扶梯一般采取30°左右倾角,两台相对布置的自动扶梯工作点间距不得小于16m;扶梯工作点至前面影响通行的障碍物间距不得小于8m;扶梯与楼梯相对布置时,自动扶梯工作点至楼梯第一级踏步的间距不得小于12m。车站出入口若不受提升高度的限制,应设置上行、下行自动扶梯。站厅层与站台层之间,一般宜设上行、下行自动扶梯,对客流量不大的车站(且高差小于5m时),可用楼梯代替下行自动扶梯。当发生火灾时,车站的自动扶梯须停止运行,作为固定楼梯来疏散乘客。车站人员应引导乘客正确搭载自动扶梯,对乘客不正确使用自动扶梯的行为应及时制止,以免发生危险。若自动扶梯运行时突然加减速,有异常声音或振动时,应阻止乘客继续搭乘,待无人后停止运行,并通知专业人员检修。

自动扶梯一般在扶梯的右下侧设有"紧急停止按钮"(高差较大的自动扶梯在其中部也设有"紧急停止按钮"),一旦在自动扶梯运行中发生乘客失足摔倒或其他紧急情况时,应立即按下"紧急停止按钮",使自动扶梯停止运行,并采取相应的救护措施。

4. 站厅层

站厅层是换乘列车的中转层,其主要作用是集疏客流,为乘客提供售票、检票等服务。按其用途分为公共区和设备区,公共区为供乘客完成售票、检票到达乘车区及出站的区域;设备区主要设有设备用房和管理用房。

站厅层公共区作为乘客密集的场所,也带来了无限商机。在非付费区内根据场地大小分别布置了公用电话、自助银行、触摸式咨询系统、自动售卖机、银行、商铺、公厕等,布置原则基本以不影响乘客出行为首要条件。

5. 站台层

站台层是最直接体现车站功能的层面,其主要作用是供列车停靠、乘客候车及上下列车。站台也分公共区和设备区,一般两端为设备区,中间为公共区。设备区设有设备用房和管理用房。站台公共区的主要功能就是乘客上下车、候车,主要布置有乘客座椅、废物箱、导向标志、消防设施、站台广播、站台电话、时钟、乘客信息牌、紧急扣车按钮等。站台监控亭设置在站台,位置要求是适宜瞭望。

6. 设备用房

设备用房是安置各类设备、进行日常维修及保养设备的场所。主要分为票务维修室、通信机械室、信号机械室、环控配电室、照明配电室、低压配电室、蓄电池室、环控机房、气瓶间、污水泵房、混合风室、风机房、电缆井、屏蔽门控制室、电梯机房、变电所控制室、动力变压器室、变电所储藏室、变电所检修室、变电所整流变压、35kV高压开关柜室、整流器柜及直流开关柜室等。

7. 管理用房

管理用房是车站工作人员的办公用房,包括车站控制室、站长室、站务室、会议室、票务室、信号值班室、警务室、更衣室、休息室、卫生间、备品库、垃圾间、清扫工具间以及站台监视亭等。

8. 隧道

隧道是地下站为提供列车运行而设的通道。隧道主要有矩形隧道、马蹄形隧道、圆形隧道。隧道内有地铁线路以及轨旁设备、接触网、通信设备、信号设备、消防及给排水设施等。

三、城市轨道交通客运服务导向标志系统

为了给乘客提供优质良好的服务,城市轨道交通车站外部和内部设置有一定数量的导向标志。

导向标志系统是指为引导乘客方便、快速、安全地进站乘车、搭乘列车、下车出站、换乘、使用车站设施、观光等行为,而连续设置于地铁站外、站内、列车上的各类标志,以及完成紧急情况下进行客流疏散所设的紧急疏散标志。

1. 导向标志系统设计原则

导向标志系统应简洁、完整、美观,信息提示应按乘客的需求从一般信息到详细信息逐级设置,遵循信息适量原则,以达到"以人为本"及"服务乘客"的方针。

城市轨道交通系统中的公共标志应包括确认标志、导向标志、综合信息标志、禁止标志、安全警告标志和消防安全标志,形成完整的视觉引导系统。

标志系统的设计原则可归结为以下几点。

1)便利性原则

导向标志系统所设置的位置应起到主动引导乘客移动的作用,而不是乘客寻找到导向标志后才能移动,更不应让乘客刻意去寻找导向标志。

2)连续性原则

导向标志系统在设置时,要能够保证引导人流连续向目的地移动。

3)统一性原则

由于导向标志系统是统一完整的有机系统,而构成这一系统的每一个要素(各种导向标志),都有其各自的作用,只有在标志的设置过程中,将这些要素作为有机统一的系统,根据其作用按照连续性原则进行统一设置,才能使导向标志系统发挥出整体作用。

2. 标志分类

导向标志系统中各类标志按其发挥的作用可分为:确认标志(用以标明某设施或场所的标志)、导向标志(用以向乘客提供某设施或场所方向指示的标志)、综合信息标志(用以表达乘客需要了解的与轨道交通系统相关信息的标志)、禁止标志(不准许乘客发生相应行为的标志类别)、安全警告标志(提示乘客注意,避免可能发生的危险的标志类别)、消防安全标志(与消防安全有关并符合消防规定的标志类别)等。

1)确认标志

(1)轨道交通标志(见图4-5)。用于确认轨道交通车站的出入口位置。应设置在地铁出入口外,满足不同方向乘客的辨识。

图4-5 轨道交通标志

(2)站名标志(见图4-6)。用于确认车站名称。应设置在车站出入口和站台两侧的柱面或墙面上。

图4-6 站名标志

(3)自动售票标志(见图4-7)。用于确认自动售票的地点。应设置在自动售票机、自动查询机或自动充值机上方或附近。

图4-7 自动售票标志

(4)客服中心标志(见图4-8)。用于确认客服中心的位置。应设置在客服中心上方或附近。

图4-8 客服中心标志

(5)自动检票机状态标志(见图4-9)。自动检票机状态标志用于确认经自动检票机进入付费区或非付费区。应设置在自动检票机上方,宜采用可变标志,两面都显示信息。

(6)自动扶梯状态标志(见图4-10)。用于乘客确认自动扶梯的乘坐方向,应设置在自动扶梯两端的上方。

(7)电梯标志(见图4-11)。用于确认电梯的位置。应设置在电梯附近。如果电梯是残疾人士

图4-9 自动检票机状态标志

专用电梯,应使用无障碍电梯的图形符号。

图 4-10　自动扶梯状态标志

图 4-11　电梯标志

(8)警务室标志(见图 4-12)。用于确认警务室的位置。应设置在车站内警务室附近。

图 4-12　警务室标志

(9)卫生间标志(见图 4-13)。用于确认提供给乘客使用卫生间的位置。应设置在卫生间附近。当卫生间配备有无障碍专用设施时,应与无障碍服务设施图形符号组合使用。

(10)无障碍设施标志(见图 4-14)。用于确认无障碍专用设施的位置。应设置在无障碍专用设施上或附近。

(11)出口标志(见图 4-15)。用于确认车站出口的位置。应设置在非付费区人行通道口的上方。含出口外标志性建筑、公园、旅游景点名称。

(12)公用电话标志(见图 4-16)。用于确认公用电话的地点。应设置在公用电话上方或附近。

图 4-13　卫生间标志

图 4-14　无障碍设施标志

图 4-15　出口标志

图 4-16　公用电话标志

2)导向标志

(1)轨道交通车站导向标志(见图4-17)。用于指示前往轨道交通车站出入口的方向。应设置在轨道交通出入口周围500m半径范围内,宜设置在道路交叉口、行人道、重要建筑出口等人流量较大的地点。当换乘站多条线路的出入口分开设置,站内无法连通时,应该增设指示不同线路出入口的指向标志,即增加线路号。

(2)自动售票导向标志(见图4-18)。用于指示通往自动售票机、自动查询机或自动充值机的方向。应设置在从轨道交通车站入口或站厅入口到自动售票机、自动查询机或自动充值机路线上的分岔口处。

图4-17 轨道交通车站导向标志

图4-18 自动售票导向标志

(3)客服中心导向标志(见图4-19)。用于指示前往客服中心的方向。应设置在从车站入口或站厅入口到客服中心路线上的分岔口处。

(4)无障碍设施导向标志(见图4-20)。用于指示前往无障碍设施的方向。应设置在无障碍设施附近。

图4-19 客服中心导向标志　　　　　图4-20 无障碍设施导向标志

(5)电梯导向标志(见图4-21)。用于指示通往电梯的方向。应设置在通往站台、站厅层中电梯的适宜位置。

图4-21 电梯导向标志

(6)自动扶梯导向标志(见图4-22)。用于指示前往自动扶梯的方向。应设置在站台通往站厅层自动扶梯的附近。

(7) 卫生间导向标志(见图4-23)。用于指示前往卫生间的方向。应设置在卫生间附近。

图4-22　自动扶梯导向标志　　　　图4-23　卫生间导向标志

(8) 乘车导向标志(见图4-24)。用于指示前往站台的方向。应设置在从客服中心或售票服务设施到乘车站台路线上的分岔口处。楼梯的乘车导向：用于楼梯上方指示前往乘车的方向，应设置在楼梯上方的相应位置。站台的乘车导向：用于站台层指示前往乘车的站台方向，应设置在站台上方的相应位置。线路的乘车导向：用于站台或站厅层指示前往不同线路乘车的方向(换乘车站适用)。

(9) 列车运行方向导向标志(见图4-25)。用于指示列车运行的方向，含本站站名、端站名、站台编号及线路图。应设置在站台上方、屏蔽门上方或者道心侧墙上。

图4-24　乘车导向标志　　　　图4-25　列车运行方向导向标志

(10) 出站导向标志(见图4-26)。用于指示前往车站出口的方向。应设置在从站台到出口路线上的分岔口处。站台层的出站导向标志用于指示通往站厅层的楼梯或自动扶梯，应设在站台的楼梯或扶梯口附近。站厅层的出站导向标志用于指示车站出入口的方向，不同出口的出站指向标志宜集中设置。应设在楼梯或扶梯口前往出站检票机的通道上。

(11) 紧急出口导向标志(见图4-27)。用于指示紧急出口的方向。设置应按照相关国家标准执行。

图4-26　出站导向标志　　　　图4-27　紧急出口导向标志

(12)公交枢纽导向标志(见图4-28)。用于指示前往公交枢纽站的方向。宜设置在通往公交枢纽的路线上。

图4-28　公交枢纽导向标志

3)综合信息标志

(1)车站出入口标志(见图4-29)。用于向乘客提供车站名称和出入口位置等信息。应设置在地铁的出入口。

(2)运营时间标志(见图4-30)。用于向乘客提供轨道交通的运营时间。应设置在地铁的出入口。

(3)公告(见图4-31)。用于提供轨道交通系统中与运营制度、法律、规章制度等信息。宜设置在站厅中非付费区的适宜位置。

客运服务标志标识介绍
(综合信息标志)

(4)轨道交通线网示意图。用于提供完整的轨道交通运营线路信息。应设置在车站入口、站厅和站台的适宜位置。宜同时列出各线路重要站点和换乘站点名称等乘客需要的信息。

 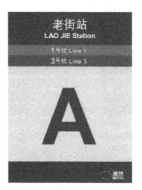

图4-29　车站出入口标志

图4-30　运营时间标志

(5)票务信息示意图。用于提供轨道交通票务资料,应与轨道交通线网示意图组合显示。应设在自动售票机附近。

(6)轨道交通车站空间示意图(见图4-32)。用于提供轨道交通车站内各服务设施和出入口的相对位置。

图4-31 公告

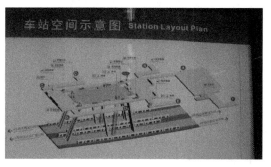

图4-32 轨道交通车站空间示意图

(7)列车运行线路标志(见图4-33)。用于提供当前车站名、列车运行方向及列车所在轨道交通线路的中所有车站名称等信息。应设置在站台的适宜位置,已经过车站用浅灰色表示。

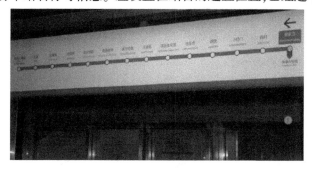

图4-33 列车运行线路标志

(8)车站周边信息图(见图4-34)。用于提供轨道交通车站周边500m半径区域内与交通出行相关的重要信息。宜设置在站厅付费区的适宜位置。

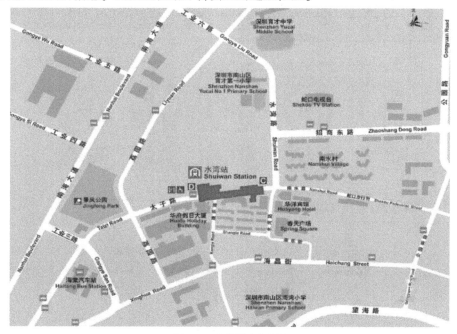

图4-34 车站周边信息图

图 4-35 车站出口信息标志

信息图应按照地图上的位置正确标注主干道和次干道、标志性建筑物、旅游景点和公园的名称,还应标注出租车上下站位置、公共交通线路、公交车车站名及其位置等信息。

(9)车站出口信息标志(见图4-35)。用于提供车站当前出口周边主要街道(包括主干道和次干道)、标志性建筑物、旅游景点、公园和主要公交线路名称等信息。应设置在前往出口通道的适宜位置。

(10)车厢信息标志(见图4-36)。用于在车厢内为乘客提供信息服务。应设置在车厢内的适宜位置。

4)禁止标志

(1)禁止携带危险品标志(见图4-37)。

(2)其他禁止标志(见图4-38)。如禁止吸烟标志、禁止入内标志、禁止携带宠物标志、请勿坐卧停留标志、禁止触摸标志、请勿乱扔废弃物标志、禁止饮食标志、禁止摆卖标志、禁止跳下标志、禁止攀登标志、禁止入洞标志等。

图 4-36 车厢信息标志

图 4-37 禁止携带危险品标志

图 4-38 其他禁止标志

5)安全警告标志(见图4-39)

图 4-39 安全警告标志

如当心滑跌标志、当心绊倒标志、小心碰头标志、当心触电标志、当心夹手标志、注意安全标志等。

6)消防安全标志。消防安全标志应符合国家相关标准的要求。

 任务实施

1. 下发任务单,明确任务内容,学生课前按要求完成预习任务。
2. 教师先对重点知识和难点知识进行介绍,学生分组完成任务并制作成PPT。
3. 选取具有代表性的PPT进行公开展示,自行总结完成该任务的经验和收获。
4. 教师和各组长承担本次任务的评价工作,评判同学们的任务完成情况。

任务2　乘客进站服务

 任务描述

城市轨道交通运营企业为乘客提供位移服务,乘客在完成位移的过程中首先经过的环节就是进入地铁车站。地铁车站有别于其他的公共交通车站,在乘客进站时,可能会出现各种困难,站务服务人员应该及时主动为乘客提供服务,解决乘客困难,同时要密切关注乘客有无违反城市轨道交通进站乘车相关规定的行为,如有应及时制止,避免在后面环节中出现不必要的麻烦。

 任务单

1. 进站时如见到有"木乃伊""僵尸"等怪异装扮的乘客,如何处理。
2. 若乘客携带自行车进站如何处理。
3. 若在出入口至站厅通道有乘客滞留如何处理。
4. 若遇到乘客不配合安检如何处理。
5. 若乘客携带气球进站如何处理。
6. 若乘客携带家禽、宠物进站如何处理。

 知识准备

一、进站服务岗位要求

乘客在进站环节中,客运服务人员主要涉及的岗位有厅巡岗和安检岗。

1. 厅巡岗岗位职责

厅巡岗主要负责站厅、出入口及出入口外车站管理范围内的巡视和秩序维持,负责解答乘客问询,为乘客提供个性化服务;引导乘客正确操作自动售检票系统(AFC)设备,处理与乘客相关的票务事宜。

具体如下:

(1)注意站厅付费区、非付费区乘客的动态,发现有违反地铁规定的乘客要及时制止。

(2)帮助乘客,回答乘客询问,特别注意帮助老、弱、病、残、孕和有困难的乘客。解决乘客问题为乘客提供优质服务。

(3)负责协助值班站长、值班员及时更换钱箱、票盒,引导不能正常进出闸的乘客到票务处处理。

(4)负责站厅员工通道门的管理,对通过通道门进出的人员进行严格登记。

(5)向值班站长报告不正常情况,向客运值班员报告处理不了的问题。

(6)留意地面卫生,对水渍、杂物等及时清理和设置警示牌,防止乘客摔倒。

(7)负责检查自动扶梯的状态是否良好。

(8)负责进站的重点乘客(年老体弱者、小孩、神色异常者、残疾乘客等)安全,及时发现隐患并通知其他岗位,必要时通知车控室,以便通知目的地站接应。

(9)关注老年及行动不便的乘客出入闸后的动向,指引其走楼梯。必要时扶助其上下站台或进出站。

(10)发现乘客携带行李吃力时主动提供帮助(尤其对老年乘客)。必要时通知车控室,以便通知目的地站接应。

(11)多留意扶梯口,发现乘客在徘徊、试探上扶梯时应及时指导或指引其走楼梯。

(12)与站台岗做好互控,互相通报上下站厅的重点乘客动态。

(13)注意乘客携带的物品,严禁乘客携带"三品"(易燃品、易爆品、毒害与放射性物品)进站。

(14)发现乘客携带超大、超长、超重物品时禁止其进站乘车,并对乘客耐心解释。

(15)当值班站长、值班员不在站厅时负责接受乘客的口头表扬、投诉或建议,做好记录及时向值班站长汇报。

(16)发现精神异常、醉酒的乘客禁止其进站乘车,及时汇报车控室,必要时请求警务人员或其他同事协助,并注意自我保护。

(17)在站厅、出入口范围发生的治安、安全事件,要及时赶到,保护现场,寻找两名及以上目击证人,对伤者可使用外用药。

(18)在站厅、出入口范围发现不法传单或其他非地铁宣传品时,及时采取措施并报告车控室。

(19)负责站厅、出入口设备、设施的安全,运营时间内每2h巡视一遍出入口并将巡视情况报车控室,车控室做记录,发现有故意损坏或偷窃地铁设备设施行为时及时制止,留下肇事人,报车控室处理。

(20)负责站厅、出入口的客流组织工作,及时疏导乘客,防止乘客过分拥挤或排长队,客流变化时及时汇报车控室。

(21)根据车站安排开关出入口。

(22)负责站厅票务工作的安全保卫。

(23)协助值班站长、值班员做好团体乘客进出站的客流组织工作。

2. 厅巡岗服务程序及标准

1)班前

(1)上岗前到车控室签到,阅读文件,接受上级交代工作、注意事项。

(2)领取相关钥匙,如票务设备钥匙、员工通道门匙、扶梯钥匙等,在"钥匙借用登记本"上登记。

(3)领取对讲机,在"车站备品领(借)用登记本"上登记。

(4)带齐工作备品准时到岗。

2)班中

(1)引导乘客正确操作AFC设备,及时处理AFC设备故障,解答乘客咨询,如遇解决不了的问题马上报车控室。

(2)每2h巡视车站出入口1次,在相应巡视牌上记录巡视时间,发现有违反地铁管理条例的行为要制止,巡视后将出入口相关情况报车控室。

(3)按照车站排班要求打扫会议室、站务员室、更衣室、然后到站台顶岗。

(4)按要求更换出闸机票筒。

(5)在上/下行尾班车到站前5min在TVM(自动售票机)上悬挂相应告示牌。

(6)最后一趟载客列车开出后,负责站厅的清客工作。

(7)关闭车站出入口。

3)班后

(1)与下一班交接班,把工作备品(票务钥匙、通道门钥匙、扶梯钥匙、对讲机)交还车控室行车值班员,并在相应台账上注销。

(2)参加班后总结会。

(3)阅读完当天文件或规章,到车控室签名下班。

知识链接

车站各岗位服务职责

国内常见的城市轨道交通运营企业车站各管理岗位职责如下所述。

1. 站长(站区长)

站长(站区长)负责全站区范围内的行车、客运和票务管理,乘客服务,事故处理,员工管理,班组管理,安全管理,员工培训等工作。

(1)行车、客运、票务工作内容和职责:监控值班站长行车、客运和票务工作;组织站区行车、客运、票务工作,编制执行行车、票务和客运组织方案,定期组织各类预案的演练;定期计划、检查、总结站区行车、客运和票务工作。

(2)乘客服务工作内容和职责:监督站区乘客服务工作,为乘客提供优质服务;处理乘客投诉、来信、来访;汇总服务案例、服务技巧,提高员工服务质量。

(3)事故处理工作内容和职责:检查安全隐患;车站发生事故时担任事故处理主任工作;组织全站员工处理事故。

(4)员工管理工作内容和职责:监督各级人员的管理情况;定期进行员工教育,掌握员工思想状况;对值班站长进行考核;对保洁进行管理考核。

(5)班组管理工作内容和职责:每月根据上级要求、车站实际情况制订计划;监督班组管理成员工作;每月定期召开班组管理成员会议;解决车站出现的问题。

(6)安全管理工作内容和职责:确保车站行车、票务、消防、治安、人身的安全;处理违反《轨道交通管理条例》的行为;进行车站日常安全检查;每月进行安全教育、总结。

(7)员工培训工作内容和职责:根据上级的要求制定车站培训计划;按车站实际情况安排培训工作;定期检查培训效果,进行培训总结。

2. 值班站长

值班站长负责全站日常的行车客运和票务管理、乘客服务、事故处理、设备日常管理、安全管理、员工培训等工作。

(1) 行车、客运、票务工作内容和职责：服从行调指挥，执行行调命令；监督行车值班员接发列车；监督行车值班员操作 STC 站级工作站；按客运方案组织乘客购票乘车，组织本班售票工作，收发、回收、保管车票，填写、保管各种票务单据，在非运营时间值守车站，统计、汇总当日的客运量和营收情况报行调。

(2) 乘客服务工作内容和职责：处理乘客投诉、来访；根据服务标准解决与乘客有关的问题，提供优质服务；汇总当班的服务案例、服务问题，并每月向站长汇报。

(3) 事故处理工作内容和职责：车站发生事故时担任"事故处理主任"的工作，按应急方案操作；组织车站员工处理事故；尽快恢复正常。

(4) 对本班组的员工管理：按规定在班前、班后组织召开接班会和交班会；合理利用人力资源；对当班人员进行监督、检查、考核；对当班员工进行培训、教育，掌握员工思想状况。

(5) 安全管理工作内容和职责：确保车站行车、员工及乘客的安全；确保车站收益安全；监督车站保安工作；处理违反《轨道交通管理条例》的行为；进行车站日常安全检查；每月向站长汇报安全情况。

(6) 员工培训工作内容和职责：组织实施车站培训工作；定期总结培训工作。

3. 客运值班员

负责安排钱箱、票筒的更换工作及废票桶的清理工作；完成相应票务报表、账册的填写、在 SC 输入相应数据及每月报表的装订和存档；处理与乘客相关的票务事宜、处理简单的 AFC 设备故障（吞币、卡票、卡币）；负责办理团体票及安排、监督、协助站务员的票务工作。

4. 行车值班员

(1) 在值班站长的领导下，主管行车组织工作，熟练掌握应急处理技能。

(2) 按列车运行图及行调命令监护列车运行，负责监控操作控制区域的列车运行。

(3) 非运营时间做好巡道、设备维修的登记和注销手续。

(4) 监督站务岗的在岗行为。

(5) 在 CCTV 上观察车站客流情况及监督站台列车到发情况。

3. 开站程序(见表 4-1)

开 站 程 序　　　　　　　　表 4-1

顺序	责任人	内　　容
1	站务员	运营前 30min 到达车站
2	行车值班员	运营前 40min 按行调命令试验道岔，检查站台和线路出清情况，并汇报行调。检查"行车值班员交接班登记簿"
3	值班站长	开启扶梯，巡视车站，打开照明开关
4	站务员	运营前 10min 到达售票处、站台、站厅三个岗位
5	站务员	首班客车发车前 10min 开启车站大门，开始服务
6	行车值班员	向乘客广播第一列车的到达时间及注意事项

4. 安全检查岗(以下简称安检岗)**岗位职责**

(1)遵守各项法律法规和地铁各项规章制度,服从地铁各级领导管理,对违反法律法规或地铁规章制度的现象应予拒绝并及时向上级报告。

(2)严格遵守劳动纪律,不迟到,不早退,不擅离职守,不做与工作无关的事情。

(3)按规定着装上岗,佩戴标识要规范,自觉维护安检人员岗位形象。

(4)认真履行岗位职责,协助其他安检员做好安检工作。

(5)熟练掌握各种安检设备的操作及识别方法。

(6)按照"逢包必检"的安检要求,负责宣传引导乘客进入安检区域。

(7)对可疑物品针对性探测,确定可疑物性质,及时移交现场民警处理并做好记录。

(8)对无异常的行李通过,疏导乘客尽快离开安检点,以免影响乘客通行。

(9)文明值岗,态度和蔼,遇事讲究方式方法,做到以理服人。

(10)上下班途中或在站等车时,不应互相嬉笑打闹,在站内休息期间不应在座椅上躺卧,穿着安检服乘车时应主动礼让乘客,自觉维护地铁安检形象。

根据安检作业单元人员的标准配置,每台通道式安检机应配备4~5名安检人员。运营企业可根据客流量进行适当调配,但每个安检工作站(点)的人员配置最低不得少于2人,包括指挥员和值机员各1人。值机员负责辨别通道式安检机监视器上受检行李图像中的物品形状、种类,其连续操作机器工作时间不得超过40min,每个工作日值机时间累计不超过6h。

5. 安检岗服务要求

1)大包必检小包抽检

乘客进入地铁站厅后,即使是女士的提包也被要求放入X光检测机检查;检验完毕后准备通过闸机口时,安检人员还会手持金属探测仪进行身体检查。平均每位乘客接受安检的时间为20多秒。

安检服务的基本流程

地铁运营高峰时段,安检将采取机检和目检相配合的方式,大包必检、小包抽检,以提高进站速度。早高峰时间多为"上班族",携带大件行李的乘客比较少,因此不必每人必检,尽可能不影响进站速度。

2)安检通道的设置

为应对安检可能造成的站内拥挤,地铁应准备疏散、临时限流预案。当乘客数超过预警最大限额时,地铁站要暂时关闭一半进站口,同时放缓售票速度以减少客流,并组织乘客在大厅门外排队等候,待客流量减少时再予以放行。

当地铁安检工作站(点)发生人员拥堵时,应迅速增开人工检查通道或设置蛇形通道;开包复检时,乘客可要求单独实施检查。

3)对限带物品的保管

地铁安检工作站(点)不得接受乘客限带物品的暂存和其他物品寄存。对安检过程中乘客自弃的限带物品,由车站专人负责管理并建立台账,记录收到的时间、地点、数量及品名。发现乘客遗留在安检现场的物品,应当由2名以上安检人员共同清点和登记,及时交由车站专人保管。车站内显著位置要公示禁、限带物品的目录。发现受检人携带禁带物品,应立即报告公安机关,并将该物品置于危险物品存储设备内;发现受检人携带限带物品,应告知受检人自弃该物品方可继续乘坐,或者直接改乘其他交通工具,如果受检人拒不接受这两种处理方式,安检人员有权拒绝其进站乘车。必要时,报告公安机关,由执勤民警将其带离车站。

4)贴身安检"男不查女"

有的乘客在接受行李安检后,进入闸机前还要接受安检人员手持探测仪进行贴身安检。贴身安检的原则是"男不查女",主要是为了避免不必要的尴尬。目前,受安检人员数量限制,负责贴身安检工作以女性安检人员为主。接受贴身安全检查的乘客应积极给予配合。

5)液体安检

液体是地铁安检的重要内容之一。检验液体时,将瓶装液体竖直拿在手中,液体检测仪垂直于瓶子抵在水瓶中部。4s后,检测仪的液晶屏上就会显示出液体是否安全:绿色的圆圈代表通过,红色的叉子代表液体不能通过。液体通过地铁安检后,不需要乘客再试喝即可通过。而且,一些瓶装水和饮料,在乘客当面试喝一口后,一般也可以不用再进行仪器检测。

知识链接

轨道交通禁止乘客携带危险品(以武汉地铁为例)

根据武汉市公安局相关规定,乘客禁止携带的危险品主要有以下几种。

(1)枪支、械具类(含主要零部件):公务用枪、民用枪、其他枪支,具有攻击性的各类器械、械具。

(2)爆炸物品类:弹药、炸破器材、烟火制品。

(3)管制刀具:匕首、三棱刀(含机械加工用的三棱刮刀)、带有自锁装置的弹簧刀以及其他类的单刃、双刃刀以及砍斧等。

(4)易燃易爆物品:易燃、助燃、可燃毒性压缩气体和液化气体、易燃液体、易燃固体、自燃物品、遇水燃烧物品、氧化性物质和有机过氧化物。

地铁违禁物品介绍
(枪支子弹、管制刀具类)

(5)毒害品。

(6)腐蚀性物品。

(7)放射性物品。

(8)传染病病原体。

(9)上述物品以外不能判明性质可能具有危险性的物品。

(10)国家法律、行政法规规定的其他禁止乘客携带的物品。

二、乘客进站服务

1. 引导进站

有乘客询问如何乘车或厅巡在巡视时发现有不明确乘车程序的乘客,应主动耐心地上前询问:"您好,请问有什么可以帮您的?"如乘客的问题当事员工不知道,应先回复:"对不起,请您稍等。"然后用对讲机询问车控室,再回答乘客。

2. 乘客携带大件行李进站

(1)将物品度量器摆放在进闸机明显的地方,有利于工作人员进行测量和乘客进行识别。

乘客携带超长物品进站的处理

(2)当乘客携带超长、超重的行李时,向乘客解释:"对不起,您所携带的物品超长(超重),请您改乘其他交通工具好吗?"

知识链接

乘客携带物品规定

《南京市轨道交通乘客守则(试行)》的第二条中明确规定:乘客携带的物品重量不得超过20kg,长、宽、高之和不得超过1.8m。列车拥挤时,携带行李物品的乘客应当听从轨道交通经营单位工作人员的安排,不得强行上车。

《武汉市城市轨道交通乘客守则》规定:禁止携带长度超过1.6m、重量超过20kg、体积超过$0.15m^3$或长、宽、高之和超过1.8m的物品。

《深圳市城市轨道交通运营管理办法》规定:乘客携带重量大于20kg且不超过30kg的物品,或者长宽高之和大于1.4m且不超过1.6m的物品乘车的,应当购买与该乘客车资等额的行李车票。携带重量超过30kg或者长宽高之和超过1.6m的物品禁止进站乘车。

3. 乘客携带气球进站

厅巡及时制止,并向乘客解释:"对不起,为了安全起见,您先把气球放了气再进站,好吗?"

4. 乘客进站时乱扔乱吐

(1)厅巡及时制止,并解释:"对不起,请不要在公共场所乱扔乱吐,下次请注意。"

(2)厅巡立即通知保洁进行清扫,不得影响车站的环境美观。

5. 乘客持危险物品进站

厅巡应及时制止,对乘客说:"乘客,您好。为了您和他人的安全,请勿携带危险品进站乘车。"

6. 在站厅、出入口电扶梯处看到老、弱、病、残等需要提供帮助的乘客

厅巡应及时给予提醒:"乘客,您好,为安全起见,请您从楼梯(升降电梯)行走,好吗?"若耐心劝阻乘客仍不配合,可向车控室报告,征得乘客同意,陪同乘客走楼梯(升降电梯)。

知识链接

武汉地铁乘客须知

一、乘坐轨道交通的乘客,应讲究文明礼貌,自觉遵守维护乘坐轨道交通的秩序。

二、乘客应持有效车票进站乘车。无车票或持无效车票乘车以及拒绝票务人员验票的,按武汉市相关条例处理。

三、每位乘客可免费携带1名身高1.2m以下的儿童乘车,超过一名的应按超过人数购票;乘客携带的物品,总重量、长度、体积分别不得超过20kg、1.6m和$0.15m^3$。

四、乘客须经检票后有序地进入站台,在黄色安全线以内候车;候车和上下车时不要互相拥挤;严禁在站台边缘与安全线之间行走、坐卧、放置物品。

113

五、乘客应在列车停稳后先下后上,依次登车;当列车关门提示警铃鸣响时,停止上下车;车门开启、关闭时,不得触摸车门;不得手扶车门或挤靠车门。

六、列车到达终点站后乘客应全部下车,不要在车厢或车站内长时间逗留。

七、乘自动扶梯时,应握紧扶手、靠右站稳,不要多人挤站在同一级扶梯或在扶梯上打闹、奔跑。

八、衣履不整者,不得进站乘车;身高1.2m以下的儿童、酗酒者、精神病患者、智障、行动不便者等进站乘车须有健康成人陪同。

九、乘客须自觉维护车站和列车整洁,爱护公共财物,维护公共秩序,在轨道交通车站或列车上,不得有以下行为:

(一)吸烟、随地吐痰、便溺、吐口香糖,乱扔果皮纸屑等杂物;

(二)卖艺、乞讨、躺卧、踩踏座椅;

(三)涂写、刻画、张贴;

(四)擅自销售物品;

(五)高声喧哗、娱乐、追逐打闹、滋事斗殴;

(六)在车站出入口逗留、阻塞行人通道;

(七)其他违反公共场所管理规定的行为。

十、严禁携带易燃、易爆、有毒、有放射性、腐蚀性等危险品和可能危及行车、人身安全的其他物品进站乘车;不得携带禽畜、宠物或易污损、无包装易碎、尖锐的物品。

十一、严禁攀爬、跨越或钻越围墙、围栏、闸机等。

十二、严禁跳下站台,进入轨道、区间及其他具有警示标志的区域。

十三、严禁在非紧急状态下动用紧急或安全装置;不得擅自操作有警示标志的按钮、开关装置。

十四、乘客应当正确使用车站内的自动扶梯等有关设施、设备;严禁损坏或擅自移动轨道交通设施。

十五、发生紧急情况时,乘客应保持冷静,听从轨道交通工作人员的指挥,不得擅自打开车门和强行下车。

十六、乘客应服从轨道交通工作人员的管理。发生纠纷时,可向轨道交通管理部门或上级行政主管部门反映,但不得影响轨道交通工作人员的管理和轨道交通的正常运行。

三、"答客问"标准用语

(1)车站如何报警?

请找地铁公安或拨打110。

(2)使用过期的车票是否算无效车票?

是的。

(3)如果地铁故障,能不能退票?

可以。

(4)一个大人可带多少个小孩免费乘车?

一名成年人可以免费带1名身高不足1.2m的儿童乘车。携带超过1名儿童的,应按超过的人数购票。

(5)为什么不可携带气球乘车?

气球飘进站台轨行区,可能会对地铁接触网造成影响;气球内充装的多是氢气,若把气球带进车厢,车内乘客众多,万一拥挤碰撞的话,极易发生爆炸,非常危险;万一氢气球在站台内"飞"了,乘客抓气球时易发生意外。

(6)如果乘了相反方向的地铁该怎么办?

不要着急,在下一站下车,然后搭乘正确方向的列车。

(7)为什么不能携带家禽、宠物等进站乘车?

轨道交通作为公共客运形式之一,相对于其他公共客运形式而言,客流量更为庞大,客流交替更为频繁,因此对公共卫生和公共安全的要求更高。家禽、宠物禁止携带上车,是因为它们极易对公众乘车环境造成污损,并有可能成为某些疾病的传染源。

(8)请问车站哪里可以打电话?

车站有公共电话亭,请走这边(标准指引手势指向公用电话处)。

(9)我能在哪里吸烟(车站内)?

对不起,轨道交通车站及列车内禁止吸烟。

(10)为什么不能在地铁站内拍照?

地铁作为地下公共场所,工作人员对乘客个人的拍照、录像行为和借拍照、录像行为寻找目标企图危害地铁运营及乘客生命安全的行为无法甄别,为了保障乘客安全及地铁的正常运营,禁止乘客私自在车站内拍照、录像。

地铁车站是为乘客提供进入地铁系统、候车、乘降、疏散的公共场所,每天聚集和疏散大量人流,为了保障乘客的安全通行,禁止乘客在车站内长时间停留或拍照,避免拥堵。

如果要拍广告、设备资料请先联系公司宣传部。

(11)请问可以用升降电梯吗?

车站升降电梯为无障碍电梯,老人或残疾人可以优先使用升降电梯。

(12)地铁装修是否都采用防火材料?

是的。不过为了更大程度地保障乘客安全,车站及列车都配有一定数量的灭火器。

 案例解析

案例一:保安未按时开站门导致乘客未能赶上头班车事件

1.事件概述

某日早上6点,乘客到A站乘车,因为保安迟到未开站门(当日A站开门时间应为06:00),导致乘客未能搭乘首班车。

2.事件分析

(1)保安迟到,未在规定时间前打开站门,是此次事件的直接原因。

(2)客运部门平时未严格监督,导致保安自由散漫、无纪律性,是此次事件的根本原因。

3.经验教训

(1)客运部门要督促物业公司加强对保安的管理和监督,增强保安的组织性、纪律性,要求保安严格执行车站相关制度。

(2)车站工作人员应加强对保安的现场监督,加大考核力度。同时,值班站长应加强早间巡视,督促保安人员按时开门。

案例二:超长物品进站事件

1. 事件概述

某日12:30,乘客从A站携带长约2m的直筒状物品经过安检处,安检人员对乘客未进行阻拦。此时,准备接班的护卫经过站厅时看到,对乘客携带物品进行了询问,告知其物品不能携带,但未及时进行阻拦,也未通知工作人员。乘客到达B站换乘时被工作人员拦下,表示其携带的物品超长,乘客与工作人员理论,工作人员执意拒绝其继续乘车,乘客无奈离站。因前后车站执行标准不一致,乘客投诉。

2. 事件分析

(1)安检人员未能意识到乘客不能携带超长物品乘车。护卫在劝阻无效的情况下,也未及时上报车站工作人员。

(2)厅巡岗巡视不到位,行车值班员对CCTV监控不到位,均未发现乘客携带超长物品进站乘车。

(3)B站工作人员处理该事件不够灵活,导致乘客投诉。

3. 经验教训

(1)车站应严格落实班前会制度,加强委外人员(安检、护卫、保洁)培训及管理,督促所有岗位严格按照《轨道交通管理条例》《乘客守则》的相关规定执行。

(2)行车值班员应加强监控,发现违规现象及时进行广播并通知值班站长,充分发挥岗位联动的作用。厅巡岗应严格落实安全巡视制度,发现问题及时解决。

(3)如乘客已乘车,目的地站员工应积极做好解释工作,灵活处理。

案例三:乘客携带宠物强行进站事件

1. 事件概述

某日18:20,乘客一行3人携带装有2只小鸟的鸟笼,不顾护卫及值班站长的劝阻强行进闸。在与工作人员的推挤过程中,鸟笼卡条松脱,小鸟飞走。乘客借此发挥,堵住闸机通道,阻碍乘客通行,造成非付费区通道严重滞行。在警察到达现场后,该乘客依然不听劝阻,多次用力拉扯值班站长,先后拉断其随身携带的扩音器耳麦线、撕坏其制服衣领、扯脱衬衣纽扣,并还多次抓挠其颈部,造成多处破皮渗血、红肿。其他增援警察和站区长到达现场后,乘客一度躺倒在地上大喊大

乘客携带宠物进站与工作人员发生冲突事件

叫,完全不配合警方工作,一直僵持至运营结束,期间车站对乘客同行的老人和小孩主动提供饮食和照料。该事件对车站运营秩序造成了较大影响。

2. 事件分析

(1)整个事件处理过程中,工作人员在乘客无理取闹甚至对自己进行肢体攻击时,能克制冷静,以礼相待,坚持乘客至上的原则,打不还手,骂不还口,体现了地铁员工良好的职业

素养。

(2)在乘客与车站及警方情绪非常对立的情况下,工作人员能冷静、客观处置,对事不对人,及时关爱其同行的老人和小孩,体现了工作人员服务的人性化。

(3)工作人员处理问题的能力仍有待提高,不能因个别服务事件影响车站整体运营。

3. 经验教训

(1)工作人员在与乘客交流过程中,注意通过观察乘客的神态、语气及肢体语言等,采取相应的沟通方式,禁用服务忌语,不受乘客负面情绪影响,保持适中的语调、平和的态度。

(2)工作人员应学会换位思考,灵活、智慧地处理服务纠纷,避免采用硬碰硬的方法,以防矛盾激化或造成次生纠纷,可使用易人易地的方法,也可以给乘客提合理化建议,引导乘客采纳。

(3)行车值班员要及时调整监控探头的角度与焦距,以便全面、清楚地记录事发现场情况。若条件具备,现场工作人员可用相机或手机进行录像,为后期处理提供影音支持。

案例四:乘客不配合安检造成投诉事件

1. 事件概述

某日18:00,乘客在A站时,不愿将物品放入安检机,只同意开包检查。被安检人员拒绝后,乘客情绪激动,与安检人员发生口角,随后坐在地面不肯离去。护卫及协警上前询问情况时,被乘客误认为是其他安检人员,乘客未予理会。值班站长到达现场后,主观认为乘客精神状态有问题,仅站在旁边关注乘客动向。在乘客询问投诉电话时,值班站长敷衍乘客,告知其错误号码,导致乘客多次拨打产生费用,乘客不满情绪升级,拨打110报警。

2. 事件分析

(1)值班站长作为车站的负责人,缺乏应有的担当,发现问题后未能主动处理和解决。

(2)值班站长主观臆测乘客精神有问题,未对乘客进行安抚和关怀;乘客询问投诉电话时,值班站长故意告知错误号码,缺乏处理问题的能力。

3. 经验教训

(1)客运部门应加强员工服务技巧培训,提高护卫、保洁、安检人员处理纠纷的能力,培养员工主动换位思考的能力,提高员工服务意识。

(2)客运部门应强化值班站长的管理能力和责任意识,有针对性地提高值班站长化解纠纷的能力。

(3)车站员工在回答乘客问询时,应阐述事实,不能敷衍、欺骗乘客。

 任务实施

1. 下发任务单,明确任务内容,学生课前按要求完成预习任务。
2. 教师先对重点知识和难点知识进行介绍,学生分组准备任务。
3. 在实训教室完成各典型任务情景模拟演练。
4. 选取具有代表性的情景模拟演练进行点评,各组自行总结完成该任务的经验和收获。
5. 教师和各组长承担本次任务的评价工作,评判同学们的任务完成情况。

任务3 乘客购票服务

 任务描述

当乘客进入站厅后,城市轨道交通车站服务人员应根据乘客的不同需求提供不同的服务。持有储值票或一卡通的乘客可引导其至闸机处刷卡进闸;若乘客储值卡需要充值则应引导其到客服中心或自动充值机充值;若乘客需购买单程票则引导其至自动售票机购买单程票。各岗位应严格执行岗位要求及作业标准,全心全意为乘客提供优质的服务。

 任务单

1. 遇到乘客在自动售票机(TVM)前徘徊如何处理。
2. 遇到乘客手持一元纸币欲在自动售票机购票如何处理。
3. 若有乘客购票插队如何处理。
4. 若有乘客拍打自动售票机如何处理。
5. 若有乘客发生争执吵架如何处理。
6. 若有乘客充值使用假币如何处理。
7. 若乘客充值后提出票款有误如何处理。

乘客吵架的处理

 知识准备

一、购票服务岗位要求

乘客购票环节中涉及的岗位服务人员主要有厅巡岗和售票岗。

1. 厅巡岗购票引导一次作业程序(见表4-2)

厅巡岗购票引导严格执行"一察、二导、三处理"的一次作业程序。

厅巡岗购票引导一次作业程序　　　　表4-2

一察	注意观察乘客动态,及时引导乘客排队购票,发现不会购票的乘客给予帮助
二导	引导乘客购票,购票完毕后为乘客指明进闸方向
三处理	出现卡币或卡票等情况时及时通知值班站长,必要时办理行政处理

乘客在利用自动售票机购买单程票时,遇自动售票机卡票、卡币或找零不足,最容易引起乘客的不满。此时,应特别注意礼貌。首先,耐心地听乘客解释事情的过程。其次,要冷静地处理,以解决问题使乘客满意为基本目的。

2. 厅巡岗服务技巧

(1)厅巡岗要多看、多巡、多引导:多看有无异常情况,看有无需要帮助的情况和需要处理的设备故障;多巡即多走动,巡视了解站厅客流情况;多引导乘客到临时兑零点、银行和乘客较少的一端购票乘车。

(2)如果受到乘客的责骂,坚持在保护自己的同时,做到"打不还手、骂不还口",要礼貌并诚恳地向乘客解释。

(3)高峰期厅巡岗工作人员应统一佩戴手提广播上岗,在引导时声音不宜太小,吐词清晰,积极主动,不得拿广播对着乘客喊话。

(4)上岗前到客运值班员处借5个硬币,当自动售票机不接收纸币时,就可以马上换给乘客硬币,以加快售票速度,减少排队的现象。

(5)厅巡岗要及时提醒车控室查看设备中的钱箱、票筒情况,以便在乘客较少时及时更换。

(6)当乘客排长队时,要及时请示值班站长进入票亭帮忙。乘客较少时及时退出票亭并告知车控室。

(7)引导车票有问题的乘客到乘客较少的一端统一办理。

(8)厅巡岗能解决的问题要及时、果断处理,以免值班员以上人员出来使事件处理时间拖长。

3. 售票岗岗位职责

(1)负责票务处(客服中心)当班的售票工作。

(2)保管当班票务处(客服中心)相关备品、报表、单据、现金、票务钥匙、并负责其安全。

(3)完成相应票务报表的填写。

4. 售票岗售票充值一次作业程序(见表4-3)

售票员在售票充值时严格执行"一收、二验、三售找、四清"的程序。

售票岗售票充值一次作业程序　　　　　　　　　　表4-3

步骤	程序	内容
1	收	收取乘客票款,除银行规定不能收的钱币不收外,其他都应按规定收取。严禁拒收旧钞、零币、分币的行为。收取的票款不应直接放进钱箱
2	验	采取"一看"、"二摸"、"三听"、"四测"(用验钞机测)的程序验明真伪后放于桌面。若判断为假币,委婉的请乘客换一张
3	售找	出售票卡并找零,必须一次完成。操作同时让乘客查看显示屏上信息,一次完成售票;按照操作步骤发售单程票,发售前执行二次分析制度。发售储值票时应向乘客说明押金金额,并提示其阅读"储值票使用须知"。储值票充值时做到"二次确认":先请乘客确认余额和需充值金额,充值后再次提醒乘客确认充值金额。确认时唱出读数,需要找零时,必须严格执行"找零一次完成"的作业要求,将大小面额找零和票卡一起交给乘客并进行唱找。严禁强找零币、旧币
4	清	待乘客离开窗口后,方可把桌面钞票放进电子钱箱

5. 售票岗位作业程序及标准

1)班前

(1)了解当天工作注意事项和票务、服务通知后,到点钞室领票,并预计车票、备用金、报表等数量是否足够。

(2)首班客车到站前12min到票务处(客服中心),做好开窗准备:

①检查对讲设备、乘客求助按钮能否正常使用;

②检查票务设备、备品的状态、数量(如验钞机、分钞盒、发票等);

③检查票务处(客服中心)卫生、票务处(客服中心)外栏杆、立柱的摆设;

④检查票务处(客服中心)内有无来历不明的现金、车票;

⑤如有问题马上报值班站长或值班员;

⑥检查、填写"售票处交接班本"。

(3)开窗售票。

2)班中

(1)工作中应注意:

①保持票务处(客服中心)的整洁,票证、报表、钱袋摆放整齐;

②当报表、硬币、车票将不够时,提前报客运值班员;

③锁好门,不能让非当班人员随意进出;

④严格按售票作业程序工作,特别在出售、加值储值票/一卡通车票时要让乘客确认;

⑤发现站厅异常情况(如乘客携带"三品",乘客纠纷,老、病、伤、残等特殊乘客进闸等)及时通报相关岗位或车控室。

(2)交班程序:

①退出 BOM(半自动售票)系统,报告车控室;

②将抽屉里的钱和车票整理放入票盒子;

③将硬币清理好装回硬币袋;

④将本班验钞机关掉并拿走;

⑤拿走本班的钱袋;

⑥填写"票务处交接班本";

⑦回 AFC 点钞室结账。

(3)接班:

①登记进入 BOM 系统;

②摆放好车票;

③叠放好一盘硬币,将备用金放入抽屉;

④将本班验钞机投入使用。

(4)最后一趟载客列车到站前 3min(有的地铁为 5min)停止兑零、售票。

(5)清站后,摆好"服务停止"牌,并搞好票务处(客服中心)卫生,整理好票务处(客服中心)内务。

(6)退出 BOM 系统。

3)班后

(1)到点钞室结账。

(2)结账完毕到值班站长处报到,在"当班情况登记本"上签名。

知识链接

自动售票机购票服务

一、卡币卡票处理

可仔细检查自动售票机(TVM)投币口或乘客显示屏,看投币口是否有硬币或纸币卡住,乘客显示屏是否显示相应的故障代码。如果发现此类情况,则由售票员应填写相应的乘客事务处理单据,免费给乘客发售相应面值的车票及退还剩余现金,并报修;如果没有发现投币口有硬币或纸币卡住,乘客显示屏也没有显示相应的故障代码,应按规定打开 TVM 维修门,查看最近的交易记录,根据具体情况进行处理。

1. TVM 显示正常

车站人员询问乘客购票情况,如购票设备号、投币金额、购买车票种类、面额、数量和得到车票数量。

由车站值班员或以上级别人员与另一车站员工共同打开 TVM 维修门,查看最近 10 条交易记录,并根据查询情况进行处理。

若交易记录与乘客反映相符,则按规定办理乘客事务处理单,若为少出票则在 BOM 上免费发售等值车票,若为找零不足则退还相应款项。

若交易记录反映已发售车票给乘客且找零正确,则检查 TVM 部件内是否遗留硬币,有遗留硬币时清点后还给乘客;没有则向乘客解释说明。

2. TVM 显示暂停服务

通知 AFC 驻站维修人员。

若 AFC 驻站维修人员在本站,在车站值班员或以上级别人员陪同下由 AFC 维修人员检查故障。若维修人员确认乘客反映相符,车站则按规定办理乘客事务处理单,若为少出票则在 BOM 上免费发售等值车票,若为找零不足则退还相应款项;若维修人员确认设备已发售车票给乘客且找零正确,车站人员则向乘客解释说明。

若 AFC 驻站维修人员不在本站:由车站人员询问乘客购票情况,如购票设备号、投币金额、购买车票种类、面额、数量和得到车票数量;由车站值班员或以上级别人员与另一车站员工共同打开 TVM 维修门,查看最近 10 条交易记录,并根据查询情况进行处理:若交易记录与乘客反映相符,则按规定办理乘客事务处理单,若为少出票则在计算机 BOM 系统上免费发售等值车票,若为找零不足则退还相应款项;若交易记录反映已发售车票给乘客且找零正确,则检查 TVM 部件内是否遗留硬币,有遗留硬币时清点后还给乘客,没有则向乘客解释说明。待 AFC 驻站维修人员到达车站后排除该台 TVM 故障。

二、主动指引乘客,耐心指导

告知乘客在购买单程票时,可以用 5 元、10 元纸币(有些地铁还可用 20 元纸币)或 1 元(或 5 角)硬币直接在自动售票机上购票,如无零钱,请乘客先在客服中心兑零,然后到自动售票机处购买,如果乘客需要买储值票,可直接在客服中心购买。

三、示范购票

如乘客不会使用 TVM,员工应主动带乘客到 TVM 前,详细示范给乘客看,帮其购买车票,并指引其入闸。

TVM 为乘客提供 3 种购票方式,所有的操作在风格和细节上保持最大的一致性,避免因方式不同而让乘客产生使用障碍。

TVM 购票引导服务

购票步骤:

第一步:选择购票方式确定目的地。

(1)浏览地图购票。通过地图选择目的地。乘客在主界面点击地图区域,地图区域放大,此时乘客可以点击站点,或通过位移按钮调整显示区域并选择站点。

(2)按线路别购票。对于熟悉地铁线路的乘客,可用按线路购票的方式。这种方式向乘客显示独立的线路供其选择,使得用户能够快速选择目的站点。

(3)按票价购票。这种方式适应于乘坐固定区域段的乘客,他们已经熟悉每日所乘坐的地铁票价,并有相对固定的目的站点,这种购票方式能使乘客对操作面板的点击次数可能下降到1次,从而为他们提供更为快速的购票服务。

方法是在待购票界面直接选择单程票票价,TVM直接显示票价所对应的站点列表。

第二步:选择车票购买数量(2张以上情况)。选择目的地站点后,购票信息窗口将显示所到目的站点的名称、票价、数量(默认为1张)、应付金额和提示信息,用户此时如需要修改购票数量,可直接点击购买票数量按钮。如果只买1张,这个步骤可以省略。

第三步:乘客投入购票款,可根据设备状态显示器的提示,选择付款方式,如硬币、纸币、硬、纸币混合等。购票信息窗口实时显示乘客投入的购票款金额。当有现金投入后,选择车票数量按钮、票价按钮、线路按钮和地图按钮均无效;当投入了足够购票款后,TVM将自动完成出票,并计算找零。

第四步:发售车票。如果投币的金额充分,TVM自动发售车票,此时乘客等待车票发售完毕。

第五步:找零(有足够的零钱的情况)。出票完成之后,TVM弹出提示框,提醒乘客取票和取找零,并结束购票流程,操作面板显示待购票界面,系统等待下一个乘客的操作。

若乘客在未投足购票款时要取消购票,则可在购票信息窗点击取消按钮,TVM返还乘客投入的所有购票款。

告知乘客注意:单程票本站当日进站有效,请勿弯曲、折叠、污损车票。

二、乘客购票服务

1. 当乘客询问如何购票时

厅巡岗应主动指引乘客,耐心指导:"如果您需要够买单程票,可以用5元、10元纸币或1元硬币直接在自动售票机上购票,如无零钱,请您先在客服中心兑零,然后到自动售票机处购买,如果您需要买储值票,可直接在客服中心购买。"部分城市轨道交通车站客服中心也可出售单程票。

如乘客不会使用TVM,员工应主动带乘客到TVM前,详细示范给乘客看,帮其购买车票,并指引其入闸。

出售单程票一次作业程序

2. 办理充值业务流程(见表4-4)

办理充值业务流程 表4-4

序号	服务情景	服务用语	服务举止、要求
1	乘客到客服中心前	"乘客,您好"	面向乘客微笑
2	乘客同意充值	"请问您充多少钱"	

续上表

序号	服务情景	服务用语	服务举止、要求
3	收乘客钱币	"收您××元"	
4	分析车票	"请确认您的余值××元"	手指引乘客看显示器
5	充值后分析	"请确认您的现值××元"	手指引乘客看显示器
6	给乘客车票和找赎	"这是您的车票,找××元,请点好"	钱票一起给乘客,双手递钱票

如设备故障,应礼貌解释:"对不起,因为设备故障暂时不能加值,请您到其他加值点加值。"

3. 收到残币或假币时

应委婉地对乘客说:"对不起,请您换一张钞票。"

4. 当乘客需要双程票等无法提供的服务时

应委婉地对乘客说:"对不起,目前我们没有这种服务(没有这种票出售)。"

5. 厅巡发现票亭前排长队,有乘客手持 5 元、10 元、20 元零钞时

厅巡应主动用手提广播向排队乘客宣传:"有 5 元、10 元、20 元零钞的乘客请到自动售票机处购买车票。"

6. 厅巡发现一端自动售票机前排长队,另一端自动售票机乘客较少时

厅巡应主动用手提广播向排队乘客宣传:"各位乘客,本站另一端自动售票机乘客较少,为了节省您的购票时间,请到另一端自动售票机购票。"

7. TVM/闸机需要更换票筒钱箱或故障维修时

厅巡应向乘客解释:"对不起,这台自动售票机/闸机暂停使用,请稍等。"或者说:"请使用其他自动售票机/闸机,谢谢。"

8. 客服中心出现缺币/缺零钱情况时

原则上客服中心不可出现缺币/缺零钱的情况,如遇硬币或零钱不足的情况,应向乘客耐心解释:"对不起,这里的硬币(零钱)刚好兑换完,请您稍等或到另一个客服中心(如车站有多个客服中心)兑换。"并立即通知客运值班员增配硬币。

9. 特殊情况下可出售纸票

(1)车站 TVM、BOM 全部故障或停电导致车站无法出售 IC 卡单程票,可由站长决定售卖纸票。

(2)在经车务部对全线预制票进行合理调配后,且预制票将售完的情况下,乘客经车站员工引导后,TVM 能力仍不足时,可由站长根据客流情况决定售卖纸票。

(3)大客流情况下票务系统无法应付或其他特殊情况下,车务部票务主管或以上级别领导可决定售卖纸票。

(4)以上情况得到缓解或部分设备恢复正常后,车站即刻停止售卖纸票的工作,恢复正常运营。

三、"答客问"标准用语

(1)请问×号线全程票价多少钱?

根据实际情况回答。

(2)请问地铁最高票价多少钱?

根据实际情况回答。

(3)请问轨道交通的团体单程票使用规定是什么?

购买(以武汉地铁为例):30人以上(含)团体可到各车站办理团体票的出售业务。使用:团体票在出售后不予退换,只能在购票站进站乘车,只能乘坐一个车程,且当天有效。

(4)轨道交通的单程票、地铁储值票、免费票的有效期是多久?

以武汉地铁为例,单程票发售当站、当日有效;地铁储值票、免费票有效期为500天。

(5)普通储值票损坏如何处理?

储值票如果损坏,请持票到车站客服中心办理。处理时乘客需填写"非即时退款申请单",并于5个工作日后再到车站办理退款。

(6)轨道交通票价的优惠规定有哪些?

以武汉地铁为例:现役军人、革命伤残军人、伤残人民警察凭有效证件免费乘车;盲人和下肢残疾人持武汉市下肢残疾人、盲人免费乘坐车船卡免费乘车;65岁及以上老年人持武汉老年人优待证,享受免费乘车优惠[其中,武汉通老年卡免费乘坐公共交通(含公交、轮渡、轨道交通等)合计限730次/年;730次/年用完后,继续使用该卡乘坐轨道交通时须持卡充值,相关规定及要求参照武汉通普通卡办理,享受9折扣值优惠]。自2013年9月1日起,学生持武汉通学生卡享受7折扣值优惠;地铁普通储值票和武汉通卡享受9折扣值优惠;一名成年乘客可以免费携带一名身高1.2m及以下的儿童乘车。

(7)轨道交通关于残疾人免费乘坐轨道交通有什么规定?

以武汉地铁为例:票务政策有明确的规定:盲人和下肢残疾人持本人武汉市下肢残疾人、盲人免费乘坐车船卡免费乘车。同时,根据残联的相关规定,武汉市的盲人、下肢残疾人免费乘车时必须使用盲人、下肢残疾人免费乘坐车船卡,武汉市的残疾人使用《中华人民共和国残疾人证》或《中华人民共共和国残疾人证》不予免费(证件年审期间除外)。其他省市盲人、下肢残疾人可持本人的编号倒数第2位为1、4、7的《中华人民共共和国残疾人证》免费乘车。

(8)现役军人的有效证件有哪些?

现役军人居民身份证、人民武装警察居民身份证、中国人民解放军军官证、中国人民解放军文职干部证、中国人民解放军士兵证、中国人民解放军院校学员证(不含无军籍的地方委培生)、中国人民武装警察部队警官证、中国人民武装警察部队文职干部证、中国人民武装警察部队士兵证、中国人民武装警察部队院校学员证(不含无军籍的地方委培生)。

以上证件中过期的或退休军人证,不是现役军人免费乘车的有效证件。

(9)轨道交通车票超时乘车是如何规定的?

(以武汉地铁为例)乘客每次乘车从入闸到出闸时限为180min。超过180min,须按最高单程票价补交超时车费。其中,武汉通老年票卡内无余次的,处理方式同上;有余次的,扣除1次。

(10)车票丢失了怎么办?

如果您在进闸前(非付费区内)遗失车票,建议您重新购买1张车票。如果您进闸后(付费区内)遗失车票或无票,须按最高单程票价补交车费后出闸。

(11)请问车票如何充值?

请持车票到客服中心办理或到自动充值机充值。

(12)请问购买地铁车票能使用外币吗?

对不起,目前购买地铁车票只接受人民币。
(13)请问能用信用卡购票吗?
对不起,现在地铁还没有开通这个业务。
(14)请问车票到哪里拿发票?
请您到客服中心索取发票。
(15)请问多买的单程票可退票吗?
对不起,按照票务规定不可以给您退票。
(16)请问储值票可退票吗?
可以,您可到客服中心退票。
(17)如何查看车票使用纪录?
请您到客服中心或者在验票机上查询。
(18)请问如果我的车票内余值不够一程车费,怎么办?
请你到车站客服中心充值后,再乘车。
(19)请问买车票时为什么有的硬币售票机接收,有的不接收?
因为硬币有磨损,磨损多了售票机就不接收了。

案例解析

案例一:服务态度差顶撞乘客

1. 事件概述

乘客18:15时在A站,询问售票员是否可办理一卡通充值,该员工头也不抬且不予理睬,当乘客第四次询问时,其服务态度十分恶劣并大声对乘客说:"等一下可不可以?我不怕你投诉"。并冲出客服中心与乘客争执。

2. 事件分析

(1)票务员服务意识淡薄,回答乘客问询没有按要求使用文明礼貌用语;欠缺服务技巧,在乘客不满后没有耐心向乘客解释,而是视而不见、避而不答,值班站长向其了解事情经过时,该员工在乘客面前争辩事情对错,情绪激动,给解释工作增加了难度,对此事负主要责任。

(2)当班值班站长没做好各岗位巡查监控,负直接管理责任。

(3)站长没做好车站服务管理工作,对此事负管理责任。

3. 经验教训

(1)组织召开部级分析会,深刻剖析该投诉事件发生的原因,并举一反三,查找不足。相关当事人和各级管理人员做出深刻反省和检讨。

(2)各站通过交班会等多种形式对此投诉进行分析讨论,教育员工要牢固树立"乘客为先"的服务意识,坚持"乘客永远是对的"服务理念;保持积极的服务心态;以让乘客满意为最终目标,主动做好乘客解释工作;以此为戒,杜绝类似事件发生。

(3)各站组织车站加强对员工日常服务技巧的培训,切实有效地开展服务情景对话演练,真正使员工将服务工作技巧融合到日常工作中去,融会贯通,学以致用。

(4)各站要进一步落实层级管理、责任制度,提高班组长的管理水平和岗位责任心。站长/值班站长要增强服务工作预见性,班前、班中针对各岗位的服务关键点对员工做出提醒,班后对员工的服务工作做出客观的点评,出现乘客事务时要及时赶到现场做出妥善处理。

案例二:拒绝帮助乘客购票事件

1. 事件概述

某日,乘客在 A 站购票乘车,由于 5 元纸币多次被退出,遂向客服中心工作人员求助。该工作人员因业务未办理完,于是口头告知乘客如何购票,但是两名乘客强行要求工作人员为其亲自购票,且言辞激烈。该工作人员未能控制住脾气,与乘客针锋相对,甚至冲出客服中心与乘客发生激烈冲突。随后值班站长赶到现场,劝开双方。

乘客与工作人员冲突事件

2. 事件分析

(1) 自动售票机出现问题,导致 5 元纸币被多次退出,给乘客购票带来麻烦。

(2) 工作人员未能对乘客的求助提供及时、有效的帮助,而是以工作忙来推脱,使得乘客情绪激动。

(3) 当乘客情绪激动时,该工作人员非但不安抚乘客情绪,还出言相讥,导致纠纷发生。

(4) 值班站长和其余工作人员,未能及时发现和赶赴现场,使得冲突扩大化。

3. 经验教训

(1) 客运值班员要加强对自动售检票机的巡查工作,做到及时发现问题,及时上报,跟进解决。

(2) 客运部门要加大站务人员培训力度,着重提高站务人员素质,同时要加强监督,加大考核力度。

(3) 员工也要加强服务意识,时刻以"乘客至上、服务为本"的原则为乘客提供优质服务,做到不急不躁、不焦不怒。

(4) 行车值班员要加强对站内情况的监视,发现问题及时汇报。同时,值班站长和巡视人员发现冲突后,应第一时间赶往现场协助解决避免事态扩大化。

案例三:未及时补币导致自动售票机不找零事件

1. 事件概述

某日,1 名乘客到 A 站 B 出入口购买单程票,由于自动售票机零币不足,不能找零,导致该乘客只能购买 1 张 5 元车票。车站录像显示,当时工作人员在 C 出入口补币,还未到达 B 出入口,这期间 B 出入口的自动售票机陆续出现零币不足的情况,导致乘客购票时不找零。

2. 事件分析

(1) 行车值班员缺乏服务意识,当设备报警显示"不设找零"时,没有及时根据设备情况合理安排补币工作,也未及时通知值班站长安排员工对乘客进行解释和引导。

(2) 客运值班员在补币过程中,对设备情况关注不够,而是按照一贯的顺序对设备进行补币。

(3) 站厅人员未按要求巡视或在巡视中未能及时发现问题。在设备无法找零的情况下,未引导乘客到其他自动售票机购票或向乘客做好解释工作。

3. 经验教训

(1)值班站长在日常工作中应根据当天客流情况合理安排各项工作,全面细致地考虑问题。

(2)行车值班员要加强对设备的监控,发现问题及时上报值班站长或安排人员处理。客运值班员要加强对自动售票机的巡查工作,做到及时发现问题、解决问题。

(3)车站员工应提高服务意识,以"乘客至上、服务为本"的原则为乘客提供优质服务。

案例四:乘客出站后索要充值发票事件

1. 事件概述

某日10:20左右,一名乘客持一卡通向A站客服中心索要发票。工作人员向其解释:只有充值的时候才能领取发票。乘客听完后拨打服务热线投诉,并一直在客服中心旁向其他充值乘客索要发票。稍后,值班站长到站厅了解情况,乘客表示自己在其他车站充值时没拿发票,希望现在车站提供发票。值班站长向其解释公司规定时,乘客情绪激动,不断质问:"规定在哪里,贴出来没有?"值班站长解释:"这是常识,像不需要在公共场合张贴'请勿随地大小便'是一个道理。"最终值班站长满足乘客需求,向其提供了发票。但乘客表示自己前后拨打了几次服务热线,要车站报销话费,值班站长表示车站无法负责。

2. 事件分析

(1)在该事件处理过程中,值班站长做法欠妥。在乘客情绪激动时,给出了不妥的比喻,会使乘客觉得受到了工作人员的侮辱。

(2)在乘客提出索要话费时,值班站长没有耐心解释,也没有通过其他方式安抚乘客,可能造成事件进一步升级。

3. 经验教训

(1)客运部门应加强员工服务标准、服务技巧、服务意识的培训,要求工作人员严格执行岗位作业标准。

(2)值班站长应灵活处理服务中遇到的问题,在遇到较难处理的服务纠纷时,控制好个人情绪,避免说出不合时宜的言语。

(3)车站员工应具有团队意识。当员工在工作中被乘客刁难受到委屈时,其他员工要及时帮助受委屈的同事调整好情绪,做到不带情绪上岗。

任务实施

1. 下发任务单,明确任务内容,学生课前按要求完成预习任务。
2. 教师先对重点知识和难点知识进行介绍,学生分组准备任务。
3. 在实训教室完成各典型任务情景模拟演练。
4. 选取具有代表性的情景模拟演练进行点评,各组自行总结完成该任务的经验和收获。
5. 教师和各组长承担本次任务的评价工作,评判同学们的任务完成情况。

任务4 乘客进闸服务

任务描述

乘客进闸时,需将单程票或储值票放置闸机验票区验票后闸门方可打开。常见的闸机有三辊闸和翼闸两种,翼闸开启状态较易识别,开启后直接入闸,三辊闸则需推杆转动方可入闸。在引导乘客进闸时,需做到"五心"服务——诚心、细心、热心、耐心、恒心。准确处理各种乘客无法正常进闸的情况,提供优质服务。

任务单

1. 遇见乘客携带小孩身高不足1.2m进闸如何服务。若小孩身高超过1.2m如何服务。
2. 乘客违规使用车票如何处理。
3. 乘客验票区验票后闸门无法打开如何处理。
4. 携带大件行李(轨道交通允许携带范围内)乘客进闸如何处理。
5. 乘客进闸饮食如何处理。

进闸时发现儿童超高事件

知识准备

一、进闸服务岗位要求

乘客进闸环节中涉及的岗位主要有厅巡岗闸机引导岗,当出现票卡异常导致无法正常进闸时,则需到客服中心找售票岗分析处理车票。

1. 厅巡岗闸机引导一次作业程序

厅巡岗在闸机处引导乘客进出闸时,严格执行"一迎、二导、三处理"的一次作业程序(见表4-5)。

闸机引导一次作业程序

厅巡岗闸机引导一次作业程序　　　　　　　　　　　表4-5

一迎	乘客进出站时,以站厅立岗站姿站在闸机一侧为乘客提供服务(不要正面对着乘客),目光关注乘客进出站动向
二导	引导乘客进出闸机,发现乘客车票无法使用时,及时解决乘客问题
三处理	对不能正常进出闸的票卡进行分析; 拾获车票要及时回收; 使用专用通道做到随开随关。对需凭证件出入的乘客,认真验证后放行。遇公司接待或团体票进出专用通道时,应站立在专用通道旁提供引导服务

2. 售票岗行政处理的一次作业程序

由于特殊原因导致乘客无法正常进出闸时,可指引乘客到客服中心找售票岗处理。售票岗行政处理的一次作业程序是"一问、二操、三确认"(见表4-6)。

售票岗行政处理的一次作业程序　　　　　表4-6

一问	耐心听取乘客讲述事情经过,并做相应分析处理
二操	确属于行政处理事务,立即通知值班站长到票务处(客服中心)确认; "BOM行政处理记录单"按要求填写完整并签字; 按照步骤操作并让乘客确认乘客显示屏信息,打印小单签字
三确认	将已经处理的票卡分析正常后交给乘客,需找零的唱出零钱金额,并让乘客确认

二、乘客进闸服务

1. 乘客进闸

对第一次使用车票进闸的乘客,特别是老年乘客,厅巡要协助他们使用车票,耐心告诉乘客:"请您右手持票,并将票放在验卡区上方,听到'嘀'的一声响后进站。入闸后请您保管好手中车票,出闸时仍需使用车票。"当乘客有摩擦车票等不恰当行为时,应予以纠正:"您把票放在验卡区上方10cm范围内就可以验票了,无须摩擦。"

2. 携带了大件行李而不便进闸的乘客

行李必须是轨道交通规定允许携带范围内的尺寸。

(1)若车站有宽通道翼闸,厅巡指引乘客使用宽通道翼闸进闸。

(2)若车站无宽通道翼闸,厅巡可以让乘客在进闸机上验票后空转转杆或让扇门自行开合一次(以防其他无票乘客通过该闸机通道进闸),为该乘客打开专用通道进站,并告诉乘客保管好车票。

3. 如何处理乘客持票进不了站

(1)发现乘客进不了站,如果显示为进出站代码错误,要求乘客到客服中心处理:"乘客,您好。您的车票需要到客服中心给工作人员处理一下。"

(2)发现持储值票的乘客进不了站,如果显示车票余值不够,对乘客说:"乘客,您好。您的车票余值不够,您可到客服中心(或自动充值机)充值或先到自动售票机买张单程票乘车。"

4. 乘客乘坐电梯

扶梯上乘客较多时,利用站厅广播向乘客宣传:"请右侧站稳,左侧通行!请站稳扶好,双脚站在同一梯级黄色安全线以内,握紧扶手,不要倚靠扶梯侧板!不要拥挤!注意安全!"对乘客加强引导。

5. 老年乘客坚持乘扶梯而拒绝走楼梯

(1)进闸后,劝老人走楼梯或在家人陪同下到站台,或由厅巡陪同老人一起下楼梯,送至站台。若需厅巡陪同,厅巡需先向车控制报告。

(2)利用广播宣传"老人乘坐扶梯请由家人陪同"。

6. 乘客进闸时正在饮食

厅巡应该马上制止,并向乘客解释:"为了保持车站及车厢的环境卫生,请勿在入闸后饮食,谢谢合作!"

三、"答客问"标准用语

(1)一张票能几个人一同使用吗？

对不起,不可以,1张票只能1人使用。

(2)学生使用学生储值票未带学生证如何处理?

如果在进闸前发现学生使用学生储值票未带学生证,则建议其先购买1张普通单程票再进闸;如果在出闸时发现学生使用学生储值票未带学生证,则必须补交全程最高票价出闸。

(3)车票刷闸机没反应怎么办?

您好,请不要着急。请您到客服中心去查询车票信息。

(4)我的储值卡在进站时坏了,怎么办?

您好,请您到客服中心办理,车站工作人员会为您办理相关手续。

(5)我刚刚刷卡了没有进去,闸门就关了,怎么办?

您好,您可以到客服中心去处理车票。

  案例解析

案例一:乘客与两名儿童共用一张车票进站事件

1. 事件概述

某日19:00左右,乘客携带2名儿童(其中1名身高超过1.2m)进站,站厅工作人员看到后上前询问。在确认乘客只购买1张车票后,向乘客解释,1名乘客只能携带1名身高未超过1.2m的儿童进站乘车。工作人员要求乘客补票,乘客说:"不就是3块钱的事儿么。"工作人员答:"这不是3块钱的事儿,您的行为已经构成逃票行为了。"乘客听后开始对工作人员恶语相向,并说:"你这是什么态度,我要投诉你。"工作人员被激怒,回乘客:"我按规定做事,你爱投诉就投诉。"

乘客与两名儿童共用一张车票

2. 事件分析

(1)工作人员在发现乘客违反票务政策行为后及时指出并阻止,是工作尽职的表现,值得肯定。

(2)但工作人员在劝阻乘客时,使用"逃票"这一用词激怒了乘客,是缺乏沟通技巧的表现。遇到此类问题,工作人员应在将规章制度理解透彻的基础上,有理有据、清晰明了地向乘客解释,注意语气及用词,委婉劝阻乘客,不能得理不饶人。

(3)当乘客情绪激动时,工作人员未能较好控制自己的情绪,被乘客激怒。在乘客提出要投诉后,工作人员应调整好自己情绪,与乘客及时沟通解决问题,不能任由投诉事件发生。

3. 经验教训

(1)这是一则典型的工作人员由主动变为被动的案例。工作人员在劝阻乘客的不当行为时,应避免据理力争,或用生硬的方式与乘客交流。

(2)工作人员在为乘客服务时应当时刻注意使用暖语、敬语和谦语,在任何情况下都不能使用冷语、撞语和辩语等服务忌语。

(3)工作人员要注意控制自身情绪,在矛盾产生的初期,就应及时耐心向乘客解释,取得乘客的谅解。

案例二：乘客闸机被误用事件

1. 事件概述

某日，乘客的母亲由于刷卡后被前面乘客将闸机误用，工作人员在宽闸引导时看到这一情况，将前面乘客的卡拿来递给老人，让老人用前面乘客的卡刷卡进闸。老人在刷卡时由于站在宽闸内引起宽闸报警，这时老人的儿子便情绪激动地问道："拿别人的卡刷什么"。工作人员解释说："刚才女乘客的卡没有刷上，我不拿别人的卡刷卡，婆婆怎么进闸呢？"乘客不听工作人员解释，一直堵在宽闸出口大喊大叫，工作人员站在一旁解释几句后便不再说话。

2. 事件分析

（1）乘客进站时闸机被误用，工作人员应当引导乘客前往客服中心进行票卡更新。工作人员为了快速解决问题，直接要求乘客使用前一位乘客的卡，并且未向乘客解释清楚，导致乘客不满。

（2）工作人员在为老年乘客服务时，未结合老年乘客的特点处理问题，仅仅将前一位乘客的卡拿来为该乘客刷卡，并无有效的解释，导致乘客并不明白工作人员的意图，是服务技巧不足的表现。

（3）面对情绪比较激动的乘客时，工作人员的沉默更能激怒乘客，在此类情况下，工作人员应稳定乘客情绪、消除误会。

3. 经验教训

（1）工作人员在为乘客处理问题时，要严格遵守公司相关规章制度，不应随意简化工作流程。

（2）加强工作人员服务意识培训，尤其要提高新员工的服务意识和处理纠纷事件的能力。

（3）当乘客产生不满情绪时，要积极主动用正确方式化解矛盾。

（4）工作人员之间可多交流，分享经验，吸取教训，共同提高。

 案例解析

案例三：乘客与工作人员冲突事件

1. 事件概述

某日09:46,1名男乘客于A站未购票，直接翻越闸机进入车站。站厅工作人员发现后，进行劝阻。乘客突然情绪激动，将手中的矿泉水瓶砸向工作人员头部。站台工作人员发现后，为防止人员跌落区间，即刻上前劝阻，将乘客拦腰抱住。该乘客张口咬住站台工作人员腹部，致其腹部当场出血不止。站台工作人员难忍伤口疼痛，用手中的对讲机打了乘客，致乘客受伤。待双方平复后，乘客自行离站。09:52该名乘客手持砖块返回车站，径直冲入站厅，敲打车站设施，并将手中砖块扔向工作人员，致使值班站长手部受伤后逃离车站，沿途打砸数台自动贩卖机。09:55该乘客再度折返，车站安保人员将其制服，在此过程中，又有1名工作人员被咬伤。简单处理伤势后，所有当事人员与乘客一起等待120及警方的到来。

2. 事件分析

（1）可取之处：在处理乘客纠纷过程中，A站工作人员能够及时敏锐发现乘客的违规乘车行为，并对其进行劝阻的做法值得肯定。

（2）不足之处：

①工作人员在遭遇乘客攻击而受伤后,未能保持冷静与克制,对闹事乘客的攻击行为予以回击并致乘客受伤。

②在事件发生初期,值班站长未能第一时间赶至现场,也未报警,调集各方力量控制事态发展。

3. 经验教训

(1)部门和车站需要加强对员工的情绪控制、应急处理等能力进行强化培训。

(2)值班站长应加强车站巡视,发现类似情况应迅速控制事态,不让其发展得更加严重。

(3)乘客纠纷事态失控后车站应第一时间报警,并上报部门解决,同时做好媒体应对工作。

 任务实施

1.下发任务单,明确任务内容,学生课前按要求完成预习任务。
2.教师先对重点知识和难点知识进行介绍,学生分组准备任务。
3.在实训教室完成各典型任务情景模拟演练。
4.选取具有代表性的情景模拟演练进行点评,各组自行总结完成该任务的经验和收获。
5.教师和各组长承担本次任务的评价工作,评判同学们的任务完成情况。

任务5 乘客候车服务

 任务描述

站台是乘客上下列车的场所,是车站的关键岗位之一,乘客在候车和上下车时容易产生混乱,特别是客流量大的时候,站台秩序更是不好控制。同时,由于站台上人来人往,乘客容易与列车、轨道接触而发生安全事故,因此站台服务要与安全紧密联系起来。

 任务单

1.如有乘客倚靠屏蔽门如何处理。
2.如有乘客在站台拍篮球如何处理。
3.如有乘客在站台边缘蹲姿候车如何处理。
4.如有乘客单程票掉入区间如何处理。
5.如有乘客手机掉入区间如何处理。
6.如候车乘客身体不适如何处理。
7.如遇候车乘客情绪低落掉眼泪如何服务。
8.如遇乘客擅自进入区间如何处理。

乘客倚靠屏蔽门与工作人员发生冲突

 知识准备

一、候车服务岗位要求

在乘客候车服务环节主要涉及的岗位是站台岗。

1. 站台岗岗位职责

(1) 执行相关规章制度，做到有令必行，有禁必止。

(2) 注意站台乘客的候车动态。在没有设置屏蔽门的站台应提示乘客站在黄色安全线内候车，及时提醒特殊乘客注意安全(如对不便乘坐扶梯的乘客应提醒其走楼梯等)，提醒乘客不要倚靠屏蔽门等。

(3) 车门(或屏蔽门)关门时，确认其运作情况，发现车门(或屏蔽门)未关闭好时第一时间通知司机，并及时汇报车控室，负责处理故障门或屏蔽门。

(4) 帮助乘客，回答乘客问询。

(5) 特别注意帮助老、弱、病、残、孕等有困难乘客上下车。

(6) 负责站台设备的安全。

站台岗岗位职责

2. 站台岗接送列车的一次作业程序(见表4-7)

站台岗接送列车严格执行"一立、二迎、三接、四送"的一次作业程序。

站台岗接送列车的一次作业程序　　　　　　　　　　　　　　　　　表4-7

一立	当站台人员听到列车预告广播时，立即站在距黄线边缘1米以内立岗。站立时，采取立正、左手自然下垂、右手垂直横握对讲机的姿势，目光注视乘客动向
二迎	列车进站时，站务人员面向股道，目光左右巡视，内容为行车、乘客、设备设施等安全情况
三接	列车停稳后，目光注视车门开启情况及乘客上下车情况直至全部车门关闭
四送	列车启动时，确保无人、物滞留在安全线内，当列车尾部经过站立位置之后，站务人员面向列车出站方向90°转身呈立正姿势，目送列车出站台

3. 站台岗口哨使用的注意事项

(1) 站台岗当值时必须佩戴口哨。

(2) 在发生影响人身或行车安全事件时站务人员方可使用口哨，在正常情况下不得随意吹口哨。

(3) 吹口哨时要注意周围的乘客，尽可能远离乘客，不要直接面对乘客吹。

(4) 站台岗要加强巡视，列车未进站时若有乘客越出黄线尽量不吹口哨，可走近乘客口头提醒；若列车即将进站，站台岗可吹口哨或大声用语言提醒乘客；站台岗邻近乘客有危险行为时也可口头提醒。

(5) 站务人员口哨损坏或遗失应及时上报申领。

车站口哨的使用规定

4. 站台岗口哨的鸣示方式(见表4-8)

站台岗口哨的鸣示方式　　　　　　　　　　　　　　　　　表4-8

序号	名称	鸣示方式	使用范围	备注
1	注意信号	一长声	站台客流较大而列车未进站或未接近车站时乘客或物品侵入黄线；对面站台有乘客或物品侵入黄线时	长声为3s；短声为1s；间隔为1s；重复鸣示时需间隔5s以上
2	警示信号	一长声三短声	列车接近站台时乘客或物品侵入黄线；乘客抢上强下时	
3	紧急信号	连续短声	乘客或物品跳(掉)下站台；列车夹人夹物时	

5. 站台岗作业程序及标准

1) 班前

(1) 上岗前到车控室签到,查阅"当班情况登记本"的内容记录,由值班站长交代工作注意事项。

(2) 领取工作钥匙(监控亭、通道门、屏蔽门钥匙),在"钥匙借用登记本"上登记。领取对讲机,在"备品领(借)用登记本"上登记。

(3) 到岗后,检查备品齐全完好(包括监控亭),与上一班交接完毕向车控室汇报。

2) 班中

(1) 站台岗来回巡视站台、引导乘客按排队箭头候车、上下车。

(2) 按照站台岗作业标准监视列车到发,屏蔽门即将关闭时,提醒制止乘客不要冲上车,以防夹伤,同时应密切监控屏蔽门开关状态。

(3) 主动疏导聚集在一端的乘客到较空的地方候车,关注乘客动态,提醒乘客不要倚靠屏蔽门。

(4) 根据车站要求与厅巡换岗。

(5) 发现站台发生异常情况(包括列车到站时间不正常),影响到车站的正常运作,马上报车控室,并按指示逐步处理。

(6) 接完最后一趟载客列车后,负责将站台乘客清上站厅,并通知厅巡约有多少人上站厅。

3) 班后

(1) 与下一班交接,把工作备品(监控亭钥匙、屏蔽门钥匙)归还,并在相应台账上记录。

(2) 参加班后总结会。

(3) 阅读完当天文件或规章,到车控室签名下班。

6. 站台岗服务技巧

客运服务人员站台服务应做到"四到""四多"和"三勤"

(1) "四到"

心到:精神高度集中,随时应变异常。

话到:提醒乘客按排队箭头候车,不要越出黄线,礼貌疏导客流,及时进行安全广播,向违章乘客解释制止。

眼到:三步一回头,密切注视乘客动态、安全门工作状况及列车运行状态。

手到:是指客运服务人员要主动处理问题,如发现地面有水,及时设置"小心地滑"牌,设备故障时放置"暂停服务"的标牌,地面较脏及时找保洁人员清除。

(2) "四多"

多监控:密切监视站台乘客情况及安全门工作状况,必要时采取合理措施。

多巡:沿安全线内侧来龙去脉回巡视乘客和线路情况(自己不越过安全线)。巡视时做到认真、细致、周全和及时。

①认真:巡视人必须以认真负责的态度去巡视每个角落和所管辖的范围;

②细致:从细微处着手,做到防微杜渐,从看、摸、嗅、听四觉入手;

③周全:岗位内的设备、设施、告示牌乃至螺丝都应检查;

④及时:巡视及时、记录汇报及时、处理及时。

多联系:多观察设备和乘客动态,发现异常情况及时与司机、车站控制室及其他岗位联系,做出正确处理。

多提醒:主动通过人工广播提醒看管好物品,看好小孩,不得跑闹、追逐,不得拥挤,到人少的一端候车,先下、后上等。

(3)"三勤"

在站台上发现乘客伤亡事件或其他异常情况时,及时寻找目击证人并记录;遇蛮横不讲理的乘客及时与值班站长、公安联系,切莫与乘客正面冲突;站台工作人员在车门亮灯即将关闭时靠近扶梯,以防乘客冲下扶梯抢上车、夹人,站台客流不均匀,要及时引导与控制,以防乘客拥挤。

二、乘客候车服务

1. 对站在黄色安全线边缘或蹲姿候车、倚靠屏蔽门的乘客进行安全教育

(1)通过车站固定录音广播、人工广播向乘客宣传(以 2～3 次为宜),强调指出:"站台候车的乘客,请勿越出黄色安全线/蹲姿候车,谢谢合作!"

(2)站台岗员工不断加强巡视,发现有乘客越出黄色安全线或蹲姿候车,应用手提广播提醒,并注意语气和使用文明用语:"乘客,您好。请勿越出黄色安全线/蹲姿候车,谢谢合作!"

(3)如发现乘客手扶/倚靠屏蔽门,应及时走近或用手提广播提醒:"您好,请勿手扶/倚靠屏蔽门,谢谢合作。"

(4)发现身体不适或年龄较大的乘客,可指引他们到候车椅上休息。

2. 乘客吸烟

发现有乘客吸烟,立即制止乘客行为,有礼貌地解释:"乘客,对不起,为了安全,地铁站内禁止吸烟,请您熄灭烟头,谢谢合作!"

3. 处理小孩在站台追逐的情况

站台岗员工特别提醒家长带好自己的小孩,不要让他们随意在站台上奔跑,及时上前制止正在追逐打闹的小朋友,并强调:"地面很滑,容易摔倒,请家长照看好自己的小孩,不要在站台追逐、打闹、奔跑。"

4. 当站台有老人、精神异常等特殊乘客时

(1)发现有老人、小孩候车,应重点留意并指引他们到座位上等候。

(2)发现有精神异常的乘客,立即通知车控室处理,并重点留意他们的动态,同时加强维持站台的候车秩序。

(3)发现有身体不适的乘客,应主动上前询问情况,并指引他们到座椅上休息,若乘客感到很不适,立即通知车控室处理。

5. 乘客有物品掉下轨道

(1)站台岗员工应立即提醒并安抚乘客:"请勿私自跳下轨道,我们的工作人员将会尽快为您拾回物品,谢谢合作!"

(2)站台岗员工再用对讲机通知车控室处理,同时要确保乘客不能有跳下轨道的行为。

(3)如掉落物品不妨碍行车安全,可与乘客解释,并请乘客留下联系方式,待员工取回后交还。

6. 列车晚点,延误乘客时间

(1)值班站长在列车晚点 10min 以上,应立即采取措施,通知各岗位列车晚点,做好对乘客的解释工作。

(2)用标准广播,向乘客播放相关票务政策,为乘客提供全面的服务让乘客满意。

7. 对站台候车秩序的维持

(1)发现站台候车乘客较多时,应用车控室广播和站台手提广播宣传:"站台候车的乘客,请按箭头排队候车,谢谢合作!"

(2)当发现站台头部/两端/尾部候车乘客较多时,应用车控室广播和站台手提广播宣传:"站台候车的乘客,为便于您乘车,请到乘客较少的站台两端/尾部/头部候车,谢谢合作!"

(3)发现乘客抢上抢下时,应及时提醒:"您好,请您耐心等候下一趟车。"

8. 乘客上下车引导服务

(1)列车未到站时,引导员站在下车通道前,做服务手势,引导乘客排队候车:"各位乘客,请您按地面箭头指示方向排队候车。"

(2)当列车进站时,引导员站在门旁提醒乘客先下后上:"各位乘客,请先下后上,不要拥挤。谢谢合作。"

(3)列车到站开门后,引导员在门旁做"请"手势,引导乘客下车:"请下车,下车的乘客请往这边走。请注意脚下安全。"

站台候车五部曲

(4)当乘客下车完毕,引导员在门旁做服务手势,引导乘客上车:"请上车,上车后情网车厢中部靠拢。请注意脚下安全。"

(5)列车灯闪铃响,车门即将关闭时,引导员做请乘客后退手势,提醒乘客等候下一趟列车:"车门即将关闭,请耐心等候下一趟列车。谢谢合作。"

9. 当乘客衣物或行李被车门或屏蔽门夹住,或是卡在车门与屏蔽门之间的缝隙时

站台岗应第一时间采取措施阻止列车动车运行。根据实际情况可按压站台列车紧急停车按钮或通知车控室或通知司机等。

三、"答客问"标准用语

(1)物品掉下轨道怎么办?

请马上与工作人员联系,耐心等候,不要跳下站台,我们将做好安全措施后会尽快处理。

(2)我的物品掉下了轨道,能帮我拾上来吗?

可以,请稍等。

(3)如果发生有人掉到轨道上有没有让车停下来的措施?

有,车站控制室、站台均设有紧急停车按钮。如乘客发现有人掉到轨道可按压设置在站台的紧急停车按钮,但如在非紧急情况下按压将罚款2000元。

(4)屏蔽门故障如何上下车?

请听从工作人员(或列车、车站广播)的指引上下车。

(5)为什么车门在闪烁时不能上下车?

因为车门灯闪烁,是表示车门即将关闭,为防止夹人,车门灯闪烁时不要强行上下车。

(6)屏蔽门是中国地铁特有的吗?

不是,是引进国外的技术。

(7)为什么不能在地铁站追逐打闹?

地铁地面光滑,客流量大。在车站打闹不仅妨碍了车站运作,而且影响了其他乘客的服务,同时对自己也不安全。

(8)屏蔽门是否会夹人?

只要乘客正常上下车就不会夹人,万一夹人屏蔽门会自动重新打开。

 案例解析

案例一:乘客坠轨事件

1. 事件概述

某日09:00,A站2名盲人在1名乘客的陪同下进入车站,3人到达下行站台,2名盲人径直走下站台,掉入区间,而陪同人员未能及时拉住二人,车站迅速拍下下行紧急停车按钮,工作人员协同其陪伴人员将两名盲人拉上站台。后下行恢复紧急。救护车到达A站后医护人员与地铁警察将2名盲人乘客送至医院,车站派实习生同行。

2. 事件分析

(1)厅巡岗安全意识不强,对盲人、老年人没有足够的关注,并且未做好岗位联动,未及时向站台岗说明其去向。

(2)站台岗、行车值班员具有同样的问题,对老年人、盲人等特殊人群的关注不到位,未能及时发现其异常情况。

3. 经验教训

(1)值班站长加强班组员工的安全教育,提高其安全意识。

(2)各岗位要对老、弱、病、残、孕等特殊乘客给予更多的关注,发现其异常情况及时帮助解决,同时做好岗位联动,及时了解其去向。

(3)站台岗对老人、醉酒、盲人、高度近视等群体给予特别关注,防止其因意外而掉下站台。

案例二:乘客被困屏蔽门与车门事件

1. 事件概述

某日8:03,列车到达A站下行站台,一名男性乘客从下行19号门上车,在列车关门后被卡在车门与屏蔽门之间。正在站台的护卫发现后,上前叮嘱乘客用手抓紧屏蔽门,同时呼喊站台站务员。8:04,站台站务员发现后试图到站台中部按压紧急停车按钮,结果没有找到紧急停车按钮位置,又跑回事发屏蔽门处,期间通过对讲机报告情况给行车值班员。行车值班员用对讲机联系司机没有成功。8:04,列车动车,行车值班员立即向行调报告。列车出清后,站台站务员马上将乘客救出,随后乘客被值班站长带离现场。

2. 事件分析

(1)列车局部区间运能不足,乘客安全意识不强,是本事件发生的客观原因。

(2)发生缝隙夹人后,站台护卫员及时上前提醒乘客抓紧屏蔽门门体,避免了乘客被列车挤压和掉落区间的严重后果。

（3）站台岗对车站应急设备不熟悉，在处理突发事件时不够冷静，在上报行车值班员时语言不够简洁清晰。

（4）行车值班员在事件处理中安全意识薄弱，对车站乘客及行车安全未做到底线思维，对车控室设备性能不熟悉、操作不熟练。

（5）班组人员安全意识薄弱，应急处理能力不强，值班站长安全管理工作不到位。

3. 经验教训

（1）指挥调度中心要认真研究线路客流情况，合理调配运力，防止局部车站运能不足，形成安全风险。

（2）车站在安全工作上要坚持底线思维，做好日常安全培训和应急演练工作，所有员工（含护卫、保洁、安检人员）都应熟悉应急设备的位置、性能、操作方法和使用时机。

（3）车站要做好日常安全文明乘车的宣传，同时要做好站台乘客引导工作，尽量让乘客沿站台均匀分布，防止出现扶梯口乘客聚集，形成安全风险。

案例三：未能做好信息沟通，造成错误指引乘客

1. 事件概述

17:40分左右，A站站台护卫向车控室汇报，1名女乘客的车票不小心掉了上行线轨道上。经询问得知该乘客准备去D站，掉下去的是1张3元单程票。此时列车准备进站，值班站长通知站台，让乘客出站再补票，乘客听后态度非常恶劣，并大骂"为什么不可以马上捡回""这是什么态度"等，在站台影响较大，值班站长考虑到是一张单程票掉轨，行调是不会让车站即时拾回。而且现正运营高峰期，站台是1人接车，于是值班站长按习惯做法联系D站行车值班员，请该站开边门放行，同时告诉D站该乘客乘坐的车次，当时D站行车值班员同意开边门，于是A站值班站长通知站台，叫乘客到D站找工作人员走边门。

约18:30左右，D站值班站长打电话来说她不会给乘客开边门，她要乘客补6元出站，但乘客不愿意，A站值班站长告诉她此事已经和他们车站的行值联系好了，即使乘客到了D站值站也不开边门，并要求乘客补6元，当时A站值班站长也没办法，就让D站先垫6元解决乘客出站，最后派人将6元送到D站。

2. 事件分析

（1）A站值班站长，在乘客单程票掉下轨道，且乘客不同意补票后，未向上级请示汇报，而是与D站联系开边门放行，并在沟通方面出现问题，负主要责任。

（2）D站行车值班员最初擅自同意开边门；同时未向值班站长汇报，导致事件不能及时解决，并进一步恶化；该值班员应负主要责任。

（3）D站值班站长处理乘客事务敏感性不够，工作不能从乘客出发，不能从大局着想，未采取措施避免乘客事务进一步恶化，也未及时向上级汇报，该值班站长也负主要责任。

（4）A站和D站站长应负管理责任。

3. 经验教训

（1）从这件案例当中，我们得到了一个教训：必须大事化小、小事化无，而不是故意地把事情激化，造成有责投诉。

（2）组织全体员工认真学习《乘客投诉管理办法》中一类至三类有责乘客投诉分类，定期检查学习效果。

(3) 组织全体员工学习事件的发生原因以及车站在处理过程中的不足,举一反三,吸取教训,防止同类事件的再次发生(如列车晚点、设备故障等客观原因),对于类似事情应灵活处理,不能以主观意识行事。

(4) 加强员工的思想意识教育,提高对乘客问题处理的敏感性,做好跟踪,杜绝乘客投诉事件发生。

案例四:站务员与乘客身体接触导致投诉

1. 事件概述

某地铁车站站台站务员在站台巡视时发现有5名学生倚靠屏蔽门,上前劝说后与学生乘客发生争执,随后站务员用对讲机呼叫站厅站务员到站台协助。D厅站务员赶到站台进行劝阻后,1名学生避开工作人员打110报警。此时,客运值班员和值班站长均赶到站台,客运值班员见该名学生在下行方向的扶梯处大声吵嚷,便走过去,用手搭上学生的肩膀,想把他拉到人少的地方,该名学生认为客运值班员的行为有恐吓意味并再次打110催促公安到场处理。后经公安调解该名学生取消了110立案离去。

2. 事件分析

(1) 站台站务员缺乏层级观念,缺乏服务技巧,在乘客不听其劝阻、与其他乘客争吵的情况下,没有及时向车控室汇报或通知值班站长,而是叫其他当班员工帮忙。

(2) 客运值班员用手搭乘客的肩膀,与乘客有身体接触,使乘客受到惊吓而打110报警。

(3) 当班值班站长没有有效监控车站当班情况,出现的问题未能合理控制,妥当处理。

(4) D厅站务员层级管理意识淡薄,在没有经过值班站长批准的情况下就擅自离岗,一定程度影响了车站的正常运作。

3. 经验教训

(1) 车站应加强对员工的日常管理,树立层级观念,增强团队意识,服从车站统一管理。

(2) 当乘客对员工的提醒有异议时,员工不易直接反驳,先用肯定句接受乘客意见再婉转提示乘客,杜绝与乘客发生正面争执。

(3) 工作时要实现服务角色的非个性,即承担服务角色时,要抛弃个人的性格、习惯和不良情绪,将最谦逊的一面展现给乘客。

(4) 当与乘客意见相左、乘客情绪激动或靠自身能力已不能使乘客满意时,应第一时间通知值班站长到现场处理。

(5) 不能主动与乘客有身体接触。

任务实施

1. 下发任务单,明确任务内容,学生课前按要求完成预习任务。
2. 教师先对重点知识和难点知识进行介绍,学生分组准备任务。
3. 在实训教室完成各典型任务情景模拟演练。
4. 选取具有代表性的情景模拟演练进行点评,各组自行总结完成该任务的经验和收获。
5. 教师和各组长承担本次任务的评价工作,评判同学们的任务完成情况。

任务6 乘客出闸服务

 任务描述

乘客到达目的地车站后,均需通过闸机出闸。在出闸服务中,需多关注乘客使用出站闸机的情况。出闸时储值卡或一卡通验票方式与进闸相似,但持单程票的乘客在出闸时车票需通过闸机回收,在服务过程中注意细节引导,关注超高小孩逃票、成人违规使用车票、大件行李及持票无法出闸等问题。

 任务单

1. 如遇乘客持单程票在验票区验票如何服务。
2. 如乘客验票闸门无法开区如何处理。
3. 如遇乘客钻闸机或尾随他人逃票如何处理。
4. 如遇乘客持纸票、赠票等如何服务。

 知识准备

一、出闸服务岗位要求

在乘客出闸环节中,主要涉及的岗位有厅巡岗和售票岗。其中,厅巡岗岗位职责和售票岗岗位职责在购票和进闸环节中已做过介绍。

使用车站专用通道情况(以武汉地铁为例)

(1)票务政策规定的免费乘车对象——现役军人、革命伤残军人、伤残人民警察、盲人、下肢残疾人、离休干部等凭有效证件可使用。

(2)使用团体单程票乘车时可使用。

(3)使用有效纸票乘车时可使用。

(4)车站的计算机 BOM 系统全部故障,车票无法办理相关业务时可使用。

(5)车站的闸机全部故障时可使用。

(6)公司下达的接待任务时可使用。

(7)公司批准的施工计划且通过车站请点确认许可进入的施工人员可使用。

(8)公司对口专业人员陪同的临时施工人员可使用。

(9)公司员工未携带员工票确认身份时可使用。

(10)车站发生火灾等紧急情况时可使用。

(11)发生大客流等情况需要快速疏散时可使用。

(12)其他需要使用专用通道的情况可使用。

二、乘客出闸服务

1. 有秩序地组织乘客出闸

厅巡加强对出闸机的巡视,并通过人工广播的形式向乘客进行关于"请将单程票投入闸机回收口"等宣传。

2. 处理超高小孩逃票、成人逃票或违规使用车票的乘客

（1）发现无票的超高小孩或故意逃票的成年人,应马上上前制止,礼貌地请乘客出示车票:"您好,××,请出示您的车票。按地铁票务政策规定,请乘客补票或按有关规定进行罚款。"

（2）若乘客态度不好且不愿补票(交罚款),应耐心地向他们解释地铁的票务政策;若乘客故意为难工作人员,可找公安配合。

（3）若发现违规使用车票的乘客(特别是成人使用学生票、年轻人使用老人免费票等有意逃票的行为),可按执法程序执法,必要时找公安配合。

3. 携带大件物品的乘客

对携带大件物品(尺寸在允许携带范围内)且不便出闸的乘客,若车站有宽通道翼闸,厅巡应引导乘客从宽通道翼闸通过;若车站没有宽通道闸机,厅巡应引导乘客通过专用通道,同时应向乘客收回车票,并将车票放入出闸机回收。若乘客使用储值票或一卡通,厅巡可以让乘客在出闸机上验票扣费后空转转杆或让扇门自行开合一次(以防其他无票乘客通过该闸机通道出闸),再引导乘客通过专用通道。

4. 办理乘客超乘、超时(见表4-9)

办理乘客超乘、超时　　　　　　　　　　　　　　表4-9

乘客超程需要补票			
序号	服务情景	服务用语	服务举止、要求
1	乘客到票亭前	"您好。"	面向乘客微笑
2	乘客表示不能出闸	"请稍候。"	分析车票
3	分析后	"您的车票值是××元,从××站到××站需要××元。请补××元。"	面向乘客微笑
4	乘客交钱	"收您××元。"	
5	处理后	"找您××元,请清点好车票和现金。"	票、钱轻放
乘客超时需要补票			
序号	服务情景	服务用语	服务举止、要求
1	乘客到票亭前	"您好。"	面向乘客微笑
2	乘客表示不能出闸	"请稍候。"	分析车票
3	分析后	"请问您大约在什么时间进站乘车?"	面向乘客微笑
4	乘客回答后	"对不起,您进闸时间超过180min,按规定需要补××元(全程最高车资)。"	
5	乘客交钱	"收您××元。"	
6	处理后	"找您××元,请清点好车票和现金。"	票、钱轻放

5. 处理乘客无票(遗失车票)(见表4-10)

处理乘客无票(遗失车票)　　　　　　　　　　　　表4-10

序号	服务情景	服务用语	服务举止、要求
1	乘客到票亭前	"您好。"	面向乘客微笑
2	乘客表示乘客无票或车票遗失	"乘客,您好。按规定,您需要补全程票价××元。"	面向乘客微笑
3	需要易人处理时	"请稍候,我请其他工作人员向您具体解释。"	请车控室安排其他员工在2min到现场

三、"答客问"标准用语

(1) 为什么我还没有刷卡,闸机就报警了?

您好,请您退出闸机通道再刷卡。

(2) 我没带钱如何补票出站(手持单程票)?

请致电您的亲戚或朋友给你帮忙。

(3) 我的车票丢了,怎么办?

请您再找找,如无法找回,对不起,请到客服中心办理相关手续。

(4) 为什么补票要补全程?

对不起,这是《××市轨道交通管理条例》上的规定。

(5) 我想珍藏车票,请问可否留1张单程票做纪念?

对不起,地铁车票制作成本较高,用完以后必须回收。您可以购买地铁纪念票做纪念。

(6) 请问我的票已放在验票区,为什么我过不去?

对不起,可能车票有问题,请您到客服中心分析车票。

案例解析

案例一:工作人员未帮助推婴儿车事件

1. 事件概述

某日09:40左右,乘客出站时,婴儿车被闸机卡住,站厅电梯岗工作人员看到后上前询问,并请乘客后退试图帮助乘客将婴儿车拉出闸机。但是该乘客没有理会工作人员,自己试图强行将婴儿车往后拉。工作人员根据经验判断乘客这样使用蛮力,可能更加拉不出婴儿车,于是再次请乘客向后退。乘客听后认为工作人员不帮自己忙,便开始发脾气,情绪激动。工作人员见乘客不配合便到一旁去了,没有再理会乘客。

工作人员未帮助推婴儿车事件

乘客将车拉出后走到电梯岗工作人员面前说:"你什么态度,我要投诉。"工作人员转过头没有理会乘客,乘客投诉。

2. 事件分析

(1) 乘客需要帮助时,工作人员主动上前询问是正确的。但提供帮助时,应注意方式、方法。帮助过程中,工作人员未向乘客明确表示自己前来帮助的意图及帮助方法,如果解释清楚"请乘客往后退"的原因,让乘客理解工作人员是来帮助其拉出婴儿车的,这样就能避免因缺乏沟通造成的过程不顺。

(2) 乘客情绪已经比较激动时,工作人员可采取易人易地的处理方式,安抚乘客情绪,不应对乘客置之不理,导致乘客更加不满。

(3) 乘客明确表示出要投诉,工作人员态度冷漠,错失了最后的解释机会。

3. 经验教训

(1) 服务过程中遇到乘客不理解的现象要积极同乘客解释,在解释无效无法安抚乘客情绪时,应采取"易人易地"的原则,寻求其他工作人员的帮助。

(2)工作人员要时刻注意控制个人情绪,积极主动为乘客解决问题。

(3)员工应当加强岗位学习,提高服务意识,车站需增加服务技巧相关培训。

案例二:混淆乘客车票事件

1. 事件概述

某日19:28,乘客出站发现闸机转杆不能转动,厅巡岗上前从回收槽中拿出票(此时乘客车票与回收槽中其他车票混淆),车票投入另外1台闸机后显示余额不足,请乘客到客服中心处理。客服中心工作人员告知乘客其单程票为2元,需补交1元车费。乘客质疑查询结果,称自己进站确认购买车票为3元。客服中心工作人员告知乘客,分析显示确实为2元车票,请乘客补交1元。乘客不耐烦地拍打客服中心柜面,厅巡岗上前协调。乘客将1元扔到柜面便自行从专用通道离开了。

2. 事件分析

(1)厅巡对闸机回收槽内不可用票巡视不足,导致存有不可用票,使得乘客车票与其他车票混淆,是纠纷产生的根本原因。

(2)客服中心员工服务意识不强,在乘客对车票结果提出质疑时,对质疑置之不理,未同乘客再次进行确认,也未向乘客说明出现该情况的原因,仅一味强调乘客需补交车费,方法过于生硬。

(3)车站对专用通道使用管理不规范,使得乘客直接自行从专用通道出站。

3. 经验教训

(1)各岗位员工应严格执行岗位作业标准,避免因个人疏忽为乘客造成不便。

(2)各岗位员工应增强服务意识,在面对乘客质疑和不满时从乘客角度出发,本着为乘客解决问题的态度做好解释工作。

(3)值班站长应加强对各岗位工作的监督和检查,要求员工严格执行岗位作业标准。

案例三:儿童超高未购票出闸事件

1. 事件概述

儿童超高未购票出闸引发投诉

某站早班厅巡站在站厅B端闸机处引导乘客出闸,这时一名女乘客正准备带着一个小孩出站,由于小孩看起来已经较高,厅巡走过去进行阻止,经量身高后发现小孩确实超高。于是厅巡带乘客到票亭补票,但当乘客听到需要补票8元时非常生气,厅巡向乘客解释了票务政策,乘客很气恼,拉起小孩就往出入口走,厅巡追出去,并用对讲机报车控室。值班站长在听到报告后立即带引导员跑到现场跟乘客解释,在这个过程中厅巡经常插嘴为自己辩解,乘客更加生气要投诉。值站听乘客说要投诉,连忙向乘客解释,希望乘客将此事交由车站处理,但乘客以赶时间为由拒绝了,随即离开。

2. 事件分析

(1)事情处理中,厅巡插嘴补充解释,这是对乘客及其上级的及其不尊重,完全没有"服从领导、统一指挥"的团队精神,只是一味地急于解释争辩,令乘客感觉是在与她争吵,车站缺乏严格管理,员工不服从上级指挥。这是造成此次投诉的主要原因。

（2）值班站长没有完全地将当事人与乘客隔离，而是仍然让厅巡站在站厅，与乘客有语言接触，不易于乘客稳定情绪和乘客解释工作的开展。这是造成此次投诉的主要原因。

（3）厅巡在处理乘客事务时虽然坚持了原则，但欠缺乘客服务技巧，只是一味地向乘客讲规定，没有从乘客角度出发去思考问题。造成了矛盾的升级，让乘客误以为是在刁难她。这是造成此次投诉的次要原因。

（4）厅巡在发生乘客事务时，没有第一时间报告值班站长出来处理，等到矛盾激化后才报给值站，延误了投诉处理时机。这是造成此次投诉的次要原因。

（5）值班站长在得知乘客要投诉厅巡的同时，没有立即采取措施向乘客解释，并让当事人向乘客道歉，争取乘客的谅解，这是造成此次投诉的部分原因。

3. 经验教训

（1）当处理乘客事务时应使用婉转的语气，不能讲斗气、噎人、训斥、顶撞的话。

（2）在岗位上不能带有个人情绪，要学会控制个人情绪。

（3）车站员工应熟悉相关的票务规章，按规章操作。

（4）要从乘客的角度出发，不要让乘客误以为员工在刁难乘客。

任务实施

1. 下发任务单，明确任务内容，学生课前按要求完成预习任务。
2. 教师先对重点知识和难点知识进行介绍，学生分组准备任务。
3. 在实训教室完成各典型任务情景模拟演练。
4. 选取具有代表性的情景模拟演练进行点评，各组自行总结完成该任务的经验和收获。
5. 教师和各组长承担本次任务的评价工作，评判同学们的任务完成情况。

任务7　乘客出站服务

任务描述

当乘客从起点进站、购票、进闸、候车、出闸后，最后一个环节需要准确地找到合适的出入口出站。在该环节中，站厅站务员特别要关注不明出站方向的乘客，及时主动地上前提供帮助，尽快疏散站厅及通道乘客，避免乘客在车站长时间逗留，准确解答各种乘客问询。

1. 如遇乘客在地图前徘徊如何服务。
2. 如遇乘客询问出入口方向如何服务。
3. 如遇乘客在站厅吸烟如何服务。
4. 如遇乘客打架如何处理。

知识准备

一、出站服务岗位要求

在乘客车站环节中，涉及的主要岗位是厅巡岗。厅巡岗岗位职责在进站环节已做过介绍。下面就出站环节中相关作业程序做介绍。

1. 车站客运服务人员关站程序

1）关站程序

车站运营结束后，需进行清客工作，关闭车站服务设施设备及出入口，具体程序见表4-11。

关站程序　　　　　　　　　　　　　　　　　　　　表4-11

序号	时间	责任人	内容
1	本站线网末班车前1小时	客运值班员	按照本站各线路最早"本站末班车时间"提前1小时将L型牌末班车告示摆放于进闸机前，供乘客查询各线路末班车时间
2	本站线网末班车前1小时	值班站长	检查客运值班员是否按照本站各线路最早"本站末班车时间"提前1小时将L型牌末班车告示摆放于进闸机前，供乘客查询各线路末班车时间
3	本站线网末班车前10分钟	行车值班员	按照本站各线路最早"本站末班车时间"提前10分钟播放"尾班车广播"
4	本站线网末班车前10分钟	值班站长	检查行车值班员是否按照本站各线路最早"本站末班车时间"提前10分钟播放"尾班车广播"
5	本站末班车前5分钟	行车值班员	本站最后一趟载客列车开出前5分钟关闭TVM，通知停止售票和进站检票工作
6	本站末班车前5分钟	值班站长	最后一趟载客列车到达前5分钟确认所有TVM、入闸机已关闭，并在30分钟内关闭出入口
7	本站末班车开出前	值班站长	最后一趟载客列车开出前进行检查，确认站台乘客均已上车，无异常情况
8	本站末班车开出后	售票员	收拾票、钱，整理客服中心备品，注销BOM，回AFC点钞室结账
9	本站末班车开出后	客运值班员	与售票员结账
10	运营结束后	行车值班员	运营结束后，执行车站节电照明模式
11	运营结束后	值班站长	清站，确认出入口关闭，扶梯、照明、AFC设备、PIDS设备全部关闭

2）关闭车站制度

运营时间内，必须保证车站出入口开放，除非行调命令关闭车站或需暂时关闭车站或在出入口控制客流。

在行车时间内关闭车站出入口，值班站长要确保入口处已张贴通知或已将信息通知乘客。

非行车时间站内只允许员工或获得批准的承建商或有轨道交通领导陪同人员凭工作证或其他有效证件在出入口登记后方可进出车站。

3）清站制度

末班车后清站工作要有专人负责，对易滞留人员的处所应重点清查。

负责关门的人员必须确认清站完毕后方可关门加锁。

负责关门的人员要在车控室根据登记簿了解清楚夜间在车站施工的单位、人数，以便按时开关大门。

负责开门的人员必须亲自开启大门,不得随意存放钥匙或托他人办理。

严禁本站当班以外人员在站留宿。

2. 末班车客运组织工作程序

××方向的末班车。

广播:

(1)开出前5min行车值班员广播:"各位乘客请注意,开往××方向的末班车即将开出,请抓紧时间上车。"(反复广播)

(2)开出前3min值班站长广播:"各位乘客请注意,开往××方向的列车服务已经终止,请前往××方向的乘客停止购票进站。往××路方向的列车服务正常进行。"(反复广播)

售票及告示:

(1)售票员将"××方向,停止售票"标志牌挂于售票厅上。

(2)售票员向购票乘客说明××方向列车已经结束服务,并停止出售××方向的车票。

(3)站务员将写有"往××方向的列车服务已经终止"的标志牌立于检票厅前。

3. 自动扶梯的关闭程序

(1)检查电梯梯级有无人员和异物。

(2)做好隔离措施。

(3)关闭自动扶梯。

二、乘客出站服务

(1)若乘客不确定自己出站的方向,车站员工应给予主动、热情的指引。

(2)厅巡发现有乘客在地铁站逗留时间较长不出站,或坐在站厅的地上时,应及时问清乘客逗留的原因,礼貌地请乘客不要坐在站厅地面,请乘客尽快出站,以免影响车站的正常客运秩序。

三、"答客问"标准用语

(1)请问储值票坏了怎么办?

请携带身份证到客服中心办理相关手续。

(2)毕业后,未用完的学生储值票如何办理?

可以替换普通储值票。

(3)我捡了东西该交给谁?

您可以交给车站工作人员或警务人员。

(4)地铁为什么没有厕所(个别线路地铁站不设厕所)?

因为列车间隔很短,所以不设厕所。您可在出入口外面商场的洗手间。

(5)节假日收班能否延迟?

针对节假日和大型活动,运营公司会进行调查研究,根据情况制订相应的车行方案,确定上线列车数量及营运时间。

(6)没赶上末班车能退票吗?

如果买了票又未赶上末班车,可向站务人员说明情况,办理退票手续。

案例解析

案例一：关停电梯时未做好防护事件

1. 事件概述

某日上午突降大雨，A站C出入口为无盖出入口，值班站长担心电梯井积水过多，安排2名工作人员关停电扶梯。其中1人引导乘客，另1人关停电扶梯。关停电扶梯时，仍有1名乘客在电扶梯上，该乘客手持雨伞，未握住扶手，在距电梯出口三四个梯级处，身体晃动了一下。乘客进入C出口通道后，径直走到进闸口处，询问工作人员（实习生）投诉电话，该工作人员回答自己不清楚，请乘客到客服中心询问。随后乘客拨打服务热线投诉。

2. 事件分析

(1) 车站员工关停电梯时，虽采取了"一人防护、一人关停"的方法，但没有进行有效的乘客引导，导致乘客差点摔伤。

(2) 工作人员服务意识不强，乘客询问投诉电话时，工作人员表示不清楚，且没有任何警觉，没有进一步询问乘客想拨打投诉电话的原因。

(3) 车站培训工作不到位，导致实习生对公司的基本情况不熟悉。

3. 经验教训

(1) 客运部门应加强实习生的培训工作，提高实习生服务意识。

(2) 工作人员在作业时，必须严格执行作业标准，不能有侥幸心理。

(3) 工作人员发现因工作疏漏造成乘客不满时，应问明原因，在第一时间积极主动向乘客致歉，获得乘客谅解。

案例二：误告知乘客列车已收班事件

1. 事件概述

某日22:30，乘客在A站进站要去人民公园站，工作人员告知今日末班车已驶出车站，让乘客改乘其他交通工具。但该乘客出站后看见高架线路又有一列车开往人民公园方向，发现工作人员误导了他，于是返回车站要求工作人员给个说法。但工作人员态度不好，加上乘客情绪激动，遂发生争吵。

2. 事件分析

(1) 工作人员马虎大意，未注意关注收班广播，不知道末班车经过时间，误告知乘客列车已收班，是整个事件的起因。

(2) 当乘客回车站讨要说法时，该工作人员非但不对自己的失误向乘客道歉，反而态度恶劣，与乘客争吵，造成事件进一步升级。

3. 经验教训

(1) 客运部门应加强员工服务标准、服务技巧、服务意识的培训，要求工作人员严格执行岗位作业标准，同时加强对员工的监督与管理。

(2) 员工应严格履行岗位职责，工作中要认真仔细，熟练运用相关业务技能。且要明确为乘客服务的宗旨，摆正自身的态度，多倾听乘客的诉求，多给予乘客帮助，不埋怨，不急躁，谦恭有礼。

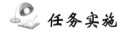 **任务实施**

1. 下发任务单,明确任务内容,学生课前按要求完成预习任务。
2. 教师先对重点知识和难点知识进行介绍,学生分组准备任务。
3. 在实训教室完成各典型任务情景模拟演练。
4. 选取具有代表性的情景模拟演练进行点评,各组自行总结完成该任务的经验和收获。
5. 教师和各组长承担本次任务的评价工作,评判同学们的任务完成情况。

项目5　城市轨道交通投诉及客伤事件处理

 教学目标

1. 具有妥善处理投诉及客伤事件的能力。
2. 能以优质的服务减少投诉及客伤事件的发生。
3. 熟悉了解投诉及客伤事件的分类、受理及处理。
4. 基本掌握投诉及客伤事件的处理技巧。
5. 通过案例分析达到提高客运服务人员的客运服务意识和服务技巧的目的。

 项目描述

由于城市轨道交通运营企业的特殊性，不可避免地会遇到乘客对服务工作不满意而投诉；乘客在整个乘行过程中也可能会由于特殊原因而导致伤亡事件的发生。本项目主要介绍处理乘客投诉和客运伤亡事件的具体程序、方法及技巧。这些事件的处理好坏不仅关系到企业的形象，而且也体现企业的管理水平。为了不断改进运营服务水平，提高运营服务质量，切实维护轨道交通的声誉，车站必须做好投诉及客运伤亡事件处理工作。

任务1　城市轨道交通乘客投诉处理

 任务描述

城市轨道交通客运服务人员每天面对的是成千上万的流动乘客，其中大部分乘客是当地常住人群，因此，如果当乘客对服务不满意时投诉起来比铁路、航空等要方便些。投诉事件是城市轨道交通企业所不希望发生的事情，一旦发生就不能回避，应以"严格、认真、主动、高效"的工作作风去处理投诉问题，并从中查找问题原因，扎扎实实地提高服务工作质量。也只有这样，才能将坏事变为好事，从根本上减少投诉。

 任务单

1. 投诉的分类、职责分工、有效处理投诉的意义及妥善处理投诉事件的六大要点。
2. 投诉受理及处理的方法和常见客运服务工作的处理。
3. 投诉处理的技巧。
4. 如何预防乘客投诉。
5. 对乘客投诉进行妥善处理。

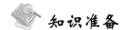
知识准备

任何一个组织只要提供产品或服务，都有可能遇到投诉。城市轨道交通运营企业作为一个服务型企业，决定了它无法避免投诉。为了加强乘客对城市轨道交通的了解，加强乘客与城市轨道交通运营企业之间的沟通，城市轨道交通运营企业可利用互联网开通官方网站、官方微博、微信公众号等，公布相关的行车信息、票务政策、服务资讯，开设乘客信箱等；城市轨道交通运营企业应设有乘客服务中心，开通咨询、投诉热线，安排专人接听电话，解答乘客问题，解决乘客投诉事件；在车站客服中心、站厅等安排人员提供现场问询服务。

乘客投诉就像一名医生，在免费为城市轨道交通运营企业提供诊断，让企业能够充分了解自身的不足与问题所在，以便管理者对症下药，改进技术和服务，避免引起更大的失误，从而树立良好的企业形象，吸引更多的乘客成为轨道交通的忠诚乘客。乘客投诉，往往蕴含着非常有价值的信息，是沟通城市轨道交通运营企业管理者和乘客之间的桥梁。正确认识、妥善接待和处理投诉是良好企业形象和一流企业管理水平的体现。为了不断改进运营服务工作，提高运营服务质量，切实维护轨道交通的声誉，服务部门必须加强对投诉工作的管理。《城市轨道交通客运服务》(GB/T 22486—2008)中对客运服务人员受理投诉工作要求做到：1年内有效乘客投诉率应小于或等于百万分之三，有效乘客投诉回复率应为100%。

有效乘客投诉率为有效乘客投诉次数与客运量之比，计算公式为：

$$有效乘客投诉率 = \frac{有效乘客投诉次数}{客运量} \times 100\%$$

有效乘客投诉回复率为已经回复的有效乘客投诉次数与有效乘客投诉次数之比，计算公式为：

$$有效乘客投诉回复率 = \frac{已经回复的有效乘客投诉次数}{有效乘客投诉次数} \times 100\%$$

有效乘客投诉应在接到投诉之日起，7个工作日内回复，超过7个工作日按未回复处理。

一、乘客投诉概述

1. 乘客投诉的定义

乘客投诉是指当乘客乘坐轨道交通时，对出行本身和企业提供的服务质量、服务设施、服务环境等都抱有良好的愿望和期望值，如果这些愿望和要求得不到满足，就会失去心理平衡，由此产生"讨个说法"的行为，这就是乘客投诉。广义地说，乘客任何不满意的表现都可以看作是乘客投诉。

2. 乘客投诉的意义

乘客投诉就像一位医生，在免费为城市轨道交通企业提供诊断，让企业能够充分了解自身的不足与问题所在，以便管理者对症下药，改进技术和服务，避免引起更大的失误，从而树立良好的企业形象，吸引更多的乘客成为轨道交通的忠诚乘客。乘客投诉往往蕴含着非常有价值的信息，是沟通城市轨道交通企业管理者和乘客之间的桥梁。正确认识、妥善接待和处理投诉是良好的企业形象和一流企业管理水平的体现。

(1) 有效地维护轨道交通企业的形象

有效处理投诉可以将投诉所带来的不良影响降至最低点，从而有效地维护轨道交通企业的自身形象。

(2)挽回乘客对轨道交通企业的信任

有效处理投诉可以挽回乘客对轨道交通企业的信任,是企业的良好口碑得到维护和巩固。可能企业的服务有问题,因而产生投诉,但如果有好的处理方法,最终会挽回乘客对企业的信任。

(3)及时发现问题并留住乘客

有一些乘客投诉,实际上并不是抱怨服务的缺点,而只是讲述他对你的服务的一种期望,或者是他真正需要的服务类型。这样的投诉能给轨道交通企业提供一个发展的参考意见,如果能很好地处理这类投诉,那么你就能赢得这类乘客的心。

3. 乘客投诉的分类

1)按投诉的影响范围、程度划分

按投诉的影响范围、程度分类:一般投诉、重大投诉。

一般投诉是指乘客对轨道交通运营服务质量、服务设施、服务环境进行的投诉,经查实为运营方人为责任的事件。

重大投诉是指乘客对轨道交通运营服务质量、服务设施、服务环境进行的投诉,经查实为运营方人为责任,造成严重后果的事件;或被媒体曝光,造成较大社会影响,经了解情况属实的事件。

2)按投诉的内容划分

可分为以下几类:

(1)规范服务:由于车站工作人员违反工作标准、使用服务忌语、服务态度生硬、未按操作规程处理而引起乘客不满,造成的投诉。

(2)列车运行:因车辆、设施设备故障或其他突发事件造成列车不能正常运行,影响服务质量或相应善后处理欠缺造成乘客意见的投诉;由于司机在列车运行过程中,违反工作标准、操作规程、工作失误引起乘客不满,造成的投诉。

(3)乘车环境:包括站、车卫生,站、车设施设备两方面内容。站、车卫生是指车站管辖范围及车厢卫生状况差引起乘客投诉;站、车设施设备是指站、车设备故障,服务设施故障,给乘客带来不便,造成的投诉。

(4)票款差错:由于工作人员工作失误、违反操作规定和程序,造成票、款差错引起的投诉。

(5)其他:除以上内容以外的事件,如站内商业网点产品质量、服务质量问题、乘客伤亡等投诉。

3)按乘客投诉表达方式划分

可分为来信投诉、电话投诉、口头投诉、媒体上投诉。

4)按投诉的责任划分

投诉按责任是否属于城市轨道交通单位一般可分为无责乘客投诉和有责乘客投诉两大类。

在城市轨道交通运营服务中,由于员工服务、设施设备、环境卫生、治安、城市轨道交通政策等方面的不足或其他原因引起乘客投诉,造成一定程度负面影响或乘客利益损害,相关部门或人员负有责任的,称为有责乘客投诉。有责乘客投诉按事件的性质及产生后果的轻重,又可以分为一类有责投诉、二类有责投诉和三类有责投诉。

无责乘客投诉一般包括两种情况。一是由于自然灾害等不可抗拒因素导致服务失误而引起的投诉。对于这种投诉,城市轨道交通运营企业应该加大应急事件的处理力度。二是因为乘客自身原因而引起的投诉。对于这种投诉,城市轨道交通运营企业应该加强对乘客的宣传。

知识链接

广州地铁有责乘客投诉的内容

1. 一类有责乘客投诉

由下述情况引起的乘客投诉列为一类有责乘客投诉:
(1) 服务工作中未能运用服务知识与技巧;
(2) 不及时放置警示牌,误导乘客;
(3) 不主动维持乘客购票和候车秩序;
(4) 没能礼貌、耐心解答乘客的问题及帮助有困难的乘客;
(5) 出售储值票,未请乘客确认显示屏上的金额;
(6) 客车门故障暂停使用,没有张贴停用标志;
(7) 不按规定播放广播或播放不及时;
(8) 接到乘客求助 3min 内未能赶赴现场;
(9) 运营时间出入口关闭没有粘贴"安民告示";
(10) 车站公告栏的内容与实际营运不符。

2. 二类有责乘客投诉

由于下述情况引起的乘客投诉列为二类有责乘客投诉:
(1) 对乘客投诉的调查弄虚作假或隐瞒不报;
(2) 与乘客发生争执、拉扯的行为;
(3) 列车清客时,未做好广播及解释工作;
(4) 末班车未提前做好广播;
(5) 对乘客违反规定的行为不给予制止;
(6) 在岗位时干私事;
(7) 提前关站或延误开站时间在 10min 以内;
(8) 对乘客讲斗气、噎人、训斥、顶撞的话;
(9) 列车清客时,工作人员用东西敲打车厢、扒拉乘客。

票务中心找零不足造成乘客投诉:
(1) 员工找错钱、卖错票,金额在 10 元以下(作弊行为不在此列);
(2) 同一部门相同内容的投诉在 3 个月内达 3 次以上(时间以第一次投诉计起);
(3) 由于治安问题引起的投诉;
(4) 列车行驶不平稳,造成乘客受伤;
(5) 由于员工失误,错误引导乘客或造成经济损失在 10 元以下的;
(6) 无理拒绝乘客的合理要求;
(7) 未及时更换票筒、钱箱,导致 AFC 设备中断服务;
(8) 不及时疏导乘客,造成拥挤。

3. 三类有责乘客投诉

由于下述情况引起的乘客投诉列为三类有责乘客投诉：

(1)对乘客有推、拉、打、踢等粗暴行为；

(2)讥笑、谩骂乘客，讲有辱乘客自尊心和人格的话；

(3)捉弄、欺瞒乘客的行为；

(4)由于员工工作失误，造成乘客经济损失达10元及以上；

(5)提前关站或延迟开站时间达10min及以上；

(6)利用乘客资料采取不同形式骚扰、恐吓他人；

(7)工作中有舞弊行为，使乘客利益受损；

(8)其他因轨道交通服务设备设施故障，造成乘客利益严重受损或给乘客带来较大的不便。

4. 投诉处理原则

(1)乘客投诉的调查处理工作要及时、客观、公正。

(2)贯彻"投诉无申辩"的原则；贯彻"谁主管，谁负责"的原则；贯彻"一级对一级负责"的原则。

(3)处理乘客投诉应按"四不放过"原则，即投诉原因分析不清不能放过、责任人和其他员工没有受到教育不能放过、没有制定防范整改措施不放过、领导责任没有追究不放过。

(4)处理投诉必须牢固树立"乘客至上，服务为本"以及双赢的思想。

(5)正确处理投诉首先应遵循先处理情感后处理事件的原则，即做到站在乘客的角度加以理解，站在第三者的角度加以评价，站在企业的角度加以讲解。

(6)在受理投诉的时候，做到态度亲切，语言得体，依章解释，按时回复。

5. 处理投诉的相关文件

(1)中华人民共和国国家标准《投诉处理指南》。

(2)中华人民共和国建设部《城市轨道运营管理办法》。

(3)当地城市颁布的城市轨道运营管理办法。

(4)当地城市颁布的城市轨道运营安全管理办法。

6. 职责分工

为了充分发挥社会对城市轨道交通运输服务质量的监督、检查作用，规范服务质量投诉处理过程，使乘客的投诉得到及时、有效、合理的处理。城市轨道交通运营企业对投诉的处理应该有明确的职责分工。

(1)公司领导对重大投诉的处理应进行指导并批示。

(2)运营部负责依据原中华人民共和国建设部颁布的《城市轨道交通运营管理办法》、轨道交通所在城市颁行的相应城市轨道运营管理及安全法规、规章组织处理重大和涉及多部门的投诉，并对相关部门的投诉处理工作进行指导、协调、监督和检查；收集各种信息、调查、核实、落实责任，做出处理和现场反馈；接到乘客投诉时，属立即处理的投诉，负责将投诉内容及时传递相关部门，属一般投诉填写"电话投诉记录单"转相关部门；负责解释各种故障引起的乘车延误和因各种硬件设施维修不当引起的乘客投诉。

(3)车站负责对站内、售票处、轨道交通现场的乘客投诉进行处理。

(4)其他相关部门负责处理本部门的投诉。及时处理上级或相关部门转来与本部门相关的投诉和本部门范围内的投诉并建立记录,调查原因,进行处理,并归类分析,制定和实施相应的纠正措施。

7. 预防投诉

乘客投诉管理工作中,最重要的环节在于投诉预防工作,所谓防范胜于救灾,重视乘客投诉预防,将乘客不满减少到最小阶段,充分利用最前端的资源解决问题,可以避免问题的升级和企业的实际投入。

预防投诉的具体措施有:提高服务设施的合理、便民、系统等性能,充分体现"以人为本"的服务理念;提高服务人员的服务水准和业务技能;定期总结分析乘客投诉案例,了解乘客的服务需求,分析服务工作的不足之处,从规章制度、人员服务、设备和设施、沟通反馈等方面入手,制定针对性整改措施,提升服务水平;另外,在突发的紧急情况下,为避免乘客因种种猜测而引起的不安和恐慌,突发事件一旦出现,应该首先通过广播、告示等途径对乘客进行解释,尽可能地告知其事故原因,以冷静处理和应对事故,满足乘客的知情权,这样也可有效预防乘客的投诉。

全体站务人员应具备预防服务冲突的两种优良品质,即宽容大度、与人为善。

1)处理问题时应注意的方式、方法

(1)易地处理:将乘客请至房间内或僻静处处置,给乘客面子。

(2)易人处理:必要时,交于其他站务员或值班站长处理。

(3)易性处理:原则性与灵活性有机结合。

2)工作中应避免讲的话

顶撞、教训乘客的话不说;埋怨、责怪乘客的话不说;口头话、粗话不说;刺激乘客过头话不说。

3)工作中应避免的行为

(1)对乘客问询不准不理不睬。

(2)对违反地铁有关规定的乘客,不准有推、拉、拽行为。

(3)罚款时,不准收钱不给凭证。

(4)因地铁原因造成乘客伤害时,不准推诿扯皮。

二、投诉处理

1. 妥善处理投诉的六大要点

1)态度真诚地接待乘客

为了解乘客所提出的问题,接待者必须认真地听取乘客的叙述,这样也使乘客感到管理者十分重视他的问题。接待者要注视乘客,不时地点头示意,让乘客明白"车站的管理者在认真听取我的意见",而且要不时地说,"我理解,我明白,一定认真处理这件事情"。

为了使乘客能逐渐消气息怒,接待者可以用自己的语言重复客人的投诉或抱怨内容,若遇上非常认真的投诉乘客,在听取乘客意见时,还应做一些听取意见记录,以表示对乘客的尊重及对反映问题的重视。

2)对乘客表示同情和歉意

接待者首先要让乘客了解,你非常关心他的情况。如果乘客在谈问题时表现得十分认真,应不时地对乘客表示同情,如:"我们非常遗憾,非常抱歉地听到此事,我们理解你现在的心情……"

如果车站对乘客提出的抱怨或投诉事宜负责,或者车站将予以一定赔偿,这时车站就要向乘客表示歉意,并说:"我们非常抱歉,我们将对此事负责,感谢你对我们车站提出的宝贵意见。"

3) 根据乘客要求决定采取措施

接待者要完全理解和明白乘客为什么抱怨和投诉;同时,当决定要采取行动纠正错误时,接待者一定要让乘客知道并同意企业打算采取的处理决定和具体措施内容。

如果乘客不知道或不同意这一处理决定,就不要盲目采取行动。首先要十分有礼貌地告知乘客将要采取的措施,并尽可能让乘客同意。鉴于各种原因或客观条件限制,乘客的期望值可能一时难以满足,或存在一定困难,这时也不要简单处理或婉言拒绝,可以真诚地说明情况,征求乘客的意见,调整他的期望值,或者寻找替代方案,使乘客感到服务人员面对困难仍然尽心做出努力超越他的期望值,这样才有可能让乘客的抱怨变为同意,并使乘客产生感激的心情。例如,可以按下列的方式征求乘客对所采取改正措施的同意:

"××先生,我将这样去做,您看是否合适?"

"××女士,我将这样去安排,您是否满意?"

4) 感谢乘客的批评指教

接待者应经常感谢那些对城市轨道交通服务水平提出批评指导意见的乘客,因为这些批评指导意见(或投诉)会协助企业提高管理水平和服务质量。

假若乘客遇到不满意的服务,他不向车站反映,也不做任何投诉,但是将经历讲给其他乘客或朋友听,这样就会极大地影响城市轨道交通的声誉和形象。当车站遇到乘客的批评、抱怨甚至投诉的时候,不仅要欢迎,而且要感谢。

5) 快速采取行为,补偿乘客投诉损失

当乘客完全同意接待者所采取的改进措施时,要立即予以实施,一定不要拖延时间。耽误时间只能进一步引起乘客不满,因为高效率就是对乘客的最大尊重,否则就是对乘客的漠视。

6) 落实、监督、检查补偿乘客投诉的具体措施

处理乘客投诉并获得良好效果,最重要的一环便是落实、监督、检查已经采取的纠正措施。首先,要确定改进措施的进展情况;其次,要使服务水平及服务设施均处在最佳状态;最后,用电话问明乘客的满意程度。对待投诉乘客的最高恭维,莫过于对他的关心。许多对城市轨道交通怀有感激之情的乘客,往往是那些因投诉问题得到妥善处理而感到满意的乘客。

投诉乘客的最终满意程度,主要取决于服务人员对他公开抱怨后所采取的特殊关怀和关心的程度。另外,车站所有管理人员和站务员也必须确信,乘客,包括那些投诉的乘客,都是有感情的,也是通情达理的。城市轨道交通的广泛赞誉及其社会名气是来自城市轨道交通企业的诚实、准确、细腻的感情及勤奋服务。

值得一提的是,在处理投诉的过程中,服务人员会遇到不同类型的乘客,那时应当随机应变、灵活处理。例如,处理发怒型乘客的投诉一定要保持冷静,态度要沉着、诚恳,语调要略低,要和蔼、亲切,因为如果服务人员举动激烈会使乘客受影响而变得更激动。要让乘客在这段时间里慢慢静下来,应当以听取乘客述说问题和表示歉意为主。在乘客平静下来以后,他自然会主动要求和服务人员谈谈处理意见,这时让乘客得到安慰和适当补偿一般都可以解决问题。

2.乘客投诉处理程序

乘客的投诉可由车站值班站长、站长及相关部门进行处理。

在处理乘客投诉时,一般分三个阶段、七大步骤:处理情绪阶段、解决问题阶段、最后阶段。

1)处理情绪阶段

(1)接受:不要把投诉看成个人的得失,用平和的语气对乘客表达有解决问题的诚意,用恰当的语言化解乘客的怒气。

(2)道歉:对乘客造成的不便表示诚心道歉。

(3)确认:重视乘客的感受,请求乘客谅解并对乘客表示愿意帮忙。

2)解决问题阶段

(1)分析:专心聆听乘客的投诉,收集和分析资料,通过询问了解事情的来龙去脉。

(2)解决:在职权范围内寻求解决方法和建议,若乘客不接受,尝试其他解决方法。

(3)协议:重新确定乘客已协定的解决方案。

3)最后阶段

保证:向乘客表达关心,并表示愿意帮忙,同时感谢乘客提出的投诉。

知识链接

投诉中的蝴蝶效应

20世纪70年代,美国一位名叫洛伦兹的气象学家提出了著名的蝴蝶效应理论。打个比方,南美洲亚马孙河流域热带雨林中一只蝴蝶偶尔煽动几下翅膀,所引起的微弱气流对地球大气的影响可能随时间增长而增强,两周后甚至可能在美国得克萨斯州引起一场龙卷风。

初始条件十分微小的变化经过不断放大,对其未来状态会产生极其巨大的差别。我们可以用在西方流传的一首民谣对此做形象的说明。这首民谣说:丢失一个钉子,坏了一只蹄铁;坏了一只蹄铁,折了一匹战马;折了一匹战马,伤了一位骑士;伤了一位骑士,输了一场战斗;输了一场战斗,亡了一个帝国。马蹄铁上一个钉子是否会丢失,本是初始条件十分微小的变化,但因"长期"效应却具有使一个帝国或存或亡这样根本性的差别。

纵观所处理过的乘客投诉,无一不是由最初的简单小事发展而来。"一个乘客会把他的不满告诉身边的5个人,而这5个人又会把这件事情告诉身边的10个人"这句服务行业中的知名理论也足以证明,可能由服务第一阶段的一丁点失误而产生很大的效应。

以下我们先来看两个例子。

(1)某市地铁在2008年换成了新版纸质车票,并且原来车票由一个月内有效改为当日有效,此举是为了防止假票的使用。可实际情况却是车票票面上用了极小的字写着"车票当日有效",字体相当不显著,字号也小于票面其他文字,并且车站售票处等位置没有明确提示信息来说明车票当日有效。2008年4月,1名乘客持有1张地铁车票进站时,被检票人员告知该票已过期,要重新购买1张车票,当时乘客要求检票人员提供相应依据,并要求站长负责解决问题。值班站长拿过车票说车票当日有效,称该乘客车票已过期,因为地铁车票已换成绿色,该乘客持有的车票颜色为褐色。该乘客要求值班站长出示有关文件,当时值班站长态度极为恶劣,拒绝归还车票,并把乘客带到A站西厅,在处理此事时大喊大叫,随后用电话请示有关领导继续扣留乘客车票,并要求报警。当乘客提出要向有关媒体反映时,该工作人员说爱上哪里告上哪里告,期间用手指点乘客。

在值班站长既不处理问题又不归还车票的情况下,乘客拨打了110报警,随后两名警察来处理此事,可此时该值班站长却溜走了,整个过程都不出面说明问题。在长达一个多小时的过程中,民警同志已经很清晰地了解了情况,并要求该站工作人员将车票退还乘客并赔礼道歉。

该乘客对车站的值班站长服务态度非常的不满,并认为地铁的条款和车票的设计都不合理,继续向地铁公司投诉,并表示会根据事态进展向有关媒体进行反应,保留采取进一步的法律手段维护本人合法权益。

(2) 某乘客晚上11点进入地铁站,通过自动售票机购买地铁票时3号线的票可以购买,于是支付了5元钱买票,之后准备搭乘2号线去换乘站换乘3号线回家。在地铁站等候列车进站的时间足足有5min。当到达换乘站的时候已经是11点16分,地铁站广播提示3号线已经停运,向站台服务员咨询得知3min之前也就是11点13分时,地铁3号线最后一班车已经离开该换乘站。该乘客无奈,只能出站选择其他交通工具。因为只坐了一半,于是就去票务处要求把剩下的那段距离的费用退回来。票务处的工作人员在乘客陈述完情况之后表示:地铁站肯定是有广播的,而且是循环广播,所以是乘客没有听到广播;乘客应该要知道地铁的运行时间,晚点或者误点应该自己承担责任;乘客买了票之后发生事情要自己承担后果。

最后,在乘客说要通知媒体记者过来了解和调查情况下,工作人员才同意去解决事情,之前一直在争执和推脱责任,一句道歉的话都没有。该名工作人员服务态度非常不好,说话不负责任,引起乘客强烈的不满,致使乘客继续向其他部门投诉,甚至进一步投诉到了省市消费者协会,最后地铁有关部门通过各方面的协调处理,多次与乘客座谈、走访,通过交涉各方面关系处理好了此事,但此时已耗费了大量的人力、物力。

不难看出,在上面的两个例子中,蝴蝶效应起到了明显作用。作为最初受理业务或者办理业务的站务员可能都没有意识到错办一项业务或者多说一句话会产生多大的影响,但是,事情发展到最后,已经是凭一个普通站务员的个人能力无法解决的事情了。在工作中减少客户投诉,降低由小变大的客户投诉产生的比例,避免蝴蝶效应的出现,应该从以下几个方面做好工作。

1) 良好的后台支撑是减少客户投诉的关键

根据调查数据,由于后台支撑原因产生的乘客投诉占到了60%以上。后台支撑包括快捷方面、计费方面、公司政策等方面。快捷方面是指乘客选择一种交通工具时,如果在价格基本一致的情况下,首先客户要考虑的是快捷、顺利地完成出行。

其次,完善的计费系统应给予乘客充分的保证。现阶段,一个普通的乘客,在满足出行需求后,要求轨道交通企业提供一个稳定的计费系统,这其中就包括计费是否正确、透明,乘客是否对计费有信任感。有相当大的一部分投诉就是由于乘客对计费系统的怀疑所产生。而此类投诉一旦产生,企业处理起来就会有相当大的难度,最终处理的结果也大多是为客户减免各项多收或者错收的费用,但是这并不能达到乘客满意,甚至在一定程度上降低了乘客对轨道交通运营企业的信任感。特别是减免费用后,必须避免再次出现类似情况,如果同一位乘客两次遇到计费有误或不清楚的情况,他对轨道交通运营企业的信任感就会完全丧失,而对于此类乘客而言,选择其他的交通方式会是更佳的选择。

最后,后台支撑一个更重要的方面就是公司的政策。政策是从地铁企业角度出发还是从乘客角度出发,会产生完全不同的效果。由于长期以来人们形成的对垄断企业的认识,一直是乘客随着公司跑,出台各项新的政策对乘客不告知,或者告知后缺乏具体内容,漏洞百出,使得别有用心的乘客大有文章可作。同时,其中不乏有人借此为个人带来名利上的利益。

因此,有一个良好的后台支撑是减少乘客投诉的关键所在,是避免产生蝴蝶效应的必由之路。防微杜渐,不要等事情发生了再去亡羊补牢,为时晚矣。

2)站务员从自身提高,将提高服务水平落实到行动上

一般而言,一个投诉产生的原因主要有两方面:第一,乘客对公司方决策不满意;第二,站务员服务质量问题。因此,有效地解决乘客投诉,站务员要从自身提高,而不是简单地把提高服务水平挂在口头上。避免因为自身工作失误造成漏办或错办业务,对相关问题解释不清造成乘客投诉。从思想上重视乘客,而不是每天把"乘客至上,服务为本"的服务意识挂在嘴边,乘客来反映问题时依然冷面相对,多站在乘客的角度上思考问题是成功处理投诉的又一个重要因素。

处理投诉要及时,不要拖而不决,减少投诉处理的环节和人员。有很多的时候,乘客投诉升级的原因是因为问题没有得到及时、有效的解决。悬而不决,并不是处理问题的方法,只是回避问题的一种措施,而此举往往只会增加乘客对于此事的期望值,使得乘客投诉由于人为原因而自然升级。

与乘客交心沟通,处理问题时因人而异,关键在于处理问题,而不是在于解释问题,适宜的方式、方法可以让乘客投诉处理事半功倍。了解乘客投诉的目的和要求,从而有的放矢,而不是在与乘客座谈、走访多次后,其真实的目的是什么都没有掌握。同时,还必须注意,有效地减少乘客投诉的环节和处理人员可以有效地提高问题处理成功的概率。乘客带着所要投诉的问题多向一个人倾诉一遍,他的期望值就会自然的升高,所希望得到的回报也就越大,因此必须认真落实所要求的"首问负责制"。

司马迁的《史记·太史公自序》中就曾提到"失之毫厘,谬以千里"这句话,这一古训和"蝴蝶效应"的现代科学理论都告诫我们:要特别注意初始条件、初始状态、基本理论出发点上的微小差别,要对这方面的微小差别保持高度的"敏感性"。因此,对于乘客投诉应保持谨慎的态度,从各方面避免因为"蝴蝶效应"所带来的影响,最终通过与乘客有效的沟通取得双方的理解,减少因为小事处理不当所造成的乘客投诉。

三、投诉处理的技巧

1. 对设施设备进行投诉时的处理技巧

(1)车站员工按规定先查看设备,如设备正常向乘客说明当时设备状况和自己处理权

限,争取乘客理解。

(2)如乘客不满意时值班站长请乘客到会议室并在"乘客投诉处理表"上记录事情经过,并让乘客签名确认。

(3)向乘客说明因车站无法处理,会将此事交由公司相关部门处理,查询电话为服务总台电话。如乘客要求答复期限,则告诉乘客将在3天内答复并在投诉处理表上注明。

(4)事后马上将事情经过传真服务总台并将此事交班。

2. 当乘客对公司政策进行投诉时的处理技巧

(1)员工向乘客解释此为公司政策规定,作为公司员工必须按政策操作,无权改变公司政策,希望乘客谅解。

(2)如乘客不满意可建议乘客向服务总台反馈意见或由值班站长在"乘客意见记录表"上记录乘客的建议。乘客提建议后值班站长要多谢乘客的宝贵建议并说明车站会马上向上级部门反馈。

(3)将乘客投诉内容电话向服务总台反馈。

3. 当乘客对员工服务态度进行投诉时的处理技巧

(1)车站员工接到乘客对员工服务态度的投诉时马上报车站值班站长。值班站长接报后马上到现场。

(2)如乘客已走,值班站长要如实地进行调查,并将情况报分部网络负责人。

(3)如乘客在现场,值班站长采用易人易地的方式,请乘客到会议室了解具体情况。

(4)如经调查,确认员工无责任,要耐心向乘客解释,争取乘客谅解。

(5)如经调查,确认员工有责任,值班站长对当事员工进行教育并根据乘客要求对乘客进行道歉,并请求乘客谅解。

(6)如当时无法调查原因,值班站长在"乘客投诉处理表"上记录事情经过,并让乘客签名确认,并承诺在3天内回复乘客调查结果。车站要在3天内由站长亲自回复乘客调查结果。

(7)乘客资料只能由值班站长和站长掌握。

(8)调查结果要电话通知分部网络负责人。

4. 当乘客向你进行投诉时的处理技巧

(1)当乘客向任何岗位的车站员工投诉时,车站员工要面向乘客回答,不能应付乘客。

(2)如自己无法处理或工作忙时,马上报值班站长处理,并礼貌向乘客说明"请稍候,车站负责人会来解决此事"。值班站长接报后要在2min内到现场。

(3)如乘客在投诉后离开,员工要马上将事情报值班站长。值班站长调查此事员工是否有责任,如无责任马上报服务总台说明此事,如有责任车站报分部网络负责人并将调查报告上交。

5. 当乘客无理取闹或进行无理投诉时的处理技巧

(1)员工受到乘客无理取闹时,当事员工报告值班站长,保持克制不与乘客进行争执对骂并保护自己,防止乘客打人。

(2)值班站长到场后让当事员工回避,对乘客要以理服人,并防止过多乘客围观。

(3)如乘客打了员工,值班站长寻找目击证人,报公安乘客打人,并将乘客送公安处理。

(4)车站接到乘客的无理投诉时,报服务总台说明事情缘由。

案例解析

在每天的城市轨道交通服务工作中,每个站务员都要接待成千上万的乘客,在接待过程中,有时往往因为一句不负责任的话、一个不规范的动作、一种生硬的态度而引起乘客的不满,导致乘客投诉,极大地损害了城市轨道交通运营企业在广大乘客中的形象。这里通过对典型案例的分析,讨论达到提高服务人员的服务意识和服务技巧的目的,从而提高城市轨道交通整体服务水平。

案例一:售票员不规范作业引起的投诉

某日下午2点20分左右,1名乘客在地铁某站售票处购买1张到火车站的车票,当时给售票员1张5元纸币,售票员给了乘客1张车票和1枚1元硬币,乘客拿车票刷卡进站。到了火车站出站时,却出不了站,工作人员说乘客买的是3元票,须补交1元钱,当时乘客是据理力争,工作人员则态度生硬,不予理睬,为了不耽误上火车的时间乘客只好给了他1元钱。

[解析] 根据岗位作业标准"一收、二验、三售找、四清"的要求,售票员未确认一次作业完成;服务意识淡薄造成态度冷漠、生硬。售票员应注重岗位的作业标准,坚持按作业程序操作,避免类似问题的发生。车站工作人员应向乘客解释:"对不起,我们的票款是当面点清的,请您再确认一下您的票款是否正确,如果确实有误,我们立即联系封窗查票。"在车站实际操作允许的条件下联系上车站核实票款,若查出售票员长款,车站员工应马上把钱退还给乘客,并向乘客解释:"对不起,由于我们工作的疏忽给您带来不便,希望得到您的谅解,我们一定避免下次再发生这类事件。"若售票员的票款符合,工作人员要耐心向乘客解释,做好安抚工作:"对不起,经我们查实,售票员的票款没有差错,请您谅解。"若乘客故意为难员工,可找公安配合。若乘客表示没有时间,可请他留下姓名及联系电话,承诺核账后告知。

案例二:未使用规范用语引起的投诉

乘客拿着28元去地铁某站客服中心充钱,因为没在客服中心充过所以不知道只能充10元的整倍数。售票员很鄙视地把零钱扔出来,很不耐烦。乘客走的时候说:"请你以后态度好一点,谢谢!"过安检时听到售票员在话筒里说:"你无理取闹,毛病。"于是乘客打电话投诉了该票务员。

[解析] 储值票充值金额最低为10元,卡内余额最高金额为500元,每次充值金额为10元的整数倍,售票员没有向乘客解释,而使用冷漠的表情和生硬的"体态语"表达不满。售票员没有意识到自己工作的不足,服务意识淡薄,未建立起"乘客至上,服务为本"的服务理念。售票员应热情接待乘客,在乘客不了解只能充10元整倍数情况下,应先说"对不起"并给予乘客解释,注意交流时的态度、用语,要做到得理让人、文明服务。

案例三:未做到首问责任制引起的投诉

某日下午1点40分,某站的1名辅助安检员,在听到乘客向他求助关于其中一台进站闸机出故障时,傲慢地说:"我不是维修工,出故障关我什么事?"乘客不满他的态度,要看他的工牌,他更加嚣张,把乘客手中的票打落到地上。

[解析] 乘客的求助确实超出了安检员的工作范围,但应当意识到城市轨道交通工作是一个整体,安检员推说和他没关系的回答会在乘客心中造成推卸责任的印象,不利于城市轨道交通的整体形象。安检员没能礼貌、耐心帮助有困难的乘客。应该报告车控室设备故障,车控室应及时通知相关人员维修,挂"暂停服务"标志牌,并请乘客使用另一台闸机。通过班组学习等途径加强安检员的服务意识教育,使每位客运服务人员牢固树立"乘客至上,服务为本"的服务理念。厅巡应及时巡视,确保闸机等设备状态正常。

案例四:不注意自身语言引起的乘客投诉

4月13日上午8点左右,地铁某站安检时,1名乘客急匆匆地过去了,这时,1位坐着的女安检员从观察仪后面跑出来,骂道:"这些人不知道是把我们当假的,还是不把自己当人!"乘客听到辱骂后打客服总台电话投诉。

[解析] 乘客进入地铁必须履行安检手续,这是保障乘客人身安全的重要预防措施。安检员虽然对乘客违反规定的行为给予了制止,但是对乘客讲了训斥的话,说明其服务意识淡薄,未树立"乘客至上,服务为本"的服务理念。安检员应请乘客履行安检手续,用规范的服务用语来展现真诚的服务态度,以达到乘客满意,注意交流时的态度、用语,要做到得理让人。如遇到威胁或恐吓等,可向值班站长或警务室民警请求协助。

案例五:未使用规范用语引起的投诉

6月4日,1名乘客在地铁某站为城市一卡通充值,售票员冷冷地告诉乘客,在站里充不了,乘客问:"为什么其他站能充这站充不了?"售票员告诉说:"就是充不了!"乘客想找地方咨询一下,于是问:"你们有客服电话吗?"售票员用眼睛向斜上方瞟了一眼,示意让乘客自己看,随后把乘客之前递过去的卡和现金"啪"的一声拍在窗口,转身不再理乘客。

[解析] 当服务人员无法满足乘客的合理要求时,不能有"设备限制,与我本人无关"的想法,应从"乘客第一、便民服务"出发,及时帮助乘客解决问题,取得乘客的理解。售票员生硬的"体态语"说明其服务意识淡薄,未树立"乘客至上,服务为本"的服务理念。售票员在向乘客说明本站不能充值时,应先说"对不起",再给予解决,取得乘客谅解。通过班组学习等途径加强售票员的服务意识教育,使每位客运服务人员牢固树立"乘客至上,服务为本"的服务理念。

案例六:站务员不规范作业引起的投诉

11月19日,下午1点30分左右,1名乘客在某站自动售票机买票,发现自动售票机无找零的字样,这时候一名男性售票员,站在该乘客旁边但不搭理该乘客,嘴里哼着不知名的歌曲,全身跟着他所哼唱的歌曲在有节奏地颤抖,手里拿着一打零钱。该乘客就过去找他换零钱,在换钱过程中,男性售票员依然没有停止他的休闲动作,而是拿过乘客的10元纸币,把他手里准备好的钱往乘客手里一塞,转身走人。乘客不满,打电话投诉了该名售票员。

[解析] 站务员虽然完成了帮助乘客兑换零钱的工作，但是没有礼貌的行为举止说明其服务意识淡薄，没树立"乘客至上，服务为本"的服务理念。站务员交给乘客钱款时，要轻轻递给，不要重手重脚。应通过班组学习等途径加强站务员的服务意识教育，使每位客运服务人员牢固树立"乘客至上，服务为本"的服务理念。站务员要主动热情接待乘客，为乘客提供服务。

案例七：服务意识不强引起的投诉

9月8日下午6点左右，1名乘客欲在某市地铁某站刷卡进站，在刷卡时发现闸机显示为"请到客服中心处理"。客服中心售票员在付费区分析此票为进站超时，该售票员要求乘客补交最高单程票价8元的罚款。乘客表示上一次在该站出站时，还未刷卡闸机已经打开，以为进站时已经扣费了，就从打开闸门的通道出站了。乘客认为由于地铁方的设备原因造成的超时应由地铁方负责，值班站长了解此情况后，要求乘客补交上次乘车的2元车费，并给了乘客一本乘车指南，告诉乘客回家好好看看，乘客对此态度非常不满。

[解析] 乘客从检票进入付费区开始，须在180min内搭乘完地铁，否则车票做超时处理，乘客须按最高单程票价(8元)付费更新。乘客在非付费区，所持IC卡无上次出站信息时，客服岗站务员在收取2元更新费用后，对IC卡进行付费进站更新。服务意识淡薄，造成态度冷漠、生硬。对乘客使用随意性语言，来自于潜意识中对乘客的不重视，应通过班组学习等途径增加服务意识教育，使每位客运服务人员牢固树立"乘客至上，服务为本"的服务理念。值班站长应先就乘客感到的不愉快，代表车站的领导向乘客表示歉意，耐心解答乘客的疑问，说明地铁的票务政策，要注意语气、态度、肢体语言。

案例八：司机不作为引起的投诉

11月5日下午，1名乘客乘坐地铁外出办事，不想地铁列车上既没有语音报站，车厢内的电子报站牌也是黑屏，害得乘客坐过了站，出了地铁站，转乘公交才到了目的地。事后乘客打电话投诉了地铁司机。

[解析] 地铁到站一定要报站名，报站有两种形式：一是语音报站，二是电子报站牌报站。每到一站，两种形式同时报站，目的就是提醒乘客不要坐过站，列车驾驶员没有及时报站，就是违反了规定。地铁公司应加强报站方面的监督，确保地铁每到一站都会及时报站，注重岗位的作业标准，坚持按作业的程序操作，避免类似问题的发生。

案例九：管理人员处理不当引起的投诉

11月9日上午8点30分，1名女乘客在某车站排队等车。上班时间地铁人多拥挤。该女乘客正排队等待列车抵达时，见到1名男站务员以对乘客动粗(将一瘦弱女乘客用胳膊用力撞到一边)的方式来维持秩序，该女乘客随即斜视该男站务员，男站务员竟在众目睽睽之下，对女乘客吼道"看什么看，让你靠边!"女乘客与之争论。他更加有恃无恐，欲动手打人，被另外一名女站务员拦住。谁知这两名站务员竟一起对该女乘客吵嚷。女乘客表示要投诉。这时，值班站长过来，什么情况都不问，便指责该女乘客，还说："我们有监控录像。"女乘客觉得此举实乃莫名其妙,实在忍无可忍,立即记下她的工号,表示要做进一步投诉。

[解析] 面对这种情况,值班站长在没有完全了解事实真相时,在公众场合贸然指责乘客,容易激化矛盾,切忌不要在公众场合处理矛盾,造成围观,影响客流秩序,助长乘客负面情绪。处理乘客投诉的原则是"先处理感情,后处理事件"。当场投诉的乘客一般情绪比较激动,现场处理时应先安抚乘客情绪,"避重就轻"地处理投诉。对于服务人员与乘客各执一词的情况,为安抚乘客,作为一站之长,可以先就乘客在车站接受服务过程中感到的不愉快表示歉意。值班站长赶到投诉地点后,应礼貌地请乘客至办公室了解具体事宜。先就乘客感到的不愉快,代表车站的领导表示歉意,若乘客还有疑问,则请乘客留下联系方式,承诺3个工作日内给予回复。之后报区域站长。通过乘客的投诉,发现服务工作中确实存在不足的,应及时整改,提高服务质量,杜绝类似事件再次发生。

 任务实施

1. 下发任务单,明确任务内容,学生课前按要求完成预习任务。
2. 教师先对重点知识和难点知识进行介绍,学生分组完成任务并制作成PPT。
3. 选取具有代表性的PPT进行公开展示,自行总结完成该任务的经验和收获。
4. 针对本任务中提到的案例或者实际生活中遇到、听到的案例,分组讨论服务改进措施并进行分角色情景演练。
5. 教师和各组长承担本次任务的评价工作,评判同学们的任务完成情况。

任务2　城市轨道交通客伤事件处理

 任务描述

随着城市轨道交通不断地发展壮大,其在大城市公共交通中所发挥的重要作用也越来越突出,承担城市相当大一部分的客流运送。与此同时,由于运营线路、运营里程的不断增加,以及城市轨道交通由单线运营逐步迈入网络化运营,各种城市轨道交通运营过程中由于乘客拥挤、不慎和故意跳下轨道、工作人员处理措施的不当、机器设备故障以及爆炸、毒气、火灾等突发事件而导致的客伤发生率也在相应增加。客伤事件的发生,会给城市轨道交通企业造成在声誉上的严重影响及经济上的重大损失,给客伤事件的责任者带来经济损失和家庭负担,同时也给伤者带来身体痛苦和心灵创伤。因此,避免客伤事件发生是城市轨道交通运营企业必须认真对待,努力做好的工作。

 任务单

1. 客伤的分类、处理原则、处理程序及注意事项。
2. 客伤的现场处理、客伤报告内容及责任划分。
3. 客伤事件预防措施。
4. 对各种客伤事件进行预防及处理。
5. 进行客伤急救。

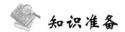 **知识准备**

客运伤亡事件(简称客伤事件),是指在轨道交通范围内发生的地铁外部人员及非在岗作业的地铁员工发生的人身伤害及伤亡事件的总称。

城市轨道交通提供大运量的运输服务,乘客组成较复杂,如老、弱、病、残乘客和不经常乘坐轨道交通的乘客等,其自身安全防护能力或意识较差,同时轨道交通本身也有着自助要求高、效率要求高的特点,提供个性化服务较困难。从近几年轨道交通车站乘客人身伤亡的情况统计来看,乘客伤亡的原因主要有乘扶梯摔伤、被车门或闸机夹伤、脚踩入列车与站台之间的缝隙受伤或因站内施工导致意外伤害等,其中乘扶梯摔伤、被车门夹伤分别占乘客受伤总数的30%和25%左右;从伤亡乘客的年龄分布来看,60岁以上老人受伤占总数的50%以上,儿童及孕妇约占总数的15%。在处理乘客伤亡事件时,车站应及时对伤者进行简单处理,积极收集乘客伤亡的资料,明确乘客伤亡的原因,并进行相关的善后处理。

一、客运伤亡事件

1. 客运伤亡事件分类

客运伤亡事件按其伤害程度分为3种:轻伤、重伤、死亡。

(1)轻伤:伤害程度不及重伤者。

(2)重伤:肢体残废、容貌损毁、视觉、听觉丧失及器官功能丧失。具体参照司法部颁发的《人体重伤鉴定标准》。

(3)死亡。

2. 客运伤亡事件等级

客运伤亡事件分为6个等级:轻伤事件、重伤事件、一般伤亡事件、重大伤亡事件、特大伤亡事件、特别重大伤亡事件。

(1)轻伤事件:是指只有轻伤没有重伤和死亡的事件。

(2)重伤事件:是指有重伤没有死亡的事件。

(3)一般伤亡事件:是指一次造成死亡1~2人的事件。

(4)重大伤亡事件:是指一次造成死亡3~9人的事件。

(5)特大伤亡事件:是指一次造成死亡10~29人的事件。

(6)特别重大伤亡事件:是指一次造成死亡30人以上的事件。

二、客伤事件处理原则

(1)车站在处理客伤事件时要以维护轨道交通企业形象、保护轨道交通企业最大利益为原则,以人为本,给予乘客以必要的帮助。

(2)车站在处理客伤事件时要第一时间进行取证,尽可能得到旁证及当事人签字确认。以事实为依据,客观记录,充分留下原始资料。

(3)及时将(前期)处理结果报告相关部门,以备后续处理。

三、处理程序及注意事项

1. 接待

(1)真诚待人:热情接待,了解客伤程度,做简易处理(包扎等)。

(2)适时安抚:理解乘客心情,语言温和,做好安抚解释。

注意事项:

(1)发生在其他车站或异地(车辆)须接待。

(2)是否需治疗应根据本人需求,如伤(病)者伤(病)势很严重,不及时救治可能会有生命危险,车站应及时致电120急救中心。原则是先治疗,费用由乘客支付,待乘客治疗痊愈后,再根据实情本着实事求是的原则由双方协商解决。

2. 了解

(1)听取自述:事发时间、地点(计费区内或外,有票或无票)、原因、现场处理。

(2)实地了解:事发地点、现场工作人员掌握情况、现场初始处理状况。

注意事项:

(1)如现场已无法调查、取证,应根据伤害的现象及程度证实情况。

(2)做好记录,汇报分公司调度。

3. 取证

乘客本人笔录材料,现场工作人员笔录材料,车站调查笔录材料。

注意事项:

(1)要求本人提供材料时,应观察伤害程度掌握在治疗前或后做笔录,避免耽误时间影响治疗。

(2)如果乘客不能自写时,由车站站长代笔书写,乘客亲笔签字。

4. 判断

(1)范围:车站所管辖的地铁运营区域,包括出入口、自动扶梯、地下通道等。

(2)责任划分有3类:地铁、本人、其他。

5. 处理

(1)了解乘客治疗过程,要求乘客提供医疗部门诊断的病史卡及单据、拍片资料,目前伤愈状况(无须再治疗)。

(2)审核病症。

①查看病史卡,证实病史与治疗过程,记载与乘客反应是否相应。

②审核单据:凭证姓名与本人相符,单据与病史卡记载的治疗日期相符,用药合理恰当,统计金额、核对大小写。

(3)听取乘客提供的处理要求,有根有据。

(4)分析事发原因:按《××市轨道交通管理条例》进行解释和宣传工作,包括车站所具备的各类防范措施。如乘客须知、警示牌、警示标志、车站及车厢内广播。

(5)听取乘客意见。了解是否存在由于地铁服务工作未尽责而引起的客伤情况。

(6)根据事发的性质掌握应归入哪一类,了解乘客的具体状况(在职、经济、户口所在地、医保)。有针对性地提出处理意见与乘客协商,取得相互谅解,达成共识。

(7)本着通过与乘客协商解决问题的态度与乘客分析,对不同的情况在协商的同时区别对待。

(8)签订协议。协议书模版见图5-1。

①甲方为轨道交通运营公司,乙方为事发当事人或委托代理人。

②概况:发生的年、月、日,乘客姓名,事情的真实过程,医疗部门的诊断、治疗过程。

③协议内容:发生原因,行车值班员,考虑因素,双方协商结果,最终处理,甲乙方签字。

④填写领款书;金额栏须正规填写,由甲方经办人与乙方领款人签字,注明日期。

注意事项:

①避免谈论有关责任归属问题,不讲有损轨道交通形象的话,要有轨道交通一盘棋的意识。

②了解掌握医保政策,统计治疗费用应根据付费项目确定实际支付金额。

③收取经统计的全部有价凭证及医疗部门诊断的有关凭证。

④协商未成,意见有分歧可以再次协商,或采取缩小分歧距离。考虑轨道交通声誉不宜激化矛盾扩大事态。

协 议 书

(姓名)_____,(性别)_____,(年龄)_____岁,于_____年_____月_____日_____时_____分,乘坐××地铁,在_____站,因_____
_____
_____

　　经双方协商一次性处理,共计支付费用(人民币)_____(¥: 元)。

　　此协议不违背有关法律规定,符合《民法通则》自愿合法原则,自双方在协议上签名或按手印后,即对双方产生约束力。

　　此事到此了结,以后双方无涉。

当事人(或家属代表):_____　　地铁方经办人:_____

身份证号:_____(手印)

_____年_____月_____日

图 5-1　轨道交通客运伤亡事件处理协议书

6. 汇总资料

(1)当事人自写或代笔材料(当事人签字)。

(2)当事人身份证复印件,如委托代理需另附代理人身份证复印件。

(3)车站调查证实情况材料。

(4)门急诊药费专用收据联,必要的拍片结论书。

(5)事故处理协议书及领款书。

(6)客伤事故报告表,见图 5-2。

客伤事故报告表

_____站　　　　　　　　　　　　　　　编号：

时间	_____年___月___日___时___分
地点	_____厅,_____电扶梯,_____闸机,_____
伤者	姓名:_____性别:_____年龄:_____　姓名:_____性别:_____年龄:_____ 姓名:_____性别:_____年龄:_____　同行人情况_____
联系方式	家庭住址:_____　　　　　姓名:_____ 宅电:_____　　　　　　　手机:_____
证人情况	姓名:_____性别:_____年龄:_____　证件号:_____ 家庭地址:_____　　　　　联系方式:_____
伤害程度	_____部位,伤口长度约_____厘米 _____部位,_____
事故简述	
初期治疗	_____部位,缝_____针, CT( ),X光片( ) 其他:_____	医院结论: 初期支出费用:_____元
确认	站长签名_____　　　　　　　　　　　安保部

图 5-2　轨道交通客运伤亡事故报告表

7. 客运伤亡事故处理流程(见图 5-3)

四、客伤处理的职责分工

城市轨道交通是大运量的交通工具,其运营场所难免会出现乘客因各种原因受伤的情况,值班站长是车站处理乘客伤亡事件的责任人。轨道交通发生较大客伤,且影响到正常运营时,应尽快恢复运营,疏导乘客,各岗位具体职责如下：

1. 列车司机

立即停车,及时汇报行调;配合车站确认伤(亡)者位置及伤亡情况;向值班站长报告伤(亡)者位置,尽可能配合现场勘查人员前期调查和证据收集;接受值班站长动车指令,并及时将信息传递至行车调度员。

2. 行车值班员

汇报行车调度员、线路生产调度、值班站长、警务站(110)、站长;联系医疗单位(120),及时抢救伤员;督促、提醒站务员及时确认伤(亡)者位置及伤亡情况;与事发现场保持双向沟通,密切注意运营情况,确保行车安全;加强各类人工广播,做好运营恢复的准备工作。

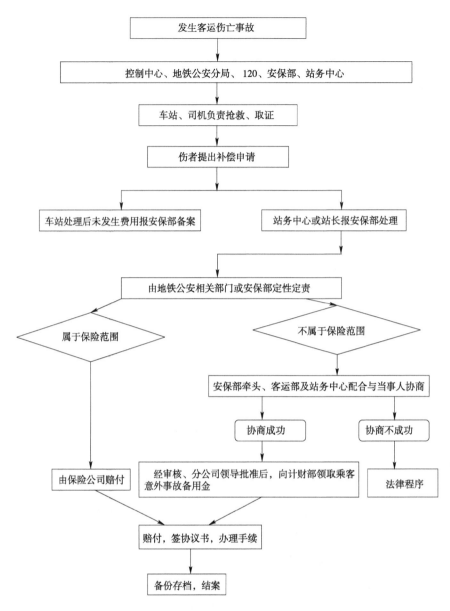

图 5-3 客运伤亡事故处理流程

3. 值班站长

立即携带应急物品赶至现场；督促有关人员寻找并挽留目击证人；做好拍照固定事发现场工作；组织工作人员抢救伤员或清理尸体及遗留物等。

4. 服务员（站台岗）

立即按压紧急关闭按钮；及时确认伤（亡）者位置及伤亡情况；做好伤者的抢救、尸体的位移、接送及遗留物的收集工作；主动、迅速地寻找并挽留目击证人；维持好站台秩序，做好乘客的解释工作，劝阻乘客围观，确保站台安全。

5. 服务员（售检票岗）

服从安排，对影响正常行车的情况，在按上级部门通知时，做好相应的停止售票或退票工作；坚守岗位，做好乘客的解释工作。

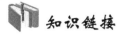知识链接

《上海地铁车站客运伤(亡)事件处理规定》相关内容

1. 目的和依据

为了轨道交通客运伤(亡)事件(以下简称客伤)得到及时、快捷、妥善地处理,尽快恢复正常运行,根据有关规定,维护企业及乘客的合法权益,特制定本规定。

2. 客伤处理原则

依法办事、按责论处、真诚待人、适时安抚、合理处理、控制费用。

3. 适用范围

3.1 本规定适用于公司所管辖的运营区域。

3.2 在事发车站持有当日当次有效乘坐城市轨道的有关凭证,包括持有效证件享受免费乘坐城市轨道的乘客(以下简称乘客),经检票进站始至验票出计费区内的乘客。

3.3 在检验票闸机外,由上海地铁运营公司管辖的附属设施内,包括出入口、自动扶梯、地下通道等均属适用范围。

4. 分级管理职责

4.1 各级客运管理单位为客伤事件受、处理的协管单位,依据有关规定对发生在第一现场的客伤事件予以初始处理(指简易包扎、取证或挽留证人、急送医院等)。

4.2 客运分公司为一般客伤(这里指除2人上重伤、死亡事件及涉外索赔案子外)的归口受、处理部门。

4.3 公司责任部门为客伤事件处理的业务主管部门。

5. 分级管理的权限

5.1 公司各单位、部门应具有运营一盘棋的意识,对所辖范围内发生的客伤事件,在现场须予以及时、快速初始处理,事后即移交所在(或就近)车站,由客运分公司统一归口受、处理。

5.2 车站除及时处理好发生在本站的客伤事件外,还应认真负责地接受地铁其他部门、人员所移交的客伤事宜,同时须做好各类鉴证资料并依照有关规定进行宣传、处理,为善后进一步处理做好铺垫。

5.3 各客运分公司安全服务部是车站受理客伤事件的职能部门,负责客伤事件的调查、取证、接待处理等日常性事务工作。

(1) 根据有关规定指导车站,配合公安做好客伤现场的处置工作,合理控制费用支出,给予乘客一次性了断。

(2) 处理权限:依据分级处理的原则,公司运安处对分公司客伤处理进行监督、指导。分公司在公司指导下酌情进行处理。

(3) 每月10日前客运分公司需将月度内已理赔结案的各个案子之原始材料及凭单,包括月度客伤理赔统计表报公司运安处备案。

5.4 凡发生死亡事件,重伤2人以上(含2人)或有影响的涉外客伤索赔事件,客运分公司除有关规定执行外,还须在24h内将事件的详细经过情况以书面形式报公司运安处,并由运安处会同有关方面负责处理各项善后事宜。

5.5 为了便于理赔款项的结付工作,公司由运安处统一向保险公司办理出险理赔等手续。

6. 重大伤亡事故的报告顺序

6.1 在运行正线区间内,由列车司机向行调报告。

6.2 在车站管辖范围内的线路上,由该站行车值班员向行调报告,并向客运分公司调度报告。

6.3 在车辆分公司所属管线内,由运转值班员向行调报告,并向车辆分公司调度报告。

天津市轨道交通管理规定的相关内容

轨道交通运营中发生人身伤亡事故的,轨道交通运营单位应当按照规定及时向有关部门报告,并按照先抢救受伤者、保护现场、维持秩序、及时排除障碍、恢复正常运行,后处理事故的原则处理。任何单位和个人不得阻碍轨道交通正常运营。公安机关应当及时对现场进行勘查、检验,依法处理事故死亡人员的尸体,出具事故调查结论和伤亡鉴定结论。

上海轨道交通管理条例的相关内容

轨道交通运营中发生人身伤亡事故,应当按照先抢救受伤者,排除障碍,及时恢复正常运行,后处理事故的原则处理,任何单位和个人不得阻碍轨道交通正常运营。

轨道交通运营中发生人身伤亡事故,轨道交通线路运营单位应当保护现场,维持秩序;公安部门应当及时对现场进行勘查、检验,并依法处理事故死亡人员的尸体。

人身意外伤亡事故的善后事宜,由轨道交通线路运营单位与受害人依法协商处理。

轨道交通线路运营单位应当对运输过程中乘客的伤亡承担损害赔偿责任,但伤亡是乘客自身健康原因造成的或者是乘客故意、重大过失造成的除外。

乘客以外的其他人员因违章进入、穿越、攀爬轨道交通设施造成人身伤亡的,轨道交通线路运营单位不承担损害赔偿责任。

南京市轨道交通管理办法的相关内容

轨道交通运营中发生人身伤亡事故时,轨道交通运营单位应当向有关部门报警,按照先抢救受伤者,保护现场,维持秩序,排除障碍,及时恢复正常运行,后处理事故的原则处理。任何单位和个人不得阻碍轨道交通正常运营。公安机关应当及时对现场进行勘查、检验,依法处理事故死亡人员的尸体,出具事故调查结论和伤亡鉴定结论。

五、客伤的现场处理

1. 自动扶梯伤亡事故处理

(1)值班站长接到事故报告后,迅速组织人员赶赴现场。

(2)如事故情况较为严重须临时关闭自动扶梯的,要立即启动紧急停机装置。期间要做好对正在乘坐扶梯人员的提醒工作。关闭扶梯后,要封锁扶梯的上下两端,并对乘客做出"该扶梯停止使用"的文字说明。

乘客电扶梯摔伤处理

(3)对受害人员进行紧急救治。如果伤者伤势较轻且车站有能力救护的情况下,将伤者带离事故现场进行解决。否则,立即拨打120,在至少有一名车站员工陪同的前提下,前往指定医院进行救治。

(4)挽留目击者,了解事故概况并做好记录,同时保留目击者的个人资料(姓名、住址、单位、联系方式等)。

(5)如受害人已经死亡,应向驻站警务人员报告,并协助进行处理。处理过程中,要对事故现场进行隔离,疏散围观群众,维护正常的运营秩序。

(6)事故处理完毕后,要尽快清理事故现场并对自动扶梯进行相应检查。待其性能良好后立即恢复正常运行。

案例解析

一名60岁左右的老人抱着一名一岁多的小孩从下车。这名小孩独自一人跑向电扶梯口,随后小女孩在电梯上摔倒。工作人员迅速到达现场,发现小孩哭闹且小孩的手被老人捏着,于是立即向值班站长汇报。值班站长拿上医药箱迅速奔赴现场,经查看小孩右手小拇指蹭破了一点皮。值班站长给小孩进行简单包扎,并一直安抚小孩和老人,后小孩情绪平复,老人表示感谢,带着孩子离开。

乘客被扶梯夹伤事件

[解析] 电扶梯为客伤事件易发地点,尤其是老人、儿童独自乘坐电梯容易发生摔伤、夹伤等事件。工作人员发现站内有儿童嬉戏、乱跑时应多加注意,劝阻其不要乱跑,提醒大人带好小孩,行车值班员应加强监控并播放相应广播。车站发生客伤事件后要及时拍照取证,必要时要挽留目击证人。

2. 坠物伤亡事故处理

(1)值班站长接到事故报告后,迅速组织人员赶赴现场。

(2)圈定并隔离事故现场,采取必要措施,防止其他坠物坠落。

(3)对受害人员进行紧急救治。如果伤者伤势较轻且车站有能力救护的情况下,将伤者带离事故现场进行解决。否则,立即拨打120,在至少有1名车站员工陪同的前提下,前往指定医院进行救治。

(4)挽留目击者,了解事故概况并做好记录,同时保留目击者的个人资料(姓名、住址、单位、联系方式等)。

(5)事故处理过程中,要安排站务人员做好事故现场附近的客流组织工作,避免发生乘客骚乱。对于封锁的行人通道,要有明显的指示标志或说明。必要情况下,启用人工广播进行乘客引导。

(6)如事故的处理涉及技术设备、设施的,要立即通知综合办公室或直接通知外委单位维修人员,以上人员接到事故报告后,迅速安排相关技术人员前往事故现场进行处理。

(7)事故处理完毕之后,要仔细排查事故隐患,清理事故现场。如不能及时处理的,要对事故现场进行隔离,做好安全防护和对乘客的通报宣传工作。

3. 乘客乘降意外的处理

（1）司机发现意外发生,应立即开启车门。站务员或其他人员发现意外发生,应立即通知电客车司机或按动站台紧急停车按钮。

（2）乘客脱险后,站务员检查车门处情况。确认车门无任何安全隐患后,通知司机正常启动运行;如需延长停车时间进行处理,司机要报告行车调度员并做好对列车乘客的广播;处理完毕及车门无任何安全隐患后,在征得行车调度员的同意下,立即恢复正常运行。

（3）如果意外对乘客造成伤害,站务员应视伤害情况做如下处理。

① 惊吓或轻微伤害:应安抚乘客情绪,对乘客讲明安全候车注意事项。如果是地铁原因造成的,要向乘客致歉。

② 较轻伤害:应将乘客带离现场进行救治。

③ 较重伤害或死亡:应立即通知120急救中心、值班站长和驻站警务人员,在值班站长组织下,迅速抢救伤者。同时协助警方进行调查和处理。

4. 乘客打架处理程序

（1）站务员应第一时间发现乘客打架事件,站务员应立即用无线对讲机报告站长,站务员进行适当的劝解。

（2）值班站长应通知客运值班员及警务人员到达现场。

（3）值班站长与警务人员一起把乘客(双方)劝开,客运值班员疏导围观乘客,站务员继续组织乘降,巡视站台等。

（4）客运值班员负责寻找证人与打架肇事者交警务人员处理。若打架肇事者没有受伤,由警务人员做说服教育;若打架肇事者受轻伤,由警务人员看伤势解决,车站可提供简单的医疗帮助;若打架肇事者受伤较严重,警务人员送医院治疗,医疗费用由本人承担。

（5）客运值班员到站厅维持秩序,在必要的情况下请示站长将AFC做降级模式处理,放慢闸机的速度,控制客流,以免造成客流堆积。

（6）值班站长协助站务员组织乘降,注意客流变化以及必要时疏散乘客。

5. 列车客运伤亡事故处理程序

（1）乘客通过列车内"通话机"把乘客受伤或病倒的情况告知司机。

（2）司机接到通知后,询问伤病乘客的所在列车车厢和简单了解一下情况,然后通知行调,行调通知即将到达的车站行车值班员做好接应准备。

（3）行车值班员接到通知后,通知值班站长,并说明伤病乘客所在列车车厢和伤亡情况。

（4）值班站长接到通知后,通知警务人员一起到达现场处理,并通知客运值班员去设备室拿担架,到达站台。

（5）站台岗站务员维持站台客流秩序,将担架周围的乘客疏散,组织好客流,以免造成客流聚集围观,妨碍救人。

（6）警务人员和值班站长将伤病乘客从车厢里抬到担架上然后做急救工作,等待120急救人员的到来。

（7）将急救人员到达车站,并从特殊口通过闸机进入付费区至站台将伤病乘客用担架抬到车站外的救护车上,此时客运值班员护送急救人员直到车站外的救护车上。

(8)伤病乘客被抬走后,值班站长通知保洁人员清理现场,通知站台岗站务员组织好站台客流,并疏散围观乘客,恢复正常运营。

6. 其他客运伤亡事故的处理

在安全管理原则的指导下,参照上述客运事故处理办法执行,一般程序为:

(1)立即采取措施,防止事态扩大;
(2)对受害人实施紧急救护;
(3)协调处理好其他相关事项;
(4)清理现场,恢复正常。

知识链接

《城市轨道交通运营管理办法》规定城市轨道交通运营单位应当在车站配备急救包(见图5-4),车站工作人员应当掌握必要的急救知识和技能。城市轨道交通运营单位安排未经培训合格的工作人员上岗或者未在车站配备急救包的,由城市人民政府城市轨道交通主管部门责令限期改正,并可处以5000元以下罚款。

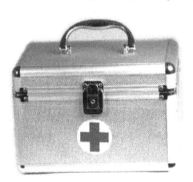

图5-4 医疗急救包

现阶段,车站急救包都安放在车站控制室内,车站的站务人员都要求掌握简单的急救知识,以便乘客在车站受伤或感觉不适时能得到及时的处理。如果乘客在地铁车厢内出现突发疾病,病情严重,可以按紧急按钮通知驾驶员,驾驶员全速前进到达最近的车站,并通知车站工作人员做好准备。

医疗急救包配置如下:

(1)酒精棉:急救前用来给双手或钳子等工具消毒。

(2)手套、口罩:可以防止施救者被感染。

(3)0.9%的生理盐水:用来清洗伤口。基于卫生要求,最好选择独立的小包装或中型瓶装的。需要注意的是,开封后用剩的应该扔掉,不要再放进急救箱。如果没有,可用未开封的蒸馏水或矿泉水代替。

(4)消毒纱布:用来覆盖伤口。它既不像棉花一样有可能将棉丝留在伤口上,移开时,也不会牵动伤口。

(5)绷带:绷带具有弹性,用来包扎伤口,不妨碍血液循环。2寸(约6.7cm)适合手部,3寸(约10cm)的适合脚部。

(6)三角巾:又叫三角绷带,有多种用途,可承托受伤的上肢、固定敷料或骨折处等。

(7)安全扣针:固定三角巾或绷带。

(8)胶布:纸胶布可以固定纱布,由于不刺激皮肤,适合一般人使用;氧化锌胶布则可以固定绷带。

(9)创可贴:覆盖小伤口时用。

(10)保鲜纸:利用它不会紧贴伤口的特性,在送医院前包裹烧伤、烫伤部位。

(11)袋装面罩或人工呼吸面膜:施以人工呼吸时,防止感染。

(12)圆头剪刀、钳子:圆头剪刀比较安全,可用来剪开胶布或绷带。必要时,也可用来剪开衣物。钳子可代替双手持敷料,或者钳去伤口上的污物等。

(13)手电筒:在漆黑环境下施救时,可用它照明;也可为晕倒的人做瞳孔反应。

(14)棉花棒:用来清洗面积小的出血伤口。

(15)冰袋:置于瘀伤、肌肉拉伤或关节扭伤的部位,令微血管收缩,可帮助减少肿胀。流鼻血时,置于伤者额部,能帮助止血。

六、事故报告内容及责任划分

1. 事故报告内容

车站工作人员发现事故或接到乘客报告,向值班站长报告,做相应处理。列车司机接到乘客报告先向值班站长报告,做相应处理。

发生客运伤亡事故时的信息传递按要求执行,车站值班站长、列车司机须立即进行路外伤亡发生第一信息的报告,并做好伤亡人员的判断和处理的续报。各车站(班组)应严格按信息汇报流程及时汇报,对尚不明确的重大信息须按照"先挂号、后续报"的原则汇报。信息传递流程见图5-5。

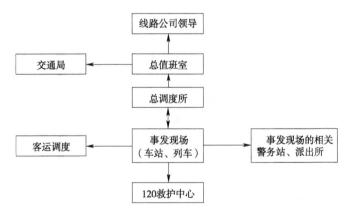

图5-5 信息传递流程

事故报告内容如下:

(1)事发时间(月、日、时、分)、地点(车站、上行或下行线、车次、车厢号、列车迫停位置里程标)。

(2)报告人姓名、单位、部门、工种(职务)。

(3)事件概况:包括伤(亡)者身份或外貌特征、伤势情况、送往何医院、收集旁证材料情况及恢复运行时间等。

(4)相关车站的客运组织:包括停止和恢复售票时间、退票情况及赠票发放情况等。

注意:

(1)事发之后48h内,事发车站(或事故处理车站)当值值班站长填写"客运事故报告单"报车务部、运营管理部。

(2)运营管理部进行统计、分析,车务部组织安全防范、整改验收。

2. 责任划分

轨道交通客运伤亡事件责任划分为轨道交通责任和非轨道交通责任两类。

(1)乘客自验票进入闸机时起至出闸机时止,对运输期间发生的乘客人身伤害,轨道交通承担运输责任。包括(但不限于)以下情况:

①轨道交通设备设施损坏未及时修复且未设置警示、防护造成的;

②轨道交通施工作业造成的;

③列车紧急制动造成的;

④轨道交通范围内的垂直电梯、自动扶梯突然停止运行或启动造成的;

⑤屏蔽门、车门夹人造成的(属乘客强行上下列车的情况除外);

⑥轨道交通设备设施(垂直电梯、自动扶梯、屏蔽门、车门、闸机等)发生故障造成的;

⑦车站或列车内湿滑未及时清理或未设置防护警示造成的(因不可抗力造成的除外);

⑧闸机夹人造成的(乘客强行出闸,无票尾随出闸等情况除外)。

(2)其他非乘客自身责任在付费区造成的:

①无票人员在轨道交通付费区内发生的人身伤亡,比照乘客办理;

②无票人员(包括已购票但未入验票闸的人员)在轨道交通非付费区内发生的人身伤亡,因轨道交通设备设施或管理所致的,比照乘客办理;因其自身原因所致的,原则上不予承担责任。

(3)有下列情形之一造成的乘客人身伤害,轨道交通不承担运输责任:

①违反"轨道交通运营管理办法"而造成的乘客本人或他人伤害;

②不可抗力造成的乘客人身伤害;

③自身健康原因造成的乘客本人或他人伤害;

④能证明是故意、重大过失造成的乘客本人或他人伤害;

⑤因第三者责任(包括斗殴或制止斗殴)造成乘客人身伤害时,受害者直接向施害的第三者索赔,轨道交通公司原则上不予承担责任;

⑥利用轨道交通站通道穿行或在车站逗留、休息等无票人员因自身原因造成的伤亡,轨道交通车站只提供基本援助(如拨打120急救电话等),原则上不予承担责任。

七、现场拍照和物品摆放

1. 拍照固定现场的有关要求

(1)事发列车停车后,车站应立即在伤(亡)者所处位置的站台上拉出警戒线(警戒线可适当拉宽,长度适中)。

(2)值班站长拍照固定现场的照片包括:伤(亡)者所处位置上方列车车门(含车门编号);事发列车车头全景(如无法拍摄可省略);列车未移动时伤(亡)者位置;事发列车驶离车站后,伤(亡)者姿势全景(含轨道);事发地点(可以里程标或隧道壁上有特点的广告牌作为拍摄对象)。照片根据不同情况可适当多拍几张,以确保证据的有效性。

2. 应急物品的摆放要求

(1)各车站应保证担架、裹尸袋、轮椅、照相机(包括胶卷及电池)、手电筒、警戒绳、对讲机等物品的完好与齐全,以备急需。

(2)应急物品原则上应放置于车控室,个别车站也可将轮椅、担架等物品放置于站台的站务员室,但须人人皆知。

八、客伤事件预防措施

城市轨道交通运营企业要强化管理,坚决杜绝客伤事件发生,确保轨道交通安全运营,对客伤风险高的设备和设施、人群、施工作业做好引导、防护,预防客伤事件发生,加强轨道交通安全运行管理。另外,轨道交通车站站台是安全风险较高的区域,直接导致乘客死亡的事件一般都在站台轨道发生。国内的轨道交通企业中,未装屏蔽门(安全门)的线路上每年均发生乘客跳轨自杀或意外坠轨导致伤亡的事故,甚至已装屏蔽门的线路也曾发生过乘客夹在客车与屏蔽门之间的缝隙,客车启动时导致乘客死亡的事故。因此,轨道交通企业应加强以下客伤事件预防措施。

(1)严格对设备和设施的例行检查、检修、保养。轨道交通主要客运设备和设施(如扶梯、电梯、轮椅牵引机等)都是电动、大功率的设备和设施,操作、使用时存在一定风险,须严格遵循相关安全操作规程。例如,开关扶梯时需确认梯上无人,做好拦截,扶梯遇故障要立即停用,使用轮椅牵引机时需站务员操作,慢上慢下;客运设备和设施(如扶梯、电梯、楼梯等)遇故障、维修时,需摆放停用、维修警示牌,用栏杆做好围蔽,防止乘客误用、误入导致伤亡;轨道交通车站在运营时间对公共区天花板、地板、楼梯、墙体装饰等维修施工或较大设备的安装、维修,或动火、用电的维修施工,需做好围蔽,设置警示标志,现场安排专人防护,防止乘客伤亡。

(2)对存在安全隐患的设备、设施要有警示标志,加强对乘客的安全告知,自动扶梯倡导"左行右立"。发现屏蔽门(安全门)故障时,应立即通知司机,并按车门、屏蔽门(安全门)有关故障处理的程序办理,当有屏蔽门(安全门)故障不能关闭时,站台岗应阻止乘客靠近,防止乘客坠入轨道。雨雪天气时出入口附近地面湿滑,要做好相应引导和告示;轨道交通车站发生人潮拥挤时乘客人身安全风险很大,极易造成群死群伤事故,车站应有完善的预案和完整的应急应对体制。

(3)车站工作人员认真巡视,及时劝阻不安全现象,及时制止可能出现的事故苗子。站台岗接车间隙要巡视整个站台,不得固定站立在某一个位置。巡视时,保持不间断地观察乘客的候车动态,要及时提醒乘客不要越出黄色安全线,尤其提醒正在打电话、玩游戏机、看书报的乘客。按秩序排队上车。引导下站台的乘客到人较少的地方候车。

(4)进一步强化现有各项行车安全作业规范制度和安全教育,进一步强化各项安全措施和预案,严格按照"车调联控""站车联控"的有关规定,加强行车作业各环节的互控、他控,严防类似事件再次发生。

(5)做好对乘客的安全宣传、教育,运用车站广播、轨道交通移动电视等媒介,加强文明乘车、安全出行宣传,强化乘客安全意识,营造安全运行、有序出行的良好氛围。

知识链接

担架的种类及使用

1. 搬运伤员常用的担架及使用方法

1）升降担架、走轮担架[见图5-6a)]

为目前救护车内装备的担架,符合病情需要,便于病人与伤员躺卧。因担架自身重量较重,搬运时费力。

2）铲式担架[见图5-6b)]

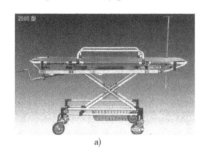
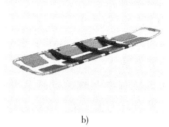

a)　　　　　　　　　　　　　　b)

图5-6　担架

铲式担架是由左右两片铝合金板组成。搬运伤员时,先将伤员放置在平卧位,固定颈部,然后分别将担架的左右两片从伤员侧面插入背部,扣合后再搬运。

3）负压充气垫式固定担架

使用负压充气垫式固定担架是搬运多发骨折及脊柱损伤伤员的最好工具。充气垫可以适当地固定伤员的全身。使用时先将垫充气后铺平,将伤员放在垫内,抽出袋内空气,气垫即可变硬,同时伤员就被牢靠固定在其中,并可在搬运途中始终保持稳定。

4）救人担架的基本尺寸

担架的床面可按实际操作要求调节成前倾或后倾状态,床靠背采用可锁定式气动弹簧支撑,可在0~60°范围内无级调节。

配置前后固定架,将担架车安装在救护车上适当位置可锁定担架。

2. 搬运伤员时伤员常采用的体位

1）仰卧位

对所有重伤员,均可以采用这种体位。它可以避免颈部及脊椎的过度弯曲而防止椎体错位的发生;对腹壁缺损的开放伤的伤员,当伤员喊叫屏气时,肠管会脱出,让伤员采取仰卧屈曲下肢体位,可防止腹腔脏器脱出。

担架搬运伤员时体位要求

2）侧卧位

在排除颈部损伤后,对有意识障碍的伤员,可采用侧卧位,以防止伤员在呕吐时,食物吸入气管。伤员侧卧时,可在其颈部垫一个枕头,保持中立位。

3）半卧位

对于仅有胸部损伤的伤员,常因疼痛,而致严重呼吸困难,在除外合并胸椎、腰椎损伤及休克时,可以采用这种体位,以利于伤员呼吸。

4) 俯卧位

对胸壁广泛损伤,出现反常呼吸而严重缺氧的伤员,可以采用俯卧位。以压迫、限制反常呼吸。

5) 坐位

适用于胸腔积液、心衰病人。

3. 搬运伤员的注意事项

(1) 搬运伤员之前要检查伤员的生命体征和受伤部位,重点检查伤员的头部、脊柱、胸部有无外伤,特别是颈椎是否受到损伤。

(2) 必须妥善处理好伤员。首先要保持伤员的呼吸道的通畅,然后对伤员的受伤部位要按照技术操作规范进行止血、包扎、固定。处理得当后,才能搬动。

(3) 在人员、担架等未准备妥当时,切忌搬运。搬运体重过重和神志不清的伤员时,要考虑全面。防止搬运途中发生坠落、摔伤等意外。

(4) 在搬运过程中要随时观察伤员的病情变化。重点观察呼吸、神志等,注意保暖,但不要将头面部包盖太严,以免影响呼吸。一旦在途中发生紧急情况,如窒息、呼吸停止、抽搐时,应停止搬运,立即进行急救处理。

(5) 在特殊的现场,应按特殊的方法进行搬运。火灾现场,在浓烟中搬运伤员,应弯腰或匍匐前进;在有毒气泄漏的现场,搬运者应先用湿毛巾掩住口鼻或使用防毒面具,以免被毒气熏倒。

(6) 搬运脊柱、脊髓损伤的伤员。放在硬板担架上以后,必须将其身体与担架一起三角巾或其他布类条带固定牢固,尤其颈椎损伤者,头颈部两侧必须放置沙袋、枕头、衣物等进行固定,限制颈椎各方向的活动,然后用三角巾等将前额连同担架一起固定,再将全身用三角巾等与担架围定在一起。

4. 上下担架的方法

(1) 搬运者3人并排单腿跪在伤员身体一侧,同时分别把手臂伸入到伤员的肩背部、腰臀部、双下肢的下面,然后同时起立,始终使伤员的身体保持水平位置,不得使身体扭曲。3人同时迈步,并同时将伤员放在硬板担架上。发生或怀疑颈椎损伤者应再有1人专门负责牵引、固定头颈部,不得使伤员头颈部前屈后伸、左右摇摆或旋转。4人动作必须一致,同时平托起伤员,再同时放在硬板担架上。起立、行走、放下等搬运过程,要由1个人指挥号令,统一动作。

(2) 搬运者亦可分别单腿跪在伤员两侧,一侧一人负责平托伤员的腰臀部,另一侧两人分别负责肩背部及双下肢,仍要使伤员身体始终保持水平位置,不得使身体扭曲。

案例解析

案例一:列车客运伤亡

7月12日16:00左右,60多岁的金女士在A站上车时,不小心被车上乘客刘先生放在车厢门口的行李绊倒,导致左臂骨折。因为不了解车厢内的报警系统,金女士没能及时和车组工作人员联络。列车行驶到 B 站时,工作人员才发现情况,随即拨打 120 求救。

[解析] 乘客摔伤导致左臂骨折,是由于其他乘客绊倒所致,并且当时车站运营秩序正常,各类设备未发生故障。因此,此事件的责任不在城市轨道交通运营企业。在确认此事责任不在运营企业的前提下,与乘客进行协商,给予一定的经济补偿。签订客伤处理协议,约定补偿后双方不再在经济等各方面发生任何关系。

案例二:坠物伤亡

8 月 24 日 17:30 左右,在某站站台内,一块天花板突然掉落,将一名候车的女乘客头部砸伤,事发后,地铁站工作人员和派出所民警迅速赶到,对女乘客进行询问,伤者表示自己无法行动。随后,她被地铁工作人员带往休息室,后被送至附近医院。派出所民警在现场拉起警戒线,疏导乘客离开危险地带。

坠物伤亡事件

[解析] 乘客在正常候车的情况下,城市轨道交通车站在运营时间公共区的天花板突然掉下,因此,此事件责任在轨道交通运营企业。在确定此事应由城市轨道运营企业承担全部责任的前提下,与乘客进行协商,负责伤者医药费,并给予适当的经济补偿。签订客伤处理协议,约定补偿后双方不再在经济等各方面发生任何关系。

案例三:安检机夹人

7 月 18 日上午 8 点左右,某站东北入口处,一名 3 岁左右的小男孩在家人将包放入安检机过安检时,将右手误伸入安检机内被机器夹住。地铁双井站工作人员随即展开救援,将机器拆开拉出小男孩的右手。经检查,孩子的手无大碍。在地铁工作人员的陪同下,小男孩与家长打车前往附近医院。男孩的右手基本没有外伤,只是被夹住区域出现红肿,经检查骨骼也未受伤。

[解析] 当时安检机处于正常运行状态,造成事件的主要原因在于家长疏忽大意,没有尽到监护人的责任,因此事件的责任不在轨道交通运营企业。在确认此客伤事件纯属意外的前提下,与乘客进行协商,给予其适当的经济补偿。签订客伤处理协议,约定补偿后双方不再在经济等各方面发生任何关系。

案例四:列车客运事故

8 月 23 日晚 6 时许,腿部有残疾的岩女士在 A 站乘坐轨道交通 1 号线,列车在从 A 站至 B 站间,列车司机突然刹车,导致岩女士摔倒在地,后由其他乘客搀扶到座位上。当列车行驶至 C 站时,该站工作人员接到前方工作人员信息,将岩女士送到附近医院急诊。经医院治疗,9 月 21 日岩女士恢复出院,期间共住院 19 天。

列车客运事故

[解析] 列车司机突然刹车,导致岩女士摔倒在地,这是造成事件的主要原因。残疾人乘车,自己应该更加注意乘车安全,乘客未尽到义务,也是造成事件的原因之一。在确认此事件由上海地铁承担主要责任的前提下,与乘客进行协商,给予适当的经济补偿。协商时应避免谈到责任的归属问题。签订客伤处理协议,约定补偿后双方不再在经济等各方面发生任何关系。

案例五:强行上车

7月5日晚6点16分许,某站往××方向的209号列车正在关门作业,列车警示用蜂鸣器同步响起。突然,1名中年女性乘客在车门即将关上之际,将手伸进门中,欲强行上车,致使手腕被夹。站台服务员发现后,立即上前帮助该乘客向外拽拉,但未果,此时列车启动,并带动该乘客,造成其与安全护栏撞击跌落在站台上。事发后,车站立即拨打120急救车送医院抢救,后经抢救无效死亡。现场经轨道交通分局勘验。

乘客强行上车事件

[解析] 事发时列车正在关门作业,列车警示用蜂鸣器同步响起,提醒乘客列车车门即将关闭,乘客在车门即将关上之际强行上车,违反《××市轨道交通管理条例》。乘客强行上车,是造成事件的主要原因。在确认此事责任不在运营企业的前提下,与乘客家属进行协商,给予一定的经济补偿。签订客伤处理协议,约定补偿后双方不再在经济等各方面发生任何关系。

案例六:缝隙踏空

11月22日17时左右,1名女乘客在A站上车前往B站。当时A站上车的人非常多,该乘客被挤到车门旁喘不过气来。当地铁行驶至C站时,下车的人群一拥而下,站在车门边的女乘客被挤得重心不稳,一脚踏空,踩在了地铁站台和车厢之间的缝隙里,左腿卡在缝隙中不能动弹,右腿扭伤。

缝隙踏空

[解析] 站台与列车间无法做到完全贴合,留有适当空隙可保证列车行驶安全,在设计的允许范围内。造成事件的主要原因在于其他乘客推拉。并且当时车站运营情况正常,各类设备未发生故障。因此本起事件的责任不在城市轨道交通运营企业。但运营企业应与乘客进行协商,给予一定的经济补偿。签订客伤处理协议,约定补偿后双方不再在经济等各方面发生任何关系。

案例七:道床伤亡

10月26日早7时38分,在A站站台上,1名40多岁中年男性乘客突然跳下站台,与进站列车相撞,乘客当场死亡。事发后,车站工作人员立即拨打110、120和119电话,组织现场施救和乘客疏散工作。现场的120急救人员确认,男子已经当场死亡。随后,消防员将尸体搬上担架,抬出候车站台。

[解析] 事发时车站运营秩序正常,发现中年男子跳下后站务员立即采取紧急措施,因此本起事件的责任不在城市轨道交通运营企业。中年男子违反了《××市城市轨道交通管理条例》的规定,擅自进入列车运行区域。本起事件由中年男子负全责。在确认此事责任不在运营企业的前提下,考虑到中年男子的特殊情况,出于人道主义,与乘客家属进行协商,给予一定的经济补偿。签订客伤处理协议,约定补偿后双方不再在经济等各方面发生任何关系。

案例八:自动扶梯事故

7月19日15:50许,1名女乘客时某乘坐上行自动扶梯时,违反安全乘坐扶梯的要求,站在扶梯左侧并且将身体上半部伏在扶梯扶手上,回头向下张望;当该乘客运行至扶梯与站台顶板夹角处,头部卡在夹角处,导致伤害事故发生。两名乘客将其搀扶至扶梯上口并告知车站值班人员,当班站长与值班人员立即取急救箱到事发区域,迅速给该乘客包扎,并应乘客的要求及时通知家属,同时将该乘客送往附近医院。

[解析] 当时自动扶梯处于正常运行状态,并设有"小心碰头"标志,乘客头部卡在夹角处是由于其自身原因,因此,此事件的责任不在城市轨道交通运营企业。在确认此事责任不在运营企业的情况下,与乘客进行协商。考虑到事情发生在城市轨道管辖范围内,出于人道主义,同意给予乘客适当的经济补偿。签订客伤处理协议,约定补偿后双方不再在经济等各方面发生任何关系。

案例九:出入口处滑倒

8月22日上午9点15分,当事女乘客刘小姐到达A站B口,而当时列车是9点20到达本站,刘小姐经常乘坐地铁,熟知地铁到达时刻,因此着急赶车,在出入口处滑倒。此时,A站两名保安和站务员看到了该乘客的摔到过程,急忙将乘客扶起,让到站长室进行休息。

[解析] 乘客自身着急赶车,疏忽大意,没有保护好自己是造成事件的主要原因,因此,此事件的责任不在城市轨道交通运营企业。在确认此事责任不在运营企业的情况下,与乘客进行协商,同意给予乘客适当的经济补偿。签订客伤处理协议,约定补偿后双方不再在经济等各方面发生任何关系。

案例十:乘客被碎玻璃割伤事件

某站一名20岁左右的男性乘客,在站厅进闸时不小心被地上的玻璃碎片割伤右脚。客运值班员发现情况立即从车控室拿来医药箱同值班站长一起为乘客包扎止血。经调查,地上的玻璃碎片为上一名乘客摔碎的玻璃杯碎片,客运值班员发现后通知保洁前来处理,但未安放警示牌。

[解析] 车站工作人员发现安全隐患但未及时排除,也未放置相关警示标志,致使不知情乘客受伤。值班站长应加强对车站工作人员的安全教育,提高其安全意识,不能对小的

乘客被碎玻璃割伤事件

安全隐患就视而不见。值班站长加强车站巡视,发现安全隐患及时排除,无法及时排除的应积极上报并放置警示标志或采取其他相关防护措施。

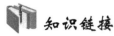

客伤的急救处理

一、紧急救护的概念

紧急救护是指当意外或急症发生,在正式医护人员未到场之前,利用现场所提供的人力、物力为伤者或急症患者提供协助,而这些协助必须符合基本医学技巧。紧急救护的目的是维持生命、防止伤势恶化、促进复原。

患者受伤或发病的最初几分钟或十几分钟,是实施抢救的重要时刻,医学上称之为"救命黄金时刻"。过去,人们将抢救危、重、急症和意外伤害患者的希望完全寄托在医生身上,对现场救护的重要性缺乏认识,往往使处于生死之际的患者丧失了最为宝贵的抢救机会。在事发现场,"第一目击者"对患者正确的救护,能为医院救治创造条件,最大限度地挽救患者的生命,减轻伤残。

二、意外伤害急救原则

(1)遇到意外伤害发生时,不要惊慌失措,要保持镇静,并设法维持好现场的秩序。

(2)在周围环境不危及生命条件下,一般不要轻易随便搬动伤员。

(3)暂不要给伤病员喝任何饮料和进食。

(4)如发生意外,而现场无人时,应向周围大声呼救,请求来人帮助或设法联系有关部门,不要单独留下伤病员无人照管。

(5)遇到严重事故、灾害或中毒时,除急救呼叫外,还应立即向有关政府、卫生、防疫、公安、新闻媒介等部门报告,现场在什么地方、病伤员有多少、伤情如何、都做过什么处理等。

(6)根据伤情对病员边分类边抢救,处理的原则是先重后轻、先急后缓、先近后远。

(7)对呼吸困难、窒息和心跳停止的伤病员,从速置头于后仰位、托起下颌、使呼吸道畅通,同时施行人工呼吸、胸外心脏按压等复苏操作,原地抢救。

(8)对伤情稳定,估计转运途中不会加重伤情的伤病员,迅速组织人力,利用各种交通工具分别转运到附近的医疗单位急救。

(9)现场抢救一切行动必须服从有关领导的统一指挥,不可各自为政。

三、现场急救应采取的初步措施

1.火灾急救要点

(1)迅速熄灭身体上的火焰,减轻烧伤。

(2)用冷水冲洗、冷敷或浸泡肢体,降低皮肤温度。

(3)用干净纱布或被单覆盖和包裹烧伤创面,切忌在烧伤处涂各种药水和药膏。

(4)可给烧伤伤员口服自制烧伤饮料糖盐水,切忌给烧伤伤员喝白开水。
(5)搬运烧伤伤员,动作要轻柔、平稳,尽量不要拖拉、滚动,以免加重皮肤损伤。

2. 地震灾害急救要点
(1)尽早、尽快救出废墟下的压埋者。
(2)救出伤员先清理呼吸道,使呼吸道畅通,防止窒息。呼吸停止立即进行心肺复苏。
(3)就地取材初步进行止血、包扎、固定,防止加重损伤。
(4)从废墟下救人或搬运伤员,应保持脊柱的水平轴线及稳定性,防止发生截瘫。

3. 高处坠落伤急救要点
(1)坠落在地的伤员,应初步检查伤情,不要搬动摇晃。
(2)立即呼叫120急救医生前来救治。
(3)采取初步急救措施:止血、包扎、固定。
(4)注意固定颈部、胸腰部脊椎,搬运时保持动作一致平稳,避免脊柱弯曲扭动加重伤情。

4. 爆炸伤急救要点
(1)立即向110、120、119等报警电话呼救。
(2)在以上人员到来之前保护现场,维持秩序,开展自救、互救。
(3)采取初步急救措施:保持呼吸道畅通;心肺复苏;止血、包扎、固定;搬运伤员时保持脊柱的稳定性。

5. 塌方伤急救要点
(1)争分夺秒救出压埋者,使头部先露出,保证呼吸道畅通。
(2)救出后,呼吸停止者立即口对口人工呼吸,然后进行正规心肺复苏。
(3)伤口止血切忌使用止血带。
(4)切忌对压埋伤进行热敷或按摩。
(5)打120急救电话呼救。

6. 休克急救要点
(1)识别早期休克。
(2)病人平卧位,不用枕头,下肢抬高约30°。
(3)呼叫120急救医生前来抢救。
(4)尽量不搬动病人,如必须搬动,动作应尽可能轻柔。
(5)可以给病人吸氧气。

7. 晕厥急救要点
(1)识别晕厥的表现。
(2)平卧在空气流通处休息。
(3)给苏醒后的患者饮糖水、热茶等饮料,促进恢复。
(4)护送至医院做进一步检查,针对病因治疗。

8. 昏迷急救要点
(1)昏迷病人应去枕平卧位,头后仰并偏向一侧。
(2)注意清理口腔内的呕吐物、分泌物,使呼吸道畅通,防止发生窒息。

(3)不要随意移动病人。
(4)一旦发生心脏骤停或呼吸停止,立即进行心脏复苏。
(5)向120急救中心呼救。
(6)协助急救医生识别昏迷的病因。

9. 心绞痛急救要点
(1)初次发作心绞痛,一定要进行心电图检查。
(2)心绞痛发作时尽早舌下含服硝酸甘油1片,有条件时进行吸氧疗法。
(3)不稳定性心绞痛发作过后到医院看病,最好乘车前往,不要骑车或步行,以免加重病情。
(4)心绞痛发作30min以上,服硝酸甘油和吸氧均不能减轻,及时呼叫120急救服务,急救医生到现场急救。

10. 颅脑损伤急救要点
(1)头部受伤引起严重的外出血,立即进行加压包扎止血。
(2)如有血性液体从耳、鼻中流出,严禁用水冲洗;严禁用棉花堵塞耳、鼻。
(3)昏迷的病人重点是畅通呼吸道,运送途中应平卧、头侧位,以免呕吐物误吸进入呼吸道。
(4)在医务人员监护下送医院,注意固定病人的头部,避免摇晃和震动。

11. 内出血急救要点
(1)尽早识别严重的内出血:受伤后,病人皮肤苍白、湿冷、表情淡漠、少言寡语、呼吸变浅、烦躁不安、口渴,但身体上无伤口。
(2)胸部内出血,取半坐位;腹腔内出血,下肢抬高。
(3)拨打120急救电话呼救。
(4)在急救人员到来之前,密切看护病人,注意保持呼吸道畅通。

12. 气道异物阻塞急救要点
(1)及早识别气道异物阻塞的紧急情况:病人突然不能说话,面色、唇色很快青紫发绀,神志不清、呼吸停止。
(2)尽快解除呼吸道的阻塞。可使用咳嗽法、腹部冲击法(海氏手法)、拍背法、手指掏取法。
(3)对呼吸停止者进行人工呼吸。
(4)发生窒息,未采取急救措施,不要着急送医院。
(5)呼叫120急救服务,在急救医生到来之前,应采取必要的急救措施:如心肺复苏术。
(6)落入呼吸道深处的异物,只能将病人送到有耳鼻喉科的医院去取出来。

13. 触电急救要点
(1)迅速关闭开关,切断电源。
(2)用绝缘物品挑开或切断触电者身上的电线、灯、插座等带电物品。
(3)保持呼吸道畅通。
(4)立即呼叫120急救服务。
(5)呼吸、心跳停止,立即进行心肺复苏,并坚持长时间进行。

(6)妥善处理局部电烧伤的伤口。

14. 烧烫伤急救要点

(1)立即冷却烧(烫)伤的部位,用冷水冲洗烧伤部位10～30min或冷水浸泡直到无痛的感觉为止。

(2)冷却后再剪开或脱去衣裤。

(3)不要给口渴伤员喝白开水。

(4)发生窒息可用粗针头从病人环甲膜处刺入气管内,以维持呼吸。

(5)妥善保护创面,不可挑破伤处的水泡。不可在伤处乱涂药水或药膏等。

(6)尽快送往医院进一步治疗。

(7)搬运时,病人应取仰卧位,动作应轻柔,行进要平稳,并随时观察病人情况,对途中发生呼吸、心跳停止者,应就地抢救。

15. 中暑急救要点

(1)立即将病人移到通风、阴凉、干爽的地方。

(2)尽快冷却降温:冷敷头颈部、腋下,或者用温水或酒精进行全身擦浴。

(3)饮服绿豆汤或淡盐水、西瓜水解暑。

(4)服用人丹、藿香正气水等药物。

(5)应尽快送往医院救治。

16. 淹溺急救要点

(1)首先保持呼吸道畅通。迅速清除口腔、鼻咽部的异物(如淤泥、杂草等)。

(2)平卧位,头侧向一侧或俯卧位,面朝下。

(3)不强调"控水",以免延误抢救时机。

(4)呼吸心跳停止,瞳孔散大,口唇青紫明显,神志不清,立即进行口对口人工呼吸。

(5)呼叫急救人员前来救援。

17. 刃器刺伤急救要点

(1)刺伤的刃器如还留在身体上,切忌立即拔出,以免引起大出血。应将其固定好,一并送医院。

(2)腹部刺伤肠管脱出不可送回腹腔内,先用消毒纱布覆盖伤口,然后用干净碗扣住肠管,再包扎、固定。

(3)胸背部刺伤造成开放性气胸,应先封闭伤口。

(4)刺伤须注意预防破伤风,注射破伤风抗毒素。

18. 踝关节扭伤急救要点

(1)扭伤后,立即停止活动。

(2)冷敷受伤部位,24h后再进行热敷。

(3)不要按摩推拿受伤部位。

(4)到医院去进行X线检查排除骨折。

19. 皮肤化学性烧伤急救要点

(1)立即用大量清水反复冲洗。

(2)切忌不加处理急急忙忙送医院。

四、常见急救措施

1. 骨折

1)症状

骨折部位可产生疼痛、肿胀、瘀斑、功能障碍及畸形等症状。骨折后出血与软组织的损伤性水肿即产生肿胀,血液渗到皮下形成瘀斑。在骨折的同时可伴有血管和神经损伤,可见肢体远端感觉麻木、运动障碍等症。骨折后可因剧烈疼痛、出血过多或并发头、胸、腹部脏器损伤而致休克。

2)急救方法

(1)肢体骨折。可用夹板和木棍、竹竿等将断骨上、下方两个关节固定,若无固定物,则可将受伤的上肢绑在胸部,将受伤的下肢同健肢一并绑起来,避免部位移动,以减少疼痛,防止伤势恶化。

(2)开放性骨折,伴有大出血者,先止血,再固定,并用干净布片或纱布覆盖伤口,然后速送医院救治。切勿将外露的断骨推回伤口内。若在包扎伤口时断骨已自行滑回创口内,则到医院后,须向负责医生说明,提请注意。

(3)疑有颈椎损伤,在使伤员平卧后,用沙土袋(或其他代替物)放置头部两侧以使颈部固定不动。

(4)腰椎骨折。应将伤员平卧在硬木板(或门板)上,并将腰椎躯干及两下肢一同进行固定预防瘫痪。搬运时应数人合作,保持平稳,不能扭曲。平地搬运时伤员头部在后,上楼、下楼、下坡时头部在上,搬运中应严密观察伤员,防止伤情突变。

(5)送医院诊治。

2. 外伤止血

一般成人总血量大约4000mL。短时间内丢失总血量的1/3时(约1300mL),就会发生休克。表现脸色苍白,出冷汗,血压下降,脉搏细弱等。如果丢失总血量的一半(约2000mL),则组织器官处于严重缺血状态,很快可导致死亡。

外伤后出血,分外出血和内出血。内出血如胸腔内、腹腔内和颅内出血,情况较严重,现场无法处理,急需送到医院处理。下面介绍几种外出血的简单止血法。

1)包扎止血

一般限于无明显动脉性出血为宜。小创口出血,有条件时先用生理盐水冲洗局部,再用消毒纱布覆盖创口,绷带或三角巾包扎。无条件时可用冷开水冲洗,再用干净毛巾或其他软质布料覆盖包扎。

如果创口较大而出血较多时,要加压包扎止血。包扎的压力应适度,除达到止血而又不影响肢体远端血运为度。包扎后若远端动脉还可触到搏动,皮色无显变化即为适度。严禁用泥土、面粉等不洁物撒在伤口上,造成伤口进一步污染,给下一步清创带来困难。

2)指压法止血

用于急救处理较急剧的动脉出血。手头一时无包扎材料和止血带时,或运送途中放止血带的间隔时间,可用此法。手指压在出血动脉的近心端的邻近骨头上,阻断血运来源。方法简便,能迅速有效地达到止血目的,缺点是止血不易持久。事先应了解正确的压迫点,才能见效。

常用压迫止血点：

(1) 头面部。

压迫颞动脉：手指压在耳前下颌关节处，可止同侧上额、颞部及前头部出血。

压迫颌外动脉：手固定头部，另一手拇指压在下颌骨水平支距下颌角约3cm的凹陷处，可止同侧脸下部及口腔出血。

压迫颈动脉：将同侧胸锁乳突肌中段前缘的颈动脉压至颈椎横突上，可止同侧头颈部、咽部等较广泛出血。注意不能压迫时间太长，更不能两侧同时压迫，引起严重脑缺血，更不要因匆忙而将气管压住，引起呼吸受阻。

(2) 肩部和上肢出血：压迫锁骨下动脉（在锁骨上窝内1/3处），按到动脉搏动后，将其压在第一肋骨上，可止肩部、腋部及上肢出血，见图5-7。

压迫肱动脉（在肱二头肌沟骨触到搏动后），将其压在肱骨上，可止来自上肢下端前臂，手部的出血。

(3) 下肢出血：压迫股动脉（在腹股沟韧带中点处），将其用力压在股骨上，可上下肢出血。（在腹股沟中点稍下方，大腿根处可触摸到一个强大的搏动点——"股动脉"，用两手的拇指重叠施以重力压迫止血。）

3) 止血带法止血

较大的肢体动脉出血，且为运送伤员方便起见，应上止血带。用橡皮带、宽布条、三角巾、毛巾等均可。

上肢出血：止血带应结扎在上臂的上1/3处，禁止扎在中段，避免损伤桡神经。见图5-8。

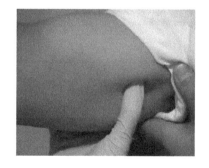

图5-7 指压锁骨下动脉　　图5-8 上肢压止血

下肢出血：止血带扎在大腿的中部。

上止血带前，先要将伤肢抬高，尽量使静脉血回流，并用软织敷料垫好局部，然后再扎止血带，以止血带远端肢体动脉刚刚摸不到为度。

使用止血带应严格掌握适应和要领，如扎得太紧，时间过长，均可引起软组织压迫坏死，肢体远端血运障碍，肌肉萎缩，甚至产生挤压综合征。如果扎得不紧，动脉远端仍有血流，而静脉的回流完全受阻，反而造成伤口出血更多。扎好止血带后，一定要做明显的标志，写明上止血带的部位和时间，以免忘记定时放松，造成肢体缺血时间过久而坏死。上止血带后每半小时到1小时放松一次，放松3~5min后再扎上，放松止血带时可暂用手指压迫止血。

3. 中暑的急救

中暑是夏天户外活动多发的一种疾病。一般人眼中,所有因体温过高而引起的不适都叫中暑,其实这种因体温过高引发的不适分为两种,各有不同处理要点。

1)中暑

(1)成因:因环境高热多湿,体温不能正常的由排汗发散,因而急升,损害脑细胞引起。

(2)能看到的症状:皮肤干热发红,头痛作呕兼口干,小便量少,呼吸浅速,脉强而快,体温很高,最后患者会神志不清昏倒。(这时患者的血压会急升,原因是红细胞的带氧功能因过热而低下,血氧不足但血量却仍足够,身体只好命令血压加高来维持血氧含量。)

(3)处理:把患者移到清凉的地方,平卧,给他降温(可以脱去患者一些衣物,用湿毛巾或冰抹身、降温等,但小心别反令患者过度着凉)。若患者清醒,可以给他饮一些清水,但不要给热饮或刺激品如咖啡等;同时可用藿香正气水、清凉油、十滴水、人丹等解暑。昏迷者针刺人中、十宜穴。送往医院诊治。

2)热衰竭

(1)成因:因天气炎热大量出汗,令身体缺少水和盐因而虚脱。(其实是休克的一种。)

(2)能看到的症状:疲倦虚弱,皮肤湿冷苍白(这是最大的不同),脉速而弱,头痛头晕兼作呕,情绪不安,昏厥。(患者因失水,血压下降,血不能带足够的氧到脑部,所以用救昏迷的方法有效。)

(3)处理:移患者到阴凉地方,抹身降温(同中暑),让患者平卧,垫高双脚,如患者清醒没呕吐,每15min给患者喝淡盐水一杯,共喝两杯。

(4)送院治疗。注意别给昏倒的患者灌饮任何东西,以免呛倒患者或液体入了肺,那就更加麻烦。

4. 晕车的急救

1)发生原因

因为有些人的内耳前庭和半规管过度敏感,当乘坐车船时,由于直线变速运动、颠簸、摆动或旋转时,内耳迷路受到机械性刺激,出现前庭功能紊乱,从而导致晕车、晕船等。

2)主要表现

突然发生头晕、恶心、呕吐,面色苍白,出冷汗、精神抑郁、脉搏过缓或过速,严重者可有血压下降、虚脱。这种眩晕,属于周围性眩晕之一,多见于体质虚弱者,尤以女性为多。睡眠不足,饮食不当(过多或过少、饮酒等),精神紧张,焦虑、抑郁以及噪音、汽油味、腥味等不良刺激,均可诱发或加重症状。

3)防治晕车方法

口服以下药物对本症有一定作用:

(1)茶苯海明(乘晕宁):每次25mg,如无效,30min后可以再服1次。

(2)苯海拉明:每次25mg,每日3次。

(3)布克利嗪(安其敏):每次25mg,每日1~2次。(以上3种药可任选一种服用)

(4)东莨菪碱:每次0.2~0.5mg,必要时每日服3次。

(5)甲氧氯普胺(灭吐灵):每次10mg,每日3次。

(6)维生素B6:每次20mg,每日3次。

(7)丹丸:每次取少许,置口内含服。

(8)姜1小片,口中含服,频频咽下唾液。姜味淡后可再换1片含。

(9)口含或嚼食杧果、话梅、姜片糖、酸味糖果等食品。

下列外治法对防治晕车晕船亦有较好的作用:

(1)头部涂药:可用清凉油或风油精等药涂擦在头额部位。

(2)脐部敷药:取生姜1片,贴在肚脐上,外用胶布或伤湿止痛膏固定,如无生姜,在肚脐上直接贴上1块伤湿止痛膏,亦有防治作用。

(3)鼻部用药:把薄荷精或食醋滴在口罩上或手帕上,然后置于鼻孔下闻;也可将鲜生姜1~2片放在口罩里,再把口罩戴上。

(4)姜贴内关穴:生姜1片,按男左女右的原则,贴在手上内关穴处,外用胶布或手帕包扎固定。

(5)针刺或以手指按压内关、合谷穴。

5. 癔症发作急救

1)发生原因

癔症是强烈的精神创伤和痛苦情感的反应。多见于性格多变、感情脆弱、情绪不稳的妇女。该病起病急骤,多半过去有过类似的发作。

2)症状

(1)抽风:忽然两手紧握、口眼紧闭、人往后挺、呼叫不应,但没有大小便失禁和舌尖咬伤的现象,这与真正的抽风不同。这种抽风可以持续几十分钟甚至几小时。

乘客突发疾病的处理(癔症)

(2)兴奋激越:突然叫喊哭笑、歌唱狂呼、乱骂乱跑,有的还毁坏器物,甚至打自己或咬人。

(3)神经异常:不能下地,但能在床上活动,自己感觉身体麻木,两眼看不见东西,双耳听不清声音,甚至不会说话。

3)急救措施

(1)处理这种情况主要是保持镇静,将病人安置在肃静的房间,谁都不要惊慌喧嚷。尤其不能谈论病的轻重,免得病人听了更不容易恢复常态。

(2)用语言暗示,对病人进行诱导,告诉病人此病不要紧,慢慢就会好的。忌让过多的人前来看望病人,这样会使暗示达不到预期的效果。

(3)必要时可以吃点医生开的镇静药,也可吸入氨液,或给予适当的针灸。并让其安静入睡。

注意事项:癔症过后,要多作细致的思想开导,辅以热情的关怀,劝病人心胸开阔,不计较小事,以防再次发作。

6. 心绞痛

1)发生原因

由于劳累、饱餐、受寒和情绪激动导致心肌缺血、缺氧。

2) 症状

胸骨后突然发生范围不太清楚的闷痛、压榨痛或紧缩感,疼痛向右肩、中指、无名指和小指放射。病人自觉心慌、窒息,有时伴有濒死的感觉。每次发作历时1~5min,很少超过15min。不典型的心绞痛表现多种多样,有时仅有上腹痛、牙痛或颈痛。

3) 急救措施

(1) 立即让病人停止一切活动,坐下或卧床休息。含服硝酸甘油片,1~2min即能止痛,且持续作用半小时;或含服异山梨酯(消心痛)1~2片,5分钟奏效,持续作用2h,也可将亚硝酸异戊酯放在手帕内压碎嗅之,10~15s即可奏效。但有头胀、头痛、面红、发热的副作用,高血压性心脏病患者忌用。

(2) 若当时无解救药,也可指掐内关穴(前臂掌侧横纹上2寸(约6.7cm),在2条筋之间)或压迫手臂酸痛部位,也可起到急救作用。

(3) 休息片刻,待疼痛缓解后再送医院检查。

7. 哮喘发作

哮喘发作病人急救措施:

(1) 应减轻患者的心理压力,取坐位或半卧位,解开领扣,松开裤带,避免胸腹受压和不必要的搬动。

(2) 清除口鼻分泌物,保持呼吸道通畅。

(3) 如果老年患者或原有心脏病史,可能是心源性哮喘,应立即舌下含服异山梨酯(消心痛)或硝酸甘油片1~2片。

(4) 如果是支气管哮喘,应尽快脱离过敏源,有气管扩张气雾剂应立即让患者吸入2~3次。

(5) 一旦心跳呼吸停止,应尽早行人工心肺复苏,为进一步治疗争取时间。哮喘严重时,需肌注或静脉给药,同时吸氧,多数经治疗后病情均能缓解,或病情稳定后在医务人员护送下,用担架或靠背椅保持病人坐位,病人安全转送医院。

(6) 哮喘突然发作时要且记的是万不可背送病人去医院急救。

8. 心肺复苏术(CPR)

心肺复苏术顾名思义,即在呼吸或心跳停止情况下所作之急救术。目的在于尽快挽救脑细胞在缺氧状态下坏死(4min以上开始造成脑损伤,10min以上即造成脑部不可逆之伤害),因此施救时机越快越好。心肺复苏术适用于心脏病突发,溺水,窒息或其他意外事件造成之意识昏迷并有呼吸及心跳停止之状态。

采用心肺复苏法进行抢救的两项基本措施是:口对口(鼻)人工呼吸;胸外心脏按压(人工循环或人工氧合)。

1) 口对口(鼻)人工呼吸

(1) 仰卧平放。将患者平放,使其仰卧,头部后仰,头、颈躯干平直,双手放于躯干两侧。

(2) 仰头抬颔。抢救者左手置于患者前额,使其头

心肺复苏一

心肺复苏二

部后仰,右手食指与中指置于下颌骨近下颏或颌角处,抬起下颏,打开患者呼吸通道(图5-9)。

(3)捏鼻开口。用左手掌的根部压住患者的前额,并用左手的拇指与食指捏紧患者鼻孔。用右手撬住患者下巴向下、向后,使其口腔张开(图5-10)。

图5-9 仰头抬颏　　图5-10 捏鼻开口

(4)包唇吹气。用自己的口紧包住患者张开的嘴,先缓缓吹两口气,以扩张患者肺脏,检验开放气道的效果,每次持续1s以上(若气道畅通,以后吹气时不必再进行)。然后侧头深吸一口气,再紧包患者口唇,用力吹气(要求快而深),直至患者胸部上抬(见图5-11)。每次吹气量不宜过大。

(5)离口松鼻。每次呼气的同时,观察患者的胸部有无相应起伏。吹气完毕,立即脱离患者口部,并抬起自己的头,观察患者胸部,同时放松捏鼻的手,以便患者从鼻孔呼气(见图5-12)。

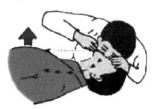

图5-11 包唇吹气　　图5-12 离口松鼻

(6)侧头吸气。侧头深吸新鲜空气,以便做下一次人工呼吸。

(7)正常的口对口施行速度约12~16次/min(即每4~5s吹气1次);对儿童则20次/min(即每3s吹气1次)。吹气和放松时,应注意触电者胸部要有起伏状呼吸动作。吹气中如遇有较大阻力,可能是头部后仰不够,气道不畅,要及时纠正。

(8)如怀疑伤病者头部或颈部受伤,首先须固定颈椎。压额提颏法可能会移动颈椎,增加脊髓神经受伤的可能,所以要用创伤推颌法来畅通气道。将颈部固定在正常位置,并同时用双手手指托起下颌角(图5-13)。

(9)气道包括口腔有明显异物:松脱的假牙,食物或呕吐物等,可用手指钩出。清理时将其身体及头部同时侧转,并迅速用1个或2个手指(交叉)从口角处插入取出异物。操作中要注意防止将异物推向咽喉深部(图5-14)。

(10)被救者如牙关紧闭无法弄开,可改为采用口对鼻人工呼吸。口对鼻人工呼吸吹气时,要将被救者嘴唇紧闭以防止漏气。施行口对口(鼻)人工呼吸法时,国内亦有采用简易的S形通气管道的。即将S形通气管道一端插入被救者口腔内约10cm(通气管总长18~20cm),救护人员对准另一端吹气,但应注意,不论是直接吹气还是经管道吹气,均要避免将被救者舌头推向后缩,以防影响呼吸道的通畅。

图 5-13　创伤推颌法　　　　　图 5-14　清除异物

2)胸外心脏按压(人工循环)

(1)平放,露胸膛。将患者平放后,救助者跪在患者身体右侧,解开其上衣,露出前胸。

(2)定位,交界处。按压部位为两乳头水平连线与胸骨交界处(胸骨中、下 1/3 处)(图 5-15)。

(3)手法,掌根压。将一只手掌根部放在按压部位,另一只手掌根部置于前一只手背上,两只手手指交叉抬起,使手指脱离胸壁(图 5-16)。

(4)压姿,双臂直。上半身略向前倾,双肩位于双手的正上方,双臂垂直压在病人的胸骨上,借助自身上半身的体重和肩部的力量向下按压(图 5-17),按压时不要左右摆动。

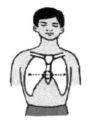

图 5-15　定位　　　　图 5-16　手法　　　　图 5-17　压姿

(5)下压,5cm。将胸骨下压 4~5cm。按后放松臂力,但手掌不能离开胸骨,应紧贴在胸壁上。

(6)每分钟,100 次。按压频率为 100 次/min。

(7)挤吹,"30:2"。无论单人抢救还是双人抢救,均按压胸部 30 次后吹气两口,即 30:2。吹气时暂停胸外按压(图 5-18)。

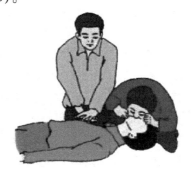

图 5-18　挤吹

(8)中途,不能停。心脏按压应持续进行,中途不能停止,直到医护人员到达。但为避免疲劳,每2min更换按压者,每次更换尽量在5s内完成。

3)检测判定

在施行急救过程中再次测试触电者的颈动脉,若有搏动则按压救护有效。由于颈动脉位置靠近心脏,容易反映心跳的情况。触试方法及注意事项如下:

(1)在气道通畅的情况下,于首次人工呼吸后进行。

(2)一只手置于触电者前额,使头部保持后仰,另一只手在靠近抢救者一侧触及颈动脉。

(3)可用食指及中指指尖先触及气管正中部位,男性可先触及喉结,然后向旁滑移2~3cm,在气管旁软组织处轻轻触摸颈动脉。

(4)检查时间不要超过10s,触摸时不能用力过大,以免颈动脉受压,妨碍头部供血。

(5)若未触及搏动,则表明心跳已停止,但注意要避免触摸感觉错误(如可能将自己手指的搏动感觉为触电者的脉搏)。

(6)判断应综合审定,如丧失意识再加上触不到脉搏,即可判定心跳已停止。

任务实施

1. 下发任务单,明确任务内容,学生课前按要求完成预习任务。

2. 教师先对重点知识和难点知识进行介绍,学生分组完成任务并制作成PPT。

3. 选取具有代表性的PPT进行公开展示,自行总结完成该任务的经验和收获。

4. 针对本任务中提到的案例或者实际生活中遇到、听到的案例,分组讨论服务改进措施并进行分角色情景演练。

5. 教师和各组长承担本次任务的评价工作,评判同学们的任务完成情况。

参 考 文 献

[1] 人力资源和社会保障部教材办公室,广州市地下铁道总公司.站务人员[M].北京:中国劳动社会保障出版社,2009.
[2] 王静梅,唐姣姣.城市轨道交通客运服务[M].上海:上海交通大学出版社,2016.
[3] 高蓉.城市轨道交通客运服务[M].2版.北京:人民交通出版社,2012.
[4] 贾俊芳.高速铁路客运服务[M].北京:中国铁道出版社,2009.
[5] 上海申通地铁集团有限公司轨道交通培训中心.城市轨道交通车站客运服务[M].北京:中国铁道出版社,2010.
[6] 申碧涛.城市轨道交通客运服务[M].北京:中国铁道出版社,2015.
[7] 裴瑞江.城市轨道交通客运组织[M].北京:机械工业出版社,2010.
[8] 彭进.铁路客运组织[M].北京:中国铁道出版社,2010.
[9] 周平.铁路旅客运输服务[M].北京:中国铁道出版社,2006.
[10] 赵申.如何处理客户的投诉[M].北京:中国经济出版社,2006.
[11] 上海申通轨道交通研究咨询有限公司.城市轨道交通网络化探索与实践[M].北京:人民交通出版社,2010.
[12] 王寿魁,王燕江.投诉处理与企业满意[M].北京:中国标准出版社,2008.
[13] 郑州铁路局.客运服务手册[M].北京:中国铁道出版社,2006.
[14] 朱晓宁.旅客运输心理学[M].北京:中国铁道出版社,2001.
[15] 向莉,周科慧.民航服务心理学[M].北京:国防工业出版社,2009.
[16] 魏乃昌,魏虹.服务心理学[M].北京:中国物资出版社,2007.
[17] 马昱,刘光.常用急救知识[M].北京:现代出版社,2008.
[18] 张翔宇.急救手册[M].上海:上海科学技术出版社,2011.